VIDA A CRÉDITO

Obras de Zygmunt Bauman:

- 44 cartas do mundo líquido moderno
- Amor líquido
- Aprendendo a pensar com a sociologia
- A arte da vida
- Babel
- Bauman sobre Bauman
- Capitalismo parasitário
- Cegueira moral
- Comunidade
- Confiança e medo na cidade
- A cultura no mundo líquido moderno
- Danos colaterais
- Em busca da política
- Ensaios sobre o conceito de cultura
- Estado de crise
- Estranhos à nossa porta
- A ética é possível num mundo de consumidores?
- Europa
- Globalização: as consequências humanas
- Identidade
- Isto não é um diário
- Legisladores e intérpretes
- O mal-estar da pós-modernidade
- Medo líquido
- Modernidade e ambivalência
- Modernidade e Holocausto
- Modernidade líquida
- Para que serve a sociologia?
- O retorno do pêndulo
- A riqueza de poucos beneficia todos nós?
- Sobre educação e juventude
- A sociedade individualizada
- Tempos líquidos
- Vida a crédito
- Vida em fragmentos
- Vida líquida
- Vida para consumo
- Vidas desperdiçadas
- Vigilância líquida

Zygmunt Bauman

VIDA A CRÉDITO
Conversas com Citlali Rovirosa-Madrazo

Tradução:
Alexandre Werneck

Título original:
Living on Borrowed Time
(Conversations with Citlali Rovirosa-Madrazo)

Tradução autorizada da primeira edição inglesa,
publicada em 2010 por Polity Press,
de Cambridge, Inglaterra

Copyright © 2010, Zygmunt Bauman e Citlali Rovirosa-Madrazo

Copyright da edição em língua portuguesa © 2010:
Jorge Zahar Editor Ltda.
rua Marquês de S. Vicente 99 – 1º | 22451-041 Rio de Janeiro, RJ
tel (21) 2529-4750 | fax (21) 2529-4787
editora@zahar.com.br | www.zahar.com.br

Todos os direitos reservados.
A reprodução não autorizada desta publicação, no todo
ou em parte, constitui violação de direitos autorais. (Lei 9.610/98)

Grafia atualizada respeitando o novo Acordo Ortográfico da Língua Portuguesa

Preparação: Angela Ramalho Vianna | Revisão: Claudia Ajuz, Eduardo Farias
Indexação: Nelly Praça | Capa: Sérgio Campante
Fotos da capa: © Noah Addis/Corbis

CIP-Brasil. Catalogação na fonte
Sindicato Nacional dos Editores de Livros, RJ

Bauman, Zygmunt, 1925-

B341v   Vida a crédito: conversas com Citlali Rovirosa-Madrazo / Zygmunt
Bauman; tradução Alexandre Werneck. – Rio de Janeiro: Zahar, 2010.

Tradução de: Living on borrowed time: (conversations with Citlali
Rovirosa-Madrazo)
Inclui índice
ISBN 978-85-378-0265-6

1. Bauman, Zygmunt, 1925- – Entrevistas. 2. Crises financeiras. 3.
Capitalismo. 4. Sociologia. I. Rovirosa-Madrazo, Citlali. II. Título. III.
Título: Conversas com Citlali Rovirosa-Madrazo.

CDD: 338.542
CDU: 338.124.4

10-2117

· Sumário ·

Introdução, *Citlali Rovirosa-Madrazo* 7

PARTE I

Conversa 1. A crise do crédito 25
Resultado do fracasso dos bancos, ou fruto de
seu extraordinário sucesso? O capitalismo não está morto

Conversa 2. O Estado de bem-estar na era
da globalização econômica 49
Os últimos vestígios do pan-óptico de Bentham.
Ajudar ou policiar os pobres?

Conversa 3. Uma coisa chamada "Estado" 63
Democracia, soberania e direitos humanos

PARTE II

Conversa 4. Modernidade,
pós-modernidade e genocídio 131
Da dizimação e anexação aos "danos colaterais"

Conversa 5. População, produção
e reprodução de refugos humanos 143
Da contingência e da indeterminação à inexorabilidade
da biotecnologia (para além de Wall Street)

Conversa 6. Fundamentalismo secular
versus fundamentalismo religioso   167

A corrida dos dogmas ou a batalha pelo poder no século XXI

Conversa 7. A escrita do DNA   184

Uma nova gramatologia para uma nova economia.
Dos *homines mortales* aos "pós-humanos"
FVM no advento da genetocracia

Conversa 8. Utopia, amor, ou a geração perdida   204

Notas   223

Índice remissivo   239

· Introdução ·

A primeira grande recessão do século XX, que se seguiu à quebra da Bolsa de Nova York, em 1929, teve como resultado sistemas políticos rivais e instituições igualmente opostas, num quadro que deu forma a um mundo polarizado, com forças antagônicas em luta para estabelecer diferentes visões do desenvolvimento econômico e, na verdade, diferentes visões de dominação hegemônica. Tudo isso para nos empurrar mais uma vez em direção à decadência, quando outra recessão, também originada em Wall Street, nos açoitou com a força de um tsunami, em 2008.

Agora, contudo, foram adicionados à equação novos fatores desafiantes e decisivos, que nenhuma outra civilização jamais conheceu: ameaças ambientais sem precedentes – desastres naturais atribuídos a mudanças climáticas, níveis inéditos de pobreza mundial, aumento do "excedente populacional", desenvolvimento científico e tecnológico extraordinário –, que colocam nossas sociedades diante de dilemas gravíssimos; sem falar no declínio dos sistemas morais e políticos que tinham dado às instituições da modernidade certo grau de coesão e estabilidade sociais.

Baseado no trabalho de Zygmunt Bauman, este livro analisa, de maneira contextualizada historicamente, o significado da primeira crise financeira global de nosso novo jovem século, estabelecendo relações e indagando suas causas, implicações e alguns dos desafios morais e políticos que se apresentam em nosso horizonte. Assim, esta que pode ser considerada uma passagem "final" no declínio das instituições políticas da modernidade é analisada aqui, buscando-se examinar questões para além da dimensão dos fenômenos econômicos que integraram a crise de Wall Street.

Colapsos financeiros têm lugar em meio a contextos históricos, em conformações discursivas específicas, de caráter econômico, político e moral. As duas maiores recessões ocorridas no espaço de dois séculos têm sido associadas ao processo de longuíssimo prazo de saída da modernidade e a desdobramentos históricos de grande monta – do fascismo e do totalitarismo ao neoliberalismo; do Holocausto à queda do muro de Berlim; do declínio do Estado etnocrático na América Latina à Guerra do Iraque.[1] Ambas as recessões ocorreram no contexto de enormes processos políticos, morais, tecnológicos e militares que não podem ser compreendidos sem a revisão dos arquivos da história e das conformações ideológicas e econômicas que os produziram.

A crise pode nos apresentar oportunidade para modificar nossa situação e refletir sobre ela, ocasião para tentar compreender como chegamos no ponto em que agora nos encontramos e o que podemos fazer, se é que podemos, para mudar de direção. É possível que represente uma oportunidade genuína para a produção de "conhecimento inovador" e para o traçado de novas fronteiras epistemológicas, com implicações para futuras linhas de pesquisa e frentes de debate. Isso posto, a crise deve abrir uma possibilidade de dar um passo atrás e trazer à baila novas perguntas, de rever e desafiar todos os nossos quadros teóricos, e explorar algumas de nossas cavernas históricas e mentais com ferramentas analíticas e epistemológicas mais apropriadas, esperando que possamos assim nos identificar e aprender com nossa ingenuidade histórica.

Não é o bastante tentar observar, em caráter imediato, as causas e os efeitos econômicos e financeiros do colapso de setembro de 2008; é desejável um exame completo, uma revisão da estrutura que deu forma à nossa abordagem da economia, avaliando, nas encruzilhadas históricas atuais, que instituições sobreviverão e quais podem se tornar redundantes ou mesmo ser "extintas".

A colossal debacle de Wall Street, em 2008, e o subsequente colapso do setor bancário não sinalizaram a derrocada do capitalismo. Isso fica evidente não apenas na maneira nítida como Bauman fala a esse respeito aqui; também se manifesta no movimento dos líderes mundiais, quando se reuniram no encontro do G-20 em Washington, pouco depois do desastre nas bolsas, ratificando seu compromisso com o dogma da economia de livre mercado[2] e atuando para transformar o Estado numa gigantesca companhia de seguros que emite apólices para os bancos e Wall Street. De fato, como Bauman sugere, no capitalismo, a cooperação entre Estado e mercado é uma regra; conflitos entre os dois, se chegam a surgir, são uma exceção, e os acontecimentos mais recentes apenas confirmaram essa regra.

A crise financeira global de 2008, e a inabilidade ou relutância dos governos em regular os setores financeiro e bancário – traço característico do que Bauman chama de tempos líquidos –, disparou uma recessão sobre nós, lançando-nos rumo a territórios desconhecidos. No começo de 2009, a Organização Internacional do Trabalho (OIT) estimou que o desemprego mundial poderia aumentar para um arrasador índice de 50 milhões de pessoas. O Banco Mundial, em seu prognóstico econômico para 2009,[3] calculou em cerca de 53 milhões o número de pessoas que, nos países em desenvolvimento, permaneceriam no nível de pobreza por efeito da desaceleração econômica global; mais ainda, em seu relatório para o primeiro trimestre de 2009, a instituição estimou que o aumento dos preços de alimentos e combustíveis em 2008 tinham empurrado outros 130 a 150 milhões de pessoas para a linha da pobreza, e que era provável que a crise global mantivesse 46 milhões abaixo "dessa linha, que é de US$ 1,25 por dia".

Em fevereiro 2009, o maior programa de incentivo econômico na história dos Estados Unidos foi aprovado pelo Congresso do país. Esta foi considerada uma vitória do presidente Barack Obama, menos de um mês depois de assumir o governo. O primeiro mês da gestão de Obama incluiu um pacote de socorro aos bancos de pelo menos US$1,5 trilhão (R$2,8 trilhões).[4] Mas esses números não são páreo para a escala do problema no plano global. Em seu relatório de fevereiro 2009, o Banco Mundial indicava que a recessão anularia muitos dos avanços conquistados no sentido de reduzir a pobreza nos países em desenvolvimento.

Na Grã-Bretanha, considerada isoladamente, o retrato não poderia ser considerado melhor, como mostrou um relatório da fundação Joseph Rowntree, ao apontar que, "embora a recessão não vá afetar em grande medida os números da pobreza infantil, ela sem dúvida irá piorar o perfil da criança pobre". Esse relatório estimou que "2,3 milhões de crianças no Reino Unido viverão na pobreza em 2010, passando ao largo da meta de 1,7 milhão estabelecido em 1999".[5]

Era de se esperar que as maiores vítimas da crise fossem os mais pobres, dentro ou fora das "economias avançadas": de modo inevitável, a crise econômica minaria os planos ajustados pelas Nações Unidas no sentido de alcançar os objetivos de redução da pobreza até 2015, estabelecidos nas Metas de Desenvolvimento do Milênio, em 2000, na Cúpula do Milênio da ONU. Qualquer progresso na diminuição da mortalidade infantil, que poderia representar 200 mil a 400 mil crianças a mais morrendo por ano se a crise persistisse, teria de ser adiado, como admitiu o presidente do Banco Mundial, Robert Zoellick.

No momento em que este livro foi concluído, tudo isso era somente a ponta do iceberg, e o Fundo Monetário Internacional (FMI) alertava que o mundo inteiro teria uma taxa de crescimento econômico próxima de zero em 2009, enquanto a Organização das Nações Unidas para Agricultura e Alimentação (FAO) chamava atenção para o fato de que a fome no mundo atingira 1,02 bilhão de pessoas.[6]

Esses números representam o quadro geral em dados bastante conservadores – se é que alguém está pronto para eles, ou seja, para aceitar a frieza das estatísticas e dos números como a melhor maneira de medir e quantificar a miséria humana e os "refugos humanos". Contudo, como demonstrarão nossas conversas neste livro, é preciso muito mais que apenas números para dar conta dessas ideias. A crise econômica, com os posteriores planos de governos por todo o mundo para coletivizar a dívida privada do setor financeiro, também revelou intricadas construções linguísticas e complexos desenvolvimentos discursivos.

Assim, nos últimos tempos, a linguagem dos direitos mudou: os cidadãos tornaram-se "clientes"; pacientes temporários ou permanentes de hospitais tornaram-se "clientes"; a pobreza foi criminalizada – como Bauman mostra em toda sua obra; e a "pobreza extrema" tornou-se uma "condição patológica", mais que um reflexo da injustiça estrutural – uma "disfunção" daqueles que são pobres, e não uma disfunção estrutural de um sistema econômico que gera e reproduz desigualdades;[7] e, mais recentemente, a própria recessão passou a ser vista como uma questão de "segurança nacional", no novo idioma implantado pelo novo Serviço Nacional de Inteligência dos Estados Unidos.[8]

Esses desdobramentos financeiros e a crise da ortodoxia econômica no fim do século XX ocorreram como parte de processos históricos – incluindo a ascensão e queda do Estado de bem-estar social keynesiano no pós-guerra, a ascensão e queda do Estado-nação e da democracia, todos eles temas que Bauman analisou em profundidade em inúmeros textos, e que são revisitados em nossas conversas.[9]

Há, na visão de Bauman, muitos exemplos de que nossas percepções do Estado e de sua realidade mudaram, "levando os mercados consumidores a passar para o lugar deixado pelo Estado", fenômeno que se tornou claro desde que o presidente Ronald Reagan, nos Estados Unidos, e a primeira-ministra Margaret Thatcher, no Reino Unido, impuseram políticas de privatização e desregulamentação com consequências catastróficas no mundo todo e que levaram ao colapso de 2008.

Outro exemplo dessas mudanças drásticas diz respeito às mutações do Estado de bem-estar: a finalidade estatutária das agências criadas para lidar com a pobreza não é mais, diz Bauman, manter os pobres em boa forma. De fato, a nova tarefa das agências do Estado é "policiar os pobres", mantendo "algo como um gueto sem paredes, um campo de prisioneiros sem arame farpado (embora densamente contido por torres de vigia)". Esses são alguns dos temas que abordaremos aqui, ao ingressarmos num intercâmbio aberto, franco e interdisciplinar, buscando conferir profundidade aos últimos desenvolvimentos, em lugar de isolá-los numa perspectiva econômica estreita e reducionista.

Quem é Zygmunt Bauman?

Como muitos outros intelectuais da Europa Oriental, Bauman sofreu com a perseguição nazista, e sua família foi forçada a emigrar para a União Soviética em 1939, depois que a Polônia foi invadida pelas forças de Hitler. Mais tarde escapou do stalinismo e voltou à Polônia natal – onde assumiu um posto na Universidade de Varsóvia. Tornou-se vítima de expurgos antissemitas, em 1968, e foi forçado a emigrar novamente, encontrando na Grã-Bretanha seu domicílio permanente, que desde então tem compartilhado com a esposa, a escritora Janina Bauman. Em 1971, tornou-se professor na Universidade de Leeds, onde escreveu o volume mais substancial de sua pesquisa, com resultados espantosos, até que se aposentou, em 1990, passando a produzir uma prolífica série de publicações.

Bauman viveu a experiência de polarização de um mundo dividido entre duas visões conflitantes sobre a maneira de combater a recessão. Num extremo, a economia de livre mercado, que levou o presidente americano Franklin D. Roosevelt, no início do século XX, a criar condições para garantir a posição hegemônica dos Estados Unidos no mundo; e, no outro extremo, o fascismo e o totalitarismo – abordados por Bauman no início de seu trabalho[10] –, que levaram a Hitler e às atrocidades de Stalin, inundando o mundo de vergonha e indignação – e que Bauman analisou com extraordinária eloquência e erudição em várias publicações.[11] Poucos estudiosos de destaque viveram e ao mesmo tempo refletiram sobre os horrores dessas atrocidades e de duas recessões, somando-se a isso os principais desenvolvimentos históricos e políticos ocorridos entre os dois eventos.

O sociólogo polonês viveu e trabalhou no rescaldo da primeira grande recessão do século XX. Refletindo sobre o panorama geral do sistema financeiro internacional e da crise bancária na aurora do novo século, ele advertiu: "A atual 'contração do crédito' não é um resultado do insucesso dos bancos. Ao contrário, é *fruto de seu extraordinário sucesso* – sucesso ao transformar uma enorme maioria de homens e mulheres, velhos e jovens numa raça de devedores." Bauman analisou e compreendeu a evolução histórica do capitalismo como poucos, razão pela qual, em sua reflexão sobre a atual crise e as instituições em colapso a seu redor, ele adverte: "A presente 'crise de crédito' não sinaliza o fim do capitalismo, somente o sucessivo esgotamento de uma fonte de pastagem."

Contudo, para Bauman, não se deve olhar para trás: o comunismo permanece, a seus olhos, "um atalho para a escravidão". Porém, há mais a ser dito: a democracia ocidental, sugere ele neste livro, também está em jogo. Se a democracia moderna nasceu das necessidades e ambições de uma *sociedade de produtores*, e se as ideias de "autodeterminação" e "autogoverno" foram construídas na medida das práticas de produção, a grande questão, diz o pensador, é saber se tais ideias podem sobreviver à passagem de uma sociedade de produtores para uma sociedade de consumidores.

A reputação internacional e a crescente influência de Bauman em todas as áreas das ciências humanas têm inspirado, entre muitos, aqueles que estão interessados na "transgressão epistemológica" e nas fundações eurocêntricas do pensamento político ocidental.[12] E se os escritos do autor se tornaram cada vez mais preeminentes na última década, e suas ideias se difundiram, os insights advindos dessas conversas também terão implicações em futuras pesquisas.

Muitas são as áreas das ciências sociais que têm sido abordadas por Zygmunt Bauman: escritos sobre direito,[13] uma série de ensaios e livros sobre cultura e arte,[14] as análises sobre a modernidade e a pós-modernidade, classificadas por alguns como revolucionárias,[15] em particular no caso de *Modernidade e Holocausto* (publicado originalmente em 1989 [1998]*), mas também seus escritos sobre ética,[16] além de *O mal-estar da pós-modernidade* (1997 [1999]),[17] *Em busca da política* (1999 [2000]),[18] e, mais recentemente, *Modernidade líquida* (2000 [2001]).[19]

Ele então se debruça sobre algumas das grandes tragédias de nosso tempo, as que se desenvolveram como resultado da globalização econômica,[20] e sobre o legado do "refugo humano" e do "excedente populacional", termos usados pelo sociólogo para se referir aos milhões de migrantes, desempregados e vagabundos numa sociedade na qual os seres humanos são considerados párias, dignos apenas de serem vistos como lixo. A sociedade, diz Bauman, "só pode ser elevada ao plano da comunidade se efetivamente proteger seus membros contra os horrores da miséria e da indignidade, isto é, contra o terror de ser excluído [e] de ser condenado à 'redundância social' e declarado 'refugo humano'".[21] Mas não são apenas os "párias" que fazem parte da saga do "excedente populacional" e do "refugo humano" – questão que abordamos em nossas conversas; a verdade, como ele sugere aqui, tomando emprestado a opinião de Ehrlich sobre a população, "é que também há muitos ricos."[22]

O inovador conceito de *liquidez* proposto por Zygmunt Bauman é uma metáfora para descrever as notáveis transforma-

---

* As datas entre colchetes indicam o ano das edições brasileiras. (N.T.)

ções sociais e políticas que ocorreram entre o meio e o fim do século XX, representadas pela desintegração, ou "liquefação", das instituições da modernidade. Em seu enquadramento, a modernidade líquida é "pós-utópica", "pós-fordista", "pós-nacional" e "pós-pan-óptica".[23] O neoliberalismo – tanto causa quanto efeito da crise do Estado-nação – desempenhou, na opinião de Bauman, um papel decisivo nas últimas etapas de transição do capitalismo líquido, que tem entre suas principais características "a passagem de uma sociedade de produtores para uma sociedade de consumidores", com o marcante e dramático acréscimo de uma transmutação, sob a forma de "uma raça de devedores", e com um novo e lamentável papel do Estado, como "um executor da soberania do mercado",[24] na qual "a radical privatização dos destinos humanos segue aceleradamente a radical desregulamentação da indústria e das finanças".[25]

Ainda de acordo com o pensador polonês, nossas comunidades, identidades e instituições, todas socialmente construídas, têm se tornado cada vez mais precárias e fugazes,[26] dando lugar a "identidades líquidas" num mundo no qual o declínio do Estado e a diluição das fronteiras nacionais são irreversíveis.[27] Nossos "tempos líquidos" também produziram, segundo o modelo de Bauman, um discurso em que a cultura dos direitos dos cidadãos (tradicionalmente associados ao Estado de bem-estar e aos discursos da modernidade) é rebaixada a "uma cultura da caridade, da humilhação e do estigma",[28] mais um tema aprofundado neste livro.

Ouvimos de Bauman que a *identidade*, incluindo a de gênero, tem um caráter provisório e fugaz;[29] provavelmente essa é a razão pela qual o feminismo ortodoxo não encontrou terreno fértil em sua obra, e apenas poucos estudiosos preocupados com a teoria *feminista* levaram seus escritos em consideração.[30] Mais importante que isso, porém, é que *identidade* e *alteridade* se tornaram irrelevantes no pensamento sociológico do autor polonês porque, como diz Ilan Semo, no trabalho de Bauman, a *Diferença* (no singular e com D maiúsculo) evaporou-se como uma miragem, restando apenas *diferenças* (no plural e com d minúsculo), que mudam sem cessar.[31] Esta é também a razão pela qual Bauman rejeita Charles Taylor e outros defensores da "moda do multiculturalismo".[32] Em sua opinião, perceber "a identidade e a natureza da cultura como coisa, completa no interior e claramente delineada no exterior", é um erro.[33] No entanto, sua visão sobre a identidade dá uma nova guinada neste livro, ao discutirmos suas implicações para o próprio conceito de humanidade na era da biotecnologia e o recente surgimento da chamada "pós-humanidade".

Em seus últimos escritos, surgem as "cidades líquidas", cujos cidadãos foram transformados em exércitos de consumidores, deixando de ser "cosmópoles" para ganhar a aparência de fortalezas, como "cidades do medo".[34] Elas nos confrontam com a realidade de que nos tornamos obcecados com a segurança, à medida que "normalizamos o estado de emergência",[35] com um resultado paradoxal: as fronteiras entre o Estado e a sociedade civil também perderam a nitidez. Assim, a atual "trama de medo" já não é encontrada apenas na perspectiva de o Estado devorar a sociedade (por meio de uma ditadura), ou de a sociedade levar o Estado à erupção (por meio de uma revolução das massas), mas no próprio ato de se tornar excluído e marginalizado.[36] Como explica Semo, na análise de Bauman, os governos de hoje não dão ênfase à capacidade de produzir consenso (*ver* Gramsci), mas à habilidade envolvida na restauração dos motivos para se ter medo. Mais uma vez Bauman: "Se não fosse para as pessoas terem medo, seria difícil imaginar a necessidade de um Estado." Este é uma indústria para manejo, processamento e reciclagem... do medo.

Bauman deve muito a Lyotard[37] e a Derrida.[38] Como eles, percebe a necessidade de abandonar a ilusão de todas as grandes narrativas, incluindo aquelas sobre a "universalidade ilusória".[39] A obra *A condição pós-moderna* (1984), de Lyotard, está presente nos primeiros trabalhos de Zygmunt Bauman, inclusive em *Legisladores e intérpretes* (1987), livro no qual o polonês, em consonância com outros autores interessados na desconstrução do direito,[40] insiste em que vivemos uma era de "interpretações concorrentes". Assim, a guinada do "fundacionalismo" e o distanciamento em relação às metanarrativas não são apenas sintomas de "tempos líquidos", mas poderiam ser, e de um modo paradoxal, uma saudável abordagem para se compreender o círculo *autopoiético* do direito[41] e outras construções tautológicas. No entanto, Bauman é critico daqueles que "saúdam" a pós-modernidade como um marco definido, para além da modernidade, e alerta para os riscos de se fazer também da pós-modernidade uma grande narrativa.

Outro conceito-chave colhido na leitura da obra de meu interlocutor, tanto em seus primeiros trabalhos[42] quanto em momentos mais recentes,[43] parece ser o de utopia. Mas, como salientou M.H. Jacobsen e R. Jacoby, antes dele,[44] a utopia tem sido negligenciada, quando não abandonada, por intelectuais e estudiosos de esquerda. Ela está em descrédito, e uma das razões para isso, segundo Bauman, é a sua aferrada ligação à modernidade. Assim, em nossas conversas, ele observa que apenas os pioneiros da modernidade precisavam de imagens utópicas para conduzi-los. "Teleologia" seria um conceito sobretudo moderno. Porém, em seus primeiros trabalhos, ele havia escrito: "A força motriz por trás da busca da utopia não é uma razão teórica nem uma razão prática. Também não é cognitiva, nem é o interesse moral, e sim o princípio de esperança."[45]

Bauman não se apartou dessa visão por completo, como mostra nosso debate neste livro. Em seus escritos, distanciamento da modernidade não significa necessariamente desistir da utopia, no sentido da esperança. Operando a partir do trabalho do filósofo francês Emmanuel Lévinas,[46] e sua noção crucial de *ser-para-o-outro*, Bauman sugere que a *alteridade* poderia desempenhar um papel na utopia, no sentido de esperança – embora ele nunca pareça subscrever totalmente os anseios de Lévinas.[47] Na verdade, mais recentemente, ele adverte: "O *outro* pode ser uma promessa, mas é também uma ameaça."[48] Ele continua bastante "suspeito" em relação a uma política comunitarista.[49] Ilan Semo dá a seguinte forma a essa posição: "Se a identidade em Bauman é uma substância temporária, o *outro* não passa de uma invenção, uma construção antropológica, inevitavelmente ancorada em algum tipo de etnocentrismo."[50]

Quando, mais de uma década atrás, Zygmunt Bauman inseriu-se na tradição pós-moderna ("pós-modernidade, pode-se dizer, é a modernidade sem as ilusões"[51]) – posição que mais tarde abandonou em favor do conceito de "liquidez" ("a modernidade vem se recusando a aceitar a sua própria verdade"[52]) –, ele na verdade antecipava a elaboração de ferramentas epistemológicas mais eficientes para analisar o neoliberalismo. Na sua idade, a pena incansável e prolífica de Bauman se recusa a aceitar qualquer possibilidade de entrega em sua batalha contra o tempo, o que, em muitos aspectos, é a corrida contra os "demônios soltos da globalização econômica",[53] as criaturas do neoliberalismo e a teimosa permanência do totalitarismo e do fascismo, todos eles abordados neste livro.

Por que Zygmunt Bauman?

Se pudéssemos comparar teorias sociais ou teóricos em sociologia a equipamentos de cozinha, Zygmunt Bauman seria, sem dúvida, uma das facas mais afiadas. Como a maioria das lâminas, no entanto, essa faca tem dois gumes. Tente manejá-la sem se cortar, e você sempre acabará com um dedo ferido e com sangue pingando sobre as cebolas – você jamais chegará a seu núcleo, porque simplesmente não há núcleo. Os estruturalistas franceses[54] e o autor polonês têm isso em comum: eles conseguem fazer com que as intricadas camadas da história e a saga da filosofia ocidental se assemelhem a cebolas.

Bauman desafia o comunismo como desafia o capitalismo – talvez outra boa razão para ler seu trabalho em tempos de recessão. Ele se rebela contra a Igreja e contra o Estado – "os inseparáveis gêmeos siameses", como gosta de chamá-los –, sem mostrar qualquer sinal de enternecimento por qualquer dos dois.

Como se isso não bastasse, ele também soa desafiador em relação à ciência – ou, mais precisamente, ao mesmo tempo que mantém sua confiança nela, parece também suspeitar de que a ciência tem um caso de amor com o mercado. De várias maneiras, o capitalismo "líquido" parece ter conseguido colocar a ciência a serviço do lucro, de modo que "se rebelar" não está fora de questão. Embora Bauman saiba onde se situa do ponto de vista epistemológico ("Popper resolveu essa questão para mim, indicando como o incrível potencial criativo da ciência reside em seu poder de refutação, e não no poder de suas provas"),[55] ele também parece nos alertar para os paradoxos da ciência e da tecnologia, no mesmo espírito do século XX, incorporado por Georg Simmel, que muito o influenciou: "o controle sobre a natureza que a tecnologia nos oferece é pago com nossa escravidão em relação a ela".[56]

Assim, os sinais de crise paradigmática não se limitam à esfera do Estado político e suas "instituições cambaleantes", eles parecem chegar tão longe quanto nossa percepção das instituições científicas. Aqui nossas conversas sugerem que são necessários novos debates e novas pesquisas a respeito da relação entre as ciências humanas e as instituições científicas, em particular na área das ciências biológicas,[57] porque o problema da desregulamentação econômica também é, de muitas maneiras, afetado pela comunidade científica. Na verdade, uma coisa que aprendemos com a crise de 2008 foi que agora parece que estamos "devendo" o último bastião da nossa humanidade, e mesmo seu próprio nome e sua dignidade, às poderosas indústrias emergentes: a engenharia genética e de novos produtos de biotecnologia, com a decodificação do DNA, o patenteamento do genoma e seu mercado de "pós-humanos", "trans-humanos", "neo-humanos".[58]

Assim como no caso do mercado financeiro, no mercado genético, determinados procedimentos experimentais parecem não ter sido regulamentados, apesar da existência de convincentes orientações e recomendações por parte da comunidade internacional.[59] O alcance dos órgãos de regulamentação atuantes tende a se limitar apenas à pesquisa financiada por recursos públicos, deixando o setor privado em grande parte não regulamentado. Não é à toa que as empresas relacionadas à biotecnologia brilham, destacando-se nas listas eletrônicas de Wall Street, supostamente com cerca de 25% da Bolsa de Nova York, como observa o biólogo espanhol M.S. Dominguez:[60] a biotecnologia não é só mais uma indústria qualquer; quando desregulamentada, apresenta um forte risco potencial de minar as extraordinárias realizações da pesquisa médica e científica e ofuscar o papel histórico da ciência (não obstante, Bauman não perdeu completamente a fé nela).

Mas, como ele próprio observa neste livro, "engenheirizar os assuntos humanos não é, naturalmente, invenção dos genomistas. O desejo de intervir sobre os eus humanos (na verdade, de criar um 'novo homem') tem acompanhado o estilo moderno de vida desde o princípio." Como o sociólogo parece sugerir nestas conversas, este é um dos maiores desafios de nosso tempo. Mas a questão de saber se está ou não na hora de falar em "ciência líquida" permanece para futuros debates.

No que diz respeito à percepção do autor sobre a Igreja e o Estado, os "gêmeos históricos", as perspectivas são sombrias: as duas instituições têm algo em comum, o poder de explorar e a capacidade de agir como *gerentes do medo*, como afirma Bauman aqui. O Big Brother – o "olho secular" que nos observa, assim como outrora o fez (e ainda faz) o olho religioso – tem crescido sob a forma de um robusto setor de vigilância, ao mesmo tempo competindo e dando suporte ao enfraquecido Estado, em seu papel de "gestor do medo".[61] A administração do medo é uma carta bem-jogada tanto pelo Estado quanto pela religião, e é imperativo que entendamos as regras desse jogo, se quisermos avançar em nossa percepção da sociedade atual. Pois a abordagem analítica de Zygmunt Bauman nos permite fazer isso.

Em um sentido muito paradoxal, a responsabilidade moral é o único motivo de Bauman para escrever: ele é um homem não religioso que escreve para um leitor ético, um pensador sociológico que rejeita a ideia de um ser supranatural e, ainda assim, um homem cuja compaixão, integridade e comprometimento moral com a humanidade poderiam provocar a inveja de qualquer dogmático, fosse ele religioso ou secular. Qualquer leitor de fé que esteja pronto para um confronto honesto se beneficiará com a leitura de Zygmunt Bauman, porque há nele, de modo paradoxal, uma linguagem de profunda compaixão. Da mesma forma, leitores de fortes afiliações políticas e pontos de vista dogmáticos devem se preparar para um confronto doloroso com as muralhas e fortificações da história. Este é precisamente o tipo de exercício que precisamos ser capazes de entender se quisermos tocar com os dedos o que aconteceu na arena econômica nos últimos tempos.

Ler e conversar com Zygmunt Bauman é altamente viciante, não tanto pelo seu senso de humor elegante e sua ironia. Debater com ele, no entanto, é como segui-lo numa caverna escura e perdê-lo em segundos, percebendo que ele tomou túneis diferentes e que não há raios de luz visíveis, não há caminhos claros a seguir – recorra ao humor, se puder; caso contrário, sente-se e chore. Bauman nos convida a ler sobre história, direito, economia, cultura e política de uma perspectiva diferente. Ele transmite uma compreensão de como a viagem é dolorosa, e nos lembra de que não somos a única vítima da crise financeira atual, criada pelo capitalismo e por aqueles a ele devotados.

Ainda não sabemos se, na era do presidente Obama, e no rescaldo da crise financeira global de 2008, nossas sociedades – aprisionadas pelas ilusões da globalização econômica e muitas vezes retratadas neste livro com a celebrada metáfora de Rosa Luxemburgo sobre uma "serpente devorando a si mesma" – finalmente irão perecer. Depois, ainda será revelado o quanto nossas atitudes com relação à natureza e à nossa própria espécie podem mudar ou não: a serpente que devora a si mesma lançará suas presas afiadas sobre nossos filhos e nosso planeta, o único que temos, antes que finalmente chegue à sua própria cabeça? A resposta talvez repouse em cada um de nós, em nossa capacidade de desafiar as "criaturas líquidas" de Zygmunt Bauman, em nossa capacidade e nosso desejo de buscar nossa verdadeira humanidade, como o autor polonês, de modo convincente, nos exorta a fazer em seus escritos.

CITLALI ROVIROSA-MADRAZO

· PARTE I ·

· Conversa 1 ·

A crise do crédito

Resultado do fracasso dos bancos,
ou fruto de seu extraordinário sucesso?
O capitalismo não está morto

Você cresceu durante a primeira grande recessão do século XX e experimentou momentos históricos extraordinários no período imediatamente posterior a ela. Desde então, já percorreu um longo caminho, apenas para, afinal, ver-se em meio à primeira grande recessão do século XXI. Mas você nunca foi um mero observador passivo do que "a história lançou sobre você": desde a mais tenra idade, mostrou-se um cidadão politicamente ativo e engajado em movimentos controversos e afinado com os novos desafios da atualidade. Quais foram seus primeiros pensamentos, nas últimas semanas, quando percebeu que estávamos diante de um "tsunami financeiro" e caminhávamos rumo ao "colapso implacável" da economia ocidental? O que poderíamos ter aprendido com aquela primeira recessão e não aprendemos? O que podemos ainda aprender a partir dos erros cometidos no passado? Você chegou a experimentar alguma nostalgia socialista ou mesmo comunista?

BAUMAN: "Nostalgia comunista" é algo que para mim está fora de questão. O comunismo, que descrevi como "o irmão mais novo e impaciente do socialismo", significa para mim o projeto de um "atalho forçado para o Reino da Liberdade" – o que, por mais atraente e intrépido que possa soar no discurso, se demonstra, na prática, um atalho para o cemitério das liberdades e para a escravidão, não importa o momento em que seja realizado. A ideia de tomar atalhos, para não mencionar a prática de imposição, coação, está em flagrante oposição à liberdade. A coação é uma prática autoimpelidora e autointensificadora: uma vez iniciada, ela deve se concentrar num esforço vigilante, sem nunca vacilar, para manter o coagido dócil e silencioso. Se é proclamada em nome da liberdade humana (como Jean-Jacques Rousseau, uma vez, meditando, imaginou que poderia ser; como Lênin resolveu aplicar em seu país; e como Albert Camus constatou, com desespero, ter se tornado o hábito de resolução rápida próprio do século XX), ela acaba por destruir seu próprio objetivo declarado, de modo que, a partir daí, não lhe resta nada a que servir, a não ser a manutenção de sua própria continuidade.

"Nostalgia socialista"? Poderia ser o caso, se eu já tivesse abandonado minha crença na sabedoria e na humanidade da orientação socialista (o que não fiz). Talvez ocorresse, se eu não tivesse compreendido "socialismo" como uma postura, uma atitude, um princípio guia, mas o encarado como um tipo de sociedade, um projeto específico e um modelo determinado de ordem social (o que há muito tempo não faço). Para mim, socialismo significa uma sensibilidade ampliada para a desigualdade, a injustiça, a opressão e a discriminação, humilhação e negação da dignidade humana. Assumir uma "posição socialista" significa opor-se e resistir a todas essas atrocidades quando e onde elas ocorram, seja qual for o motivo em nome do qual sejam cometidas e quaisquer que sejam suas vítimas.

E o "capitalismo"? O recente "tsunami financeiro", como você vividamente chamou, demonstrou a milhões de indivíduos – convencidos, pela miragem da "prosperidade agora e sempre", de que os mercados e bancos capitalistas eram os métodos incontestáveis para a solução dos problemas – que o capitalismo se destaca por criar problemas, e não por solucioná-los.

O capitalismo, exatamente como os sistemas de números naturais do famoso teorema de Kurt Gödel (embora por razões diversas), não pode ser simultaneamente coerente *e* completo. Se é coerente com seus princípios, surgem problemas que não é capaz de enfrentar. Se ele tenta resolver esses problemas, não pode fazê-lo sem cair na incoerência em relação a seus próprios pressupostos fundamentais.

Muito antes que Gödel redigisse seu teorema, Rosa Luxemburgo já havia escrito seu estudo sobre a "acumulação capitalista", no qual sustentava que esse sistema não pode sobreviver sem as economias "não capitalistas": ele só é capaz de avançar seguindo os próprios princípios enquanto existirem "terras virgens" abertas à expansão e à exploração – embora, ao conquistá-las e explorá-las, ele as prive de sua virgindade pré-capitalista, exaurindo assim as fontes de sua própria alimentação.

Sem meias palavras, o capitalismo é um sistema *parasitário*. Como todos os parasitas, pode prosperar durante certo período, desde que encontre um organismo ainda não explorado que lhe forneça alimento. Mas não pode fazer isso sem prejudicar o hospedeiro, destruindo assim, cedo ou tarde, as condições de sua prosperidade ou mesmo de sua sobrevivência.

Escrevendo na época do capitalismo ascendente e da conquista territorial, Rosa Luxemburgo não previa nem podia prever que os territórios pré-modernos de continentes exóticos não eram os únicos "hospedeiros" potenciais, dos quais o capitalismo poderia se nutrir para prolongar a própria existência e gerar uma série de períodos de prosperidade.

Hoje, quase um século depois de Rosa Luxemburgo ter divulgado sua intuição, sabemos que a força do capitalismo está na extraordinária engenhosidade com que busca e descobre novas espécies hospedeiras sempre que as espécies anteriormente exploradas se tornam escassas ou se extinguem. E também no oportunismo e na rapidez, dignos de um vírus, com que se adapta às idiossincrasias de seus novos pastos.

Há uma piada sobre dois vendedores que viajam para a África representando suas respectivas empresas de calçados. O primeiro envia uma mensagem para a matriz: não mandem sapato algum, todos aqui andam descalços. A mensagem enviada pelo segundo foi: mandem dez milhões de pares imediatamente – todos aqui andam descalços. Essa velha anedota foi estabelecida como um elogio à perspicácia comercial agressiva e como condenação da filosofia empresarial predominante na época: dos negócios voltados para a satisfação de necessidades existentes, com as ofertas produzidas em resposta à demanda corrente. No entanto, nas poucas dezenas de anos que se seguiram, a filosofia empresarial completou uma virada.

Agora, num cenário exitosamente transformado, de uma sociedade de produtores (com os lucros provindo sobretudo da exploração do trabalho assalariado), numa sociedade de consumidores (sendo os lucros oriundos sobretudo da exploração dos desejos de consumo), a filosofia empresarial dominante insiste em que a finalidade do negócio é evitar que as necessidades sejam satisfeitas e evocar, induzir, conjurar e ampliar novas necessidades que clamam por satisfação e novos clientes em potencial, induzidos à ação por essas necessidades: em suma, há uma filosofia de afirmar que a função da oferta é criar demanda. Essa crença se aplica a todos os produtos – sejam eles fábricas ou sociedades financeiras. No que diz respeito à filosofia dos negócios, os empréstimos não são exceção: a oferta de empréstimos deve criar e ampliar a necessidade de empréstimos.

A introdução dos cartões de crédito foi um sinal do que viria a seguir. Foram lançados "no mercado" cerca de 30 anos atrás, com o slogan exaustivo e extremamente sedutor de "Não adie a realização do seu desejo". Você deseja alguma coisa, mas não ganha o suficiente para adquiri-la? Nos velhos tempos, felizmente passados e esquecidos, era preciso adiar a satisfação (e esse adiamento, segundo um dos pais da sociologia moderna, Max Weber, foi o princípio que tornou possível o advento do capitalismo moderno): apertar o cinto, privar-se de certas alegrias, gastar com prudência e frugalidade, colocar o dinheiro economizado na caderneta de poupança e ter esperança, com cuidado e paciência, de conseguir juntar o suficiente para transformar os sonhos em realidade.

Graças a Deus e à benevolência dos bancos, isso já acabou! Com um cartão de crédito, é possível inverter a ordem dos fatores: desfrute agora e pague depois! Com o cartão de crédito você está livre para administrar sua satisfação, para obter as coisas quando *desejar*, não quando *ganhar* o suficiente para obtê-las.

Esta era a promessa, só que ela incluía uma cláusula difícil de decifrar, mas fácil de adivinhar, depois de um momento de reflexão: dizia que todo "depois", cedo ou tarde, se transformará em "agora" – os empréstimos terão que ser pagos; e o pagamento dos empréstimos, contraídos para afastar a espera do desejo e atender prontamente as velhas aspirações, tornará ainda mais difícil satisfazer os novos anseios. O pagamento desses empréstimos separa "espera" de "querer", e atender prontamente seus desejos atuais torna ainda mais difícil satisfazer seus desejos futuros. Não pensar no "depois" significa, como sempre, acumular problemas. Quem não se preocupa com o futuro, faz isso por sua própria conta e risco. E certamente pagará um preço pesado. Mais cedo do que tarde, descobre-se que o desagradável "adiamento da satisfação" foi substituído por um curto adiamento da punição – que será realmente terrível – por tanta pressa. Qualquer um pode ter o prazer quando quiser, mas acelerar sua chegada não torna o gozo desse prazer mais acessível economicamente. Ao fim e ao cabo, a única coisa que podemos adiar é o momento em que nos daremos conta dessa triste verdade.

Por mais amarga e deletéria que seja, esta não é a única pequena cláusula anexada à promessa, grafada em letras maiúsculas, do "desfrute agora, pague depois". Para impedir que o efeito dos cartões de crédito e do crédito fácil se reduza a um lucro que o emprestador só realiza uma vez com cada cliente, a dívida contraída tinha de ser (e realmente foi) transformada numa fonte permanente de lucro.

Não pode pagar sua dívida? Em primeiro lugar, nem precisa tentar: a ausência de débitos não é o estado ideal. Em segundo lugar, não se preocupe: ao contrário dos emprestadores insensíveis de antigamente, ansiosos para reaver seu dinheiro em prazos prefixados e não renováveis, nós, modernos e benevolentes credores, não queremos nosso dinheiro de volta. Longe disso, oferecemos *mais créditos* para pagar a velha dívida e ainda ficar com algum dinheiro extra (ou seja, alguma dívida extra) a fim de pagar novas alegrias. Somos os bancos que gostam de dizer "sim". Seus bancos amigos. Bancos "que sorriem", como dizia uma de suas mais criativas campanhas publicitárias.

O que nenhuma publicidade declarava abertamente, deixando a verdade a cargo das mais sinistras premonições dos devedores, era que os bancos credores realmente não queriam que seus devedores pagassem suas dívidas. Se eles pagassem com diligência os seus débitos, não seriam mais devedores. E são justamente os débitos (os juros cobrados mensalmente) que os credores modernos e benevolentes (além de muito engenhosos) resolveram e conseguiram transformar na *principal fonte de lucros constantes*. O cliente que paga prontamente o dinheiro que pediu emprestado é o pesadelo dos credores.

As pessoas que se recusam a gastar um dinheiro que ainda não ganharam, abstendo-se de pedi-lo emprestado, não têm utilidade alguma para os emprestadores, assim como as pessoas que (levadas pela prudência ou por uma honra hoje fora de moda) se esforçam para pagar seus débitos nos prazos estabelecidos. Para garantir seu lucro, assim como o de seus acionistas, bancos e empresas de cartões de crédito contam mais com o "serviço" continuado das dívidas do que com seu pronto pagamento. Para eles, o "devedor ideal" é aquele que jamais paga integralmente suas dívidas.

Os indivíduos que têm uma caderneta de poupança e nenhum cartão de crédito são vistos como um desafio para as artes do marketing: "terras virgens" clamando pela exploração lucrativa. Uma vez cultivadas (ou seja, incluídas no jogo dos empréstimos), não se pode mais permitir que escapem, que entrem "em pousio". Quem quiser quitar inteiramente seus débitos antes do prazo deve pagar pesados encargos.

Até a recente crise do crédito, os bancos e as empresas de cartões de crédito se mostravam mais que disponíveis a oferecer novos empréstimos aos devedores inadimplentes, para cobrir os juros não pagos sobre os débitos anteriores. Uma das maiores empresas de cartões de crédito da Grã-Bretanha causou escândalo (um escândalo de curta duração, podemos estar certos) quando revelou o jogo, recusando-se a fornecer novos cartões de crédito aos clientes que quitavam inteiramente seus débitos mensais, sem incorrer, portanto, no pagamento de encargos financeiros.

Resumindo: a atual "contração do crédito" não é resultado do insucesso dos bancos. Ao contrário, é o fruto, plenamente previsível, embora não previsto, de seu *extraordinário sucesso*. Sucesso ao transformar uma enorme maioria de homens, mulheres, velhos e jovens numa raça de devedores. Alcançaram seu objetivo: uma raça de devedores eternos e a autoperpetuação do "estar endividado", à medida que fazer mais dívidas é visto como o único instrumento verdadeiro de salvação das dívidas já contraídas. O hábito universal de buscar mais empréstimos era visto como a única forma realista (ainda que temporária) de suspensão da execução da dívida.

Hoje, ingressar nessa condição é mais fácil do que nunca antes na história da humanidade, assim como escapar dessa condição jamais foi tão difícil. Todos os que podiam se transformar em devedores e milhões de outros que não podiam e não deviam ser induzidos a pedir empréstimos já foram fisgados e seduzidos para fazer dívidas.

Como em todas as mutações precedentes do capitalismo, desta vez o Estado também participou da criação de novos pastos a explorar: foi do presidente Clinton a iniciativa de introduzir nos Estados Unidos as hipotecas subprime. Elas eram garantidas pelo governo, a fim de oferecer crédito, para compra da casa própria, a pessoas desprovidas dos meios de pagar a dívida assumida, e, portanto, a fim de transformar setores da população até então inacessíveis à exploração creditícia em devedores.

Mas assim como o desaparecimento de pessoas descalças representa um problema para a indústria de calçados, o desaparecimento de pessoas não endividadas representa um desastre para a indústria de crédito. E a famosa previsão de Rosa Luxemburgo mostrou-se novamente verdadeira: mais uma vez, o capitalismo esteve perigosamente perto de um suicídio indesejado, conseguindo exaurir o estoque de novas terras lucrativas.

Nos Estados Unidos, o endividamento médio das famílias cresceu algo em torno de 22% nos últimos oito anos – tempos de uma prosperidade que parecia não ter precedente. A soma total das aquisições com cartões de crédito não ressarcidas cresceu 15%. E a dívida, talvez ainda mais perigosa, dos estudantes universitários, futura elite política, econômica e espiritual da nação, dobrou de tamanho. Os estudantes foram obrigados/encorajados a viver a crédito, a gastar um dinheiro que, na melhor das hipóteses, só ganhariam muitos anos mais tarde (supondo que a prosperidade e a orgia consumista durem até lá).

O adestramento para a arte de "viver em dívida" e de forma permanente foi incluído nos currículos escolares nacionais. A Grã-Bretanha também chegou a situação bem semelhante. Em agosto de 2008, a inadimplência dos consumidores superou o total do Produto Interno Bruto da Grã-Bretanha. As famílias britânicas têm dívidas num valor superior a tudo o que suas fábricas, fazendas e escritórios produzem. Os outros países europeus não estão em situação muito diversa. O planeta dos bancos está esgotando as terras virgens e já se apropriou implacavelmente de vastas extensões de terras endemicamente estéreis.

Os mais recentes acontecimentos na economia mundial representarão um ponto de inflexão, um "momento decisivo" para o pensamento político ocidental? Nossos paradigmas políticos (modernos ou pósmodernos) também se fragmentaram e desapareceram para nunca mais voltar? Esta é a hora de enterrar os mortos?

BAUMAN: As notícias sobre a morte do capitalismo, como diria Mark Twain, são extremamente exageradas. E os obituários da fase creditícia da história da acumulação capitalista são prematuros!

A reação à "contração do crédito", por mais impressionante e revolucionária que possa parecer nas manchetes dos jornais e nas frases de efeito dos políticos, até agora se limitam ao "mais do mesmo", na esperança vã de que as potencialidades desta fase, em termos de retomada dos lucros e do consumo, ainda não estejam totalmente esgotadas: uma tentativa de *recapitalizar as empresas emprestadoras e reabilitar seus devedores para o crédito*, de modo que o negócio de emprestar e pedir emprestado possa voltar à "normalidade".

O Estado assistencial para os ricos (que, ao contrário de seu homônimo para os pobres, jamais teve sua racionalidade questionada e, ainda mais, nunca sofreu tentativas de desmantelamento) voltou aos salões, deixando as dependências de serviço a que seus escritórios estiveram temporariamente relegados, para evitar comparações desagradáveis. O Estado voltou a exibir e flexionar sua musculatura como não fazia há muito tempo, com esses propósitos: agora, porém, pelo bem da continuidade do próprio jogo que tornou sua flexibilização difícil e até – horror! – insuportável; um jogo que, curiosamente, não tolera Estados musculosos, mas ao mesmo tempo não pode sobreviver sem eles.

O que ficou alegremente (e loucamente) esquecido nessa ocasião é que a natureza do sofrimento humano é determinada pelo modo de vida dos homens. As raízes da dor da qual nos lamentamos hoje, assim como as raízes de todos os males sociais, estão profundamente entranhadas no modo como nos ensinam a viver: em nosso hábito, cultivado com cuidado e agora já bastante arraigado, de correr para os empréstimos cada vez que temos um problema a resolver ou uma dificuldade a superar. Como poucas drogas, viver a crédito cria dependência. Talvez mais ainda que qualquer outra droga e sem dúvida mais que os tranquilizantes à venda. Décadas de generosa administração de uma droga só pode levar ao trauma e ao choque quando ela deixa de estar disponível ou fica difícil de encontrar. Portanto, o que se está propondo agora é a saída fácil para a desorientação que aflige tanto os toxicodependentes quanto os traficantes: reorganizar o fornecimento (regular, espera-se) da droga. Voltar àquela dependência que até hoje parecia vantajosa para todos, tão eficiente que nem nos preocupávamos com a questão e muito menos com a busca de suas raízes.

Chegar às *raízes* do problema que agora saiu do compartimento *top secret* para o centro da atenção pública não é uma solução *instantânea*, mas a *única* que tem alguma possibilidade de se mostrar adequada à enormidade do problema e de sobreviver aos intensos – mas comparativamente breves – tormentos da desintoxicação.

Até agora nada leva a pensar que estamos nos aproximando das raízes do problema. A onda foi barrada a um passo do abismo por generosas injeções de "dinheiro do contribuinte". O banco Lloyds TSB começou a pressionar o Tesouro britânico para que destinasse parte do pacote de salvação aos dividendos dos acionistas. E, a despeito da indignação oficial dos porta-vozes do Estado, a instituição de crédito seguiu firme na distribuição de bonificações para aqueles cuja avidez desenfreada havia levado os bancos e seus clientes ao desastre. Dos Estados Unidos, chegou a notícia de que 70 bilhões de dólares, cerca de 10% dos subsídios que as autoridades federais pretendiam injetar no sistema bancário americano, já haviam sido usados em bônus pagos exatamente aos que levaram o sistema à beira da ruína.

Desde então, essa prática tornou-se tão repetitiva que já não chega às manchetes. Por mais imponentes que sejam as medidas que os governos já tomaram, pretendem tomar ou dizem que querem tomar, todas elas buscam "recapitalizar" os bancos e deixá-los novamente em condições de desenvolver suas "atividades normais": em outras palavras, a atividade que é a principal responsável pela crise atual. Se os devedores não tiveram condições pessoais de pagar os juros sobre a orgia consumista inspirada e amplificada pelos bancos, talvez possam ser induzidos/obrigados a fazê-lo por meio dos impostos que pagam ao Estado.

Ainda não começamos a pensar seriamente sobre a sustentabilidade dessa nossa sociedade alimentada pelo consumo e pelo crédito. O "retorno à normalidade" prenuncia um retorno aos métodos equivocados e sempre potencialmente perigosos. São intenções que preocupam, pois sinalizam que nem as pessoas que dirigem as instituições financeiras nem os governos chegaram à raiz do problema em seus diagnósticos (e menos ainda em suas ações).

Simon Jenkins – comentarista com excelente capacidade de análise que escreve para *The Guardian* – citou Hector Sants, diretor da Autoridade de Serviços Financeiros (*Financial Services Authority*, FSA, órgão de controle do setor financeiro do governo britânico), que admitiu a existência de "modelos de negócios mal-equipados para sobreviver ao estresse, ... um fato que lamentamos". Jenkins observou que "era como um piloto protestando que seu avião estava funcionando muito bem, com exceção dos motores". Mas ele não perde a esperança: continua a pensar que, assim que a cultura da "ganância é bom" for "varrida pela recente histeria dos lucros do setor financeiro", os "componentes não econômicos daquilo que definimos genericamente como boa qualidade de vida assumirão maior importância" – seja em nossa filosofia de vida, seja na estratégia política dos nossos governos.

Também essa é a nossa esperança: ainda não chegamos ao ponto de não retorno, ainda há tempo (embora pouco) para refletir e mudar de rumo, ainda podemos virar esse choque e esse trauma a nosso favor e de nosso filhos.

Nas semanas seguintes à crise financeira, no momento de colocar no papel estas conversas, o Estado parece ter completado uma mutação no sentido de se tornar uma gigantesca companhia de seguros, emitindo apólices de seguros para os bancos e para Wall Street, como a jornalista e escritora americana Naomi Klein observou, num de seus artigos em *The Nation*. Essa transmutação marcará o ponto decisivo, o colapso descomunal de uma conformação discursiva que, de alguma forma, conseguiu sobreviver aos tempos líquidos?

BAUMAN: Uma espécie de "Estado de bem-estar" para os ricos (ou, mais exatamente, a política de mobilização por parte do Estado de recursos públicos que as empresas públicas ou privadas eram incapazes de seduzir o público para lhes entregar) não é de nenhuma forma uma novidade – o diferente é que sua escala e sua exposição pública a tornaram dramática o suficiente para causar um clamor. De acordo com Stephen Sliwinski, do Instituto Cato, ainda em 2006 o governo americano gastou US$92 bilhões subsidiando os gigantes da indústria americana, tais como a Boeing, a IBM ou a General Motors.

Muitos anos atrás, Jürgen Habermas sugeria, num livro intitulado *A crise de legitimação do capitalismo tardio*, que o Estado é "capitalista" à medida que sua função primária – aliás, sua razão de ser – é a "remercadorização" do capital e do trabalho. A substância do capitalismo, recordava Habermas, é o encontro entre capital e trabalho. O objetivo desse encontro é uma transação comercial: o capital adquire o trabalho. Para que a transação seja bem-sucedida, é preciso satisfazer duas condições: o capital deve ser capaz de comprar e o trabalho deve ser "vendável", ou seja, suficientemente atraente para o capital.

A principal tarefa (e, portanto, a legitimação) do Estado capitalista é garantir que ambas as condições se cumpram. O Estado tem, portanto, duas coisas a fazer. Primeiro, subvencionar o capital caso ele não tenha o dinheiro necessário para adquirir a força produtiva do trabalho. Segundo, garantir que valha a pena comprar o trabalho, isto é, que a mão de obra seja capaz de su-

A crise do crédito 37

portar o esforço do trabalho numa fábrica. Portanto, ela deve ser forte, gozar de boa saúde, não estar desnutrida e ter o treinamento necessário para as habilidades e os hábitos comportamentais indispensáveis ao ofício industrial. Estas são despesas que os aspirantes a empregadores capitalistas dificilmente poderiam enfrentar se tivessem de assumi-las, porque o custo de contratar trabalhadores se tornaria exorbitante.

Habermas escreveu durante o crepúsculo da sociedade sólido-moderna dos produtores e interpretou (erroneamente, como se viu em seguida) a evidente incapacidade dos Estados de absorver as duas tarefas necessárias para a sobrevivência desta sociedade como "crise de legitimação" do Estado capitalista. Na verdade, o que acontecia era uma transição da sociedade "sólida" de produtores para uma sociedade "líquida" de consumidores. A fonte primária de acumulação capitalista se transferia da indústria para o mercado de consumo.

Para manter vivo o capitalismo, não era mais necessário "remercadorizar" o capital e o trabalho, viabilizando assim a transação de compra e venda deste último: bastavam subvenções estatais para permitir que o capital vendesse mercadorias e os consumidores as comprassem. O crédito era o dispositivo mágico para desempenhar (esperava-se) esta dupla tarefa. E agora podemos dizer que, na fase líquida da modernidade, o Estado é "capitalista" quando garante a disponibilidade contínua de crédito e a habilitação contínua dos consumidores para obtê-lo.

Você experimentou as fases iniciais da transição, de uma economia baseada no capital industrial para outra, baseada no capital financeiro. Essa transição é um dos muitos temas de seu trabalho. E você também viveu fatos históricos extraordinários, incluindo o dramático choque entre totalitarismo e liberalismo. O mundo, naquele momento, como agora, parecia estar numa encruzilhada, parecia se confrontar com um aparente "dilema" entre "ditadura do Estado" e "ditadura do mercado" (sem que esta última jamais tenha sido nomeada desse modo por nenhum líder ocidental; quer dizer, até o presidente francês Nicolas Sarkozy proclamar a morte desta ditadura nos momentos que se seguiram ao colapso de Wall Street). Esse era um dilema verdadeiro em torno de sistemas políticos e econômicos incompatíveis, ou talvez um reflexo de nosso típico pensamento binário esquizofrênico, nossa inabilidade humana para pensar sem dicotomias? Ou tratava-se (e ainda se trata) de um mero reflexo da vontade de obter poder e um desejo de dominação?

BAUMAN: Quando os elefantes brigam, quem paga o pato é a grama. Na guerra entre dois pretendentes à ditadura, a sorte dos pobres, dos indolentes e dos incapacitados por outros motivos para atingir as condições de sobrevivência física e social acaba, na prática, quase esquecida. Mas apresentar as duas ditaduras como a principal oposição e o principal dilema da sociedade contemporânea é profundamente equivocado: é fácil tomar as aparências por realidade e as declarações por medidas concretas.

Antes de mais nada, é preciso sublinhar que os dois elefantes, o Estado e o mercado, podem lutar entre si ocasionalmente, mas a relação normal e comum entre eles, num sistema capitalista, tem sido de simbiose. Pinochet no Chile, Syngman Rhee na Coreia do Sul, Lee Kuan Yew em Cingapura, Chiang Kai-Shek em Taiwan, ou os atuais governantes da China foram ou são "ditadores de Estado" em tudo, menos no nome, mas conduziram ou conduzem uma notável expansão e um rápido crescimento da potência dos mercados. Se atualmente os países citados são exemplos do triunfo do mercado, o mérito é todo dessas prolongadas "ditaduras do Estado".

É bom lembrar, aliás, que a acumulação inicial de capital conduz invariavelmente a uma polarização sem precedentes e contestáveis das condições de vida e provoca tensões sociais explosivas: para a classe empresarial e mercantil emergente, é necessário que essas tensões sejam suprimidas por um Estado potente, impiedoso e coercivo.

A cooperação entre Estado e mercado no capitalismo é a regra; o conflito entre eles, quando acontece, é a exceção. Em geral, as políticas do Estado capitalista, "ditatorial" ou "democrático", são construídas e conduzidas *no interesse* e não *contra o interesse* dos mercados; seu efeito principal (e intencional, embora não abertamente declarado) é avalizar/permitir/garantir a segurança e a longevidade do *domínio do mercado*.

O segundo elemento da dupla tarefa de "remercadorização" de que falamos acima, a "remercadorização do trabalho", não representa uma exceção. Por mais fortes que fossem as considerações morais que levavam à introdução do Estado assistencial, ele dificilmente teria nascido se os donos das fábricas não tivessem percebido que cuidar do "exército industrial de reserva" (manter os reservistas em boa forma caso fossem reconvocados para o serviço ativo) era um bom investimento, potencialmente rentável.

Se o Estado assistencial hoje vê seus recursos minguarem, cai aos pedaços ou é desmantelado de forma deliberada, é porque as fontes de lucro do capitalismo se deslocaram ou foram deslocadas da exploração da mão de obra operária para a exploração dos consumidores. E também porque os pobres, despojados dos recursos necessários para responder às seduções dos mercados de consumo, precisam de dinheiro – não dos tipos de serviço oferecidos pelo Estado assistencial – para se tornarem úteis segundo a concepção capitalista de "utilidade".

Depois que o primeiro-ministro Gordon Brown saiu em resgate de algumas instituições do setor bancário na Grã-Bretanha, em seguida ao primeiro choque da crise financeira global de setembro de 2008, veio a ação de Washington, com um pacote de bilhões de dólares para salvar Wall Street e, mais tarde, para socorrer os bancos americanos. Logo em seguida, outros setores anteciparam-se à esmola e mansamente estenderam suas mãos implorando ajuda.

Como uma *piñata* de uma festa infantil, em que os meninos crescidos se lançam sobre os doces e balas que caem do brinquedo celestial, banqueiros e grandes corporações tomam a *piñata* esfacelada, monopolizando todos as prendas e deixando os envergonhados, os tímidos e os mais jovens olhando os "grandes" agarrarem o pouco que havia para pegar. Era o inverno de 2008. Chefes de Estado, ministros do Meio Ambiente e emissários de primeiro escalão de governo que se encontravam em Poznan, na Polônia, na Conferência das Nações Unidas para o Clima, lutavam para formalizar um acordo sobre as mudanças climáticas, a fim de reduzir emissões de gases de efeito estufa em 1/5, até 2020.[1]

Ao mesmíssimo tempo, em Washington, as maiores corporações da indústria automobilística, General Motors, Chrysler e Ford, pediam ao Senado uma ajuda de emergência no valor de US$1,4 bilhão. Enquanto conversamos, não parece que o sistema estava substancialmente preparado para investir em transporte público coletivo e para abandonar aos poucos a indústria do automóveis; nem que estivesse pronto para cortar radicalmente as emissões de gases de efeito estufa – o debate sobre biocombustíveis (entre outros temas) prosseguiu entre os defensores da ideia de que o etanol de cereais é uma panaceia contra o efeito estufa e os adeptos da noção de que os biocombustíveis exigem maior, e não menor, uso de combustíveis fósseis emissores de dióxido de carbono, acabando por ameaçar a água e a segurança alimentar.[2]

Quando se confrontou com a recessão, no século passado, o presidente americano Franklin D. Roosevelt ordenou à indústria automobilística que parasse de produzir carros e passasse a produzir tanques e aviões (alguns diriam que isso talvez tenha acontecido porque a indústria bélica tem a virtude de "matar dois coelhos com uma cajadada": o inimigo e a recessão econômica). Mas, neste jovem século XXI, um novo fator – o aquecimento global – tornou as coisas mais complicadas. A pergunta agora é: será que podemos ter outro pacto, como o New Deal, de Franklin D. Roosevelt, para iluminar este século? Se a indústria de automóveis não sobreviver – seja porque não há socorro governamental, seja porque ela se tornou o estopim da última catástrofe ambiental –, o que o futuro reserva para as milhões de famílias dependentes da indústria e os milhões de consumidores no mundo inteiro dependentes da economia produzida por essa indústria?

Finalmente, se não houver progresso algum nas trincheiras da mudança climática, com as futuras ameaças ao abastecimento de água e de alimentos, além de outras calamidades ambientais – a segurança hídrica é um dos maiores riscos para a paz no século XXI, como Luis Echeverría Álvarez, ex-presidente mexicano e ex-diretor do Center for Economic and Social Studies of the Third World, disse-me durante uma entrevista[3] –, estaremos no limiar de outra guerra mundial? Será que estamos atingindo o ponto em que a serpente de Rosa Luxemburgo está prestes a devorar e engolir sua própria cabeça?

BAUMAN: A metáfora da serpente se torna impensável justamente pela impossibilidade de ela comer sua própria cabeça. A cabeça da serpente pode ser crionizada ("criônica", como a *Wikipédia* diz, é a "preservação em baixas temperaturas de homens e outros animais que não podem mais ser mantidos vivos pela medicina contemporânea, supondo-se que a reanimação seja viável no futuro"), à espera de que ela reviva em algum momento, quando o resto do corpo talvez possa ser ressuscitado. Há grupos de trabalho montados pelo Estado, financiados por ele com generosidade, embora sejam improvisados, nos quais essas esperanças são levadas em consideração.

A cabeça da serpente poderia se tornar alimento para os carniceiros (há muitos deles por aí, farejando, babando, lambendo os lábios e afiando os dentes); ou parte de seus despojos pode ser misturada à terra nos locais que precisam ser limpos para dar lugar a possíveis edifícios (o equipamento de limpeza do espaço ainda está nas mãos dos designers, e os projetos dos futuros edifícios ainda estão em suas pranchetas); ou talvez sirva apenas como armazém para a lenta nutrição de bactérias; e, quando descoberto pelos paleontólogos dos próximos séculos, talvez se torne um armazém de temas para intermináveis debates, dissertações, confrontos de opinião e ferramentas de promoção acadêmica e de ascensão na hierarquia das celebridades. Em todos esses casos, a cabeça não se desintegraria, a partir do exterior, se não a ajudassem a cair no vazio.

O que a metáfora da serpente implica (se bem que indiretamente), porém, é que o desaparecimento/colapso do capitalismo é concebível como uma implosão, e não como uma explosão, e muito menos como a destruição provocada por um golpe externo (se tal golpe viesse, só poderia desempenhar o papel de *coup de grâce*): o capitalismo vai se matar pela fome, uma vez que o manancial de pastagens disponíveis/possíveis/imagináveis está esgotado. De acordo com a lei dos rendimentos decrescentes, muito bem-conhecida de qualquer agricultor ou mineiro, o esforço para extrair um bocado a mais de colheita útil/utilizável/rentável torna-se caríssimo à medida que o manancial se aproxima da exaustão – tornando qualquer cultivo ou mineração sem sentido e susceptível de abandono.

Parecemos ter chegado a esse ponto. É um momento no qual prosseguir ao longo da estrada que nos trouxe até aqui já não está em perspectiva, apesar da veemência com que nossos guias tentam "voltar ao normal". Ultrapassa o nosso poder de especulação saber o quão traumático o alcance desse ponto ainda pode se revelar. Você corretamente escolheu a indústria automobilística como exemplo do "normal" ao qual nenhum retorno é concebível. Se esse for o caso, porém, até onde e com que resultados devastadores essa maré em particular irá reverberar? Calculou-se que cerca de um terço da população dos Estados Unidos deriva sua existência de um modo de vida dependente do automóvel.

Podemos lembrar o que aconteceu no país quando a cultura extensiva, impulsionada pela perspectiva de um dólar fácil, ajudou a reduzir as férteis terras virgens a uma "bacia de pó". Centenas de milhares de famílias – como a do meeiro Tom Joad, em *As vinhas da ira* – abandonaram ou foram expulsas de suas casas e de seus lotes agora estéreis, e foram às ruas em busca de terra, trabalho e dignidade. E, então, novamente de maneira correta, você lembra Franklin Delano Roosevelt e pergunta: "Será que podemos ter outro pacto como o New Deal no século XXI?"

Bem, não são apenas os generais que estão inclinados a planejar e lutar a última guerra bem-sucedida. Sua pergunta é natural – o New Deal de Roosevelt foi sem dúvida uma batalha de enorme sucesso para salvar o capitalismo das consequências mais terríveis de suas tendências suicidas inatas. Foram os empreendimentos que, na parte "desenvolvida" do mundo pós-guerra, emularam e desenvolveram a ideia de Roosevelt, de ampliar os poderes do Estado para inserir alguma lógica e alguma ordem nas práticas endemicamente caóticas e ilógicas do capitalismo, guiadas que elas são por uma finalidade: a maximização de lucros.

Sabemos agora – de fato, temos sido sobrecarregados de provas disso – que, longe de ser um sistema que se autoequilibra, ou que é movido pela "mão invisível" (mas ardilosa e astuta) do mercado, a economia capitalista produz uma enorme instabilidade que ela é incapaz de dominar e controlar, utilizando apenas sua própria "predisposição natural". Para falar sem rodeios, o capitalismo gera catástrofes que, por si mesmo, ele é incapaz de controlar, e muito menos de evitar – assim como é incapaz de corrigir os danos perpetrados por essas catástrofes.

A capacidade de "autocorreção" imputada à economia capitalista por alguns economistas de sua corte se resume à destruição periódica de "bolhas" de sucesso (com explosões de falências e desemprego em massa), e isso com um custo imenso para a vida e para as perspectivas daqueles que, supostamente, deveriam ser atendidos pelos benefícios da endêmica criatividade capitalista.

Nesse aspecto, nada mudou desde o New Deal de Roosevelt. Mas as condições em que era possível cogitar e pôr em operação esse pacto mudaram. Trata-se de uma circunstância que lança sobre qualquer possibilidade de repetição o tipo de dúvida com que Roosevelt e seus conselheiros não tiveram de lidar. O que mudou? A tarefa enfrentada por Roosevelt era o "desafio keynesiano": ressuscitar, "conceder incentivo governamental", lubrificar e revigorar a indústria, o principal empregador, e, assim, indiretamente, o criador de demanda que manteria a economia de mercado ativa e reiniciaria a produção de excedente necessária à autorreprodução capitalista.

O desafio da atualidade, porém, alcança um nível mais profundo: os mercados financeiros não são um empregador em massa, mas o elo indispensável e talvez decisivo da "cadeia alimentar" de todos os empregadores, reais ou potenciais. Qualquer analogia entre ressuscitar uma indústria faminta pela falta de demanda e "recapitalizar" instituições financeiras que ficaram sem recursos para financiar empréstimos parece ilusória e superficial. Como Hyman Minsky observou duas décadas atrás, os mercados financeiros têm a maior parcela de responsabilidade pela incurável tendência do capitalismo para produzir e reproduzir sua própria instabilidade e vulnerabilidade. Como Paul Wooley observou há pouco,[4] o tamanho exorbitante, alcançado nos últimos anos, pelas agências puramente financeiras e não produtivas é uma função da "visão de curto prazo ou do efeito de momento nas bolsas", uma tendência dos mercados de ações que é impossível de conter e difícil de mitigar.

Wooley comparou o setor financeiro artificialmente superdimensionado a um tumor que, como acontece com os tumores, acabará por destruir o organismo hospedeiro se não for extirpado a tempo. Se o Estado intervier, mobilizando o potencial de pagamento de impostos dos contribuintes e sua própria capacidade de contrair empréstimos no exterior, a fim de reanimar os organismos financeiros, como Roosevelt ressuscitou a indústria americana que dava empregos, isso apenas incentivará a mesma "visão de curto prazo e o efeito de momento" culpados de tornar a atual catástrofe quase inevitável.

Quando os emprestadores descobrirem que há um salva-vidas sob a forma de Estado, que corre para ajudar sempre que o blefe da "vida a crédito" é desafiado e que o jogo de emprestar e pedir emprestado é abruptamente encerrado, a única coisa susceptível de "ressurreição" é a vontade de especular e correr riscos em nome do retorno financeiro imediato. Pouca importância se dá às consequências a longo prazo e à possibilidade de se sustentar o jogo por longos períodos. A próxima bolha está prestes a crescer. O que se aplica aos emprestadores aplica-se também, ainda que em escala ajustada, aos mutuários com quem eles se encerram num ciclo de tentação e sedução. O objeto das operações de crédito não é só o dinheiro pedido e emprestado, mas o revigoramento da psicologia e do estilo de vida de "curto prazo". À medida que se infla até o ponto de ruptura, a grande bolha é cercada por uma multidão de minibolhas pessoais ou familiares impelidas a segui-la rumo à perdição.

Outra coisa que mudou radicalmente desde a época do New Deal são as "totalidades" no interior das quais se pode esperar que a economia mantenha suas contas equilibradas – se não para conquistar a autossuficiência, pelo menos para se aproximar das condições de autossustentabilidade. Não importa o que se presuma e sugira com a recente ressurreição de sentimentos tribais e políticas do tipo "Às tuas tendas, ó Israel!" (como Gordon Brown, ao repetir diante do Partido Nacional Britânico o slogan "Empregos britânicos para o povo britânico"). Essa "totalidade" não pode mais ser contida no interior das fronteiras de um único Estado-nação ou mesmo de confederações de vários Estados. Essa totalidade agora é global.

Os governos podem tentar afastar a parte que ocupam no globo das tendências globais e das condições globais de comércio, mas a eficácia das medidas à sua disposição tem vida curta, enquanto os efeitos a longo prazo correm o risco de ser enormemente contraproducentes. O "espaço de fluxos" global, como Manuel Castells memoravelmente o chamou, continua, teimoso, fora do alcance das instituições confinadas ao "espaço local", incluindo os governos dos Estados. Todas as fronteiras políticas são porosas demais para garantir que as medidas aplicadas no interior do território de um Estado se mantenham imunes aos fluxos de capital determinados a reverter a finalidade pretendida para o exercício desse Estado.

Karl Marx previa de maneira profética uma situação na qual os capitalistas, embora movidos exclusivamente pelo interesse, acolheriam bem o fato de o Estado assumir as questões e impor aos empresários capitalistas as limitações que eles próprios não seriam capazes de criar nem de aceitar individualmente, à medida que seus concorrentes se recusassem (e fossem livres para isso) a seguir seu exemplo. Marx refletia sobre os casos de trabalho infantil ou depreciação dos salários abaixo da linha de pobreza. A longo prazo, essas políticas, aplicadas individualmente por alguns capitalistas a fim de vencer a competição, poriam lenha na fogueira do problema e conjurariam o desastre para todos, do ponto de vista coletivo, à proporção que as fontes de trabalho começassem a escassear, e a capacidade de produção das pessoas, inadequadamente alimentadas, calçadas, abrigadas e treinadas, cairia, talvez chegando a zero.

Pôr fim a essas práticas prejudiciais e em última instância suicidas é algo que só pode ser realizado em bloco, é algo que precisa ser imposto – "auxiliado pelo poder". Em nome da salvação dos interesses coletivos do capitalismo, os capitalistas devem ser obrigados, pelos poderes constituídos, todos eles juntos e ao mesmo tempo, a se comprometer com seus próprios interesses. Ou, de maneira mais correta, devem ser obrigados a abandonar a definição de interesse imposta pela competição desregulamentada, no estilo "pegue o que e quanto puder".

Roosevelt seguiu o padrão que Marx previra quase 100 anos antes. O mesmo fizeram outros pioneiros do "Estado de bem-estar" em suas muitas e diversas formas nacionais. Os "30 anos gloriosos" do pós-guerra foram tempos em que a combinação da memória da depressão anterior ao conflito com a experiência de mobilização de recursos nacionais no esforço de guerra (Roosevelt ordenou que as montadoras americanas suspendessem toda a produção de automóveis particulares e produzissem tanques e armas para o Exército) levou à questão do seguro (obrigatório) coletivo contra as consequências da exploração individual para "além da esquerda e da direita".

Mas esses "30 anos gloriosos" foram também o último momento em que todas aquelas medidas puderam ser tomadas por meio de legislação concebida, aprovada e executada pela estrutura de um Estado-nação soberano. Logo depois, uma nova condição emergiu, e muitas variáveis contábeis caíram ou foram jogadas para fora da esfera do poder de Estado (na verdade, para além do território de soberania do Estado), como seguro contra os caprichos e travessuras do destino, operado pelo mercado, e responsavelmente endossado por instituições de um único país. À medida que as memórias foram se desvanecendo e as experiências foram esquecidas, o "Estado social", com sua densa rede de coações e regulamentos, perdeu a aprovação interclasses.

Margaret Thatcher insistiu na ideia de que uma pílula não cura, a menos que seja amarga. O que ela simplesmente não mencionou foi que as pílulas amargas que administrava (libertar o capital e, ao mesmo tempo, aprisionar uma a uma todas as forças potencialmente capazes de domar seus excessos) deviam ser ingeridas por alguns para curar o mal-estar de outros. O que ela também não disse – nesse caso, alimentada por sua ignorância, auxiliada e protegida por falsos profetas e professores míopes – foi que esse tipo de terapia mais cedo ou mais tarde causaria uma espécie de aflição que de várias formas afetaria o mundo todo. E logo as pílulas amargas deveriam ser engolidas por todos – ou quase todos. Esse "mais cedo ou mais tarde" se converteu em "agora".

As pílulas que nós, todos nós, teremos de engolir podem se tornar ainda mais amargas porque o barulho ensurdecedor da "crise do crédito" abafou, ou quase abafou, outros alarmes, não menos urgentes, tornando-os menos audíveis ou completamente impossíveis de se ouvir. Se mostrar em confronto com os alarmes mais ruidosos e em luta contra eles é um elemento que vence eleições. É mais eficaz que responder a outros alarmes, mais passível de atrair a atenção e os esforços de nossos líderes eleitos.

Entre as previsões de nossa agenda comum para 2009, reunidas pelo jornal *The Guardian* na edição 27 de dezembro de 2008, encontra-se o aviso de Polly Toynbee: de acordo com as últimas pesquisas de opinião, apenas um em cada dez cidadãos britânicos aponta as mudanças climáticas como uma "questão-chave nacional". A maioria substancial aponta o crime e a economia. Polly acrescenta que há chances de que "a crise econômica ultrapasse mais amplamente ainda as mudanças climáticas na atenção do público" e nas prioridades governamentais.

Madeleine Bunting adverte: será necessária uma "mudança de valores" para nos fazer sair de nossa atual enrascada; e, ao contrário do que ocorreu em episódios anteriores de depressão, agora "a mudança de valores precisa durar mais que os anos de recessão". "Mas o paradoxo todo-poderoso", ela acrescenta, é que os políticos nos incitam contra a frugalidade (de que necessitamos, a fim de curar e sanear nosso modo de vida e tornar nosso futuro e o de nossos filhos um pouco mais seguro), "desesperados para reviver a economia" – uma economia, permita-me acrescentar, que foi responsável pela catástrofe atual; uma economia para a qual, como os políticos querem fazer crer, não há alternativa válida.

· Conversa 2 ·

O Estado de bem-estar na era da globalização econômica

Os últimos vestígios do pan-óptico de Bentham.
Ajudar ou policiar os pobres?

Um dos argumentos mais aceitos para explicar o colapso financeiro mundial é que não havia regulamentação estatal suficiente na nossa economia, em particular nos setores financeiro e bancário. Há um consenso de que, com as políticas neoliberais impostas mundialmente – desde a administração do ex-presidente Ronald Reagan e, como você acaba de mencionar, o governo da primeira-ministra britânica Margaret Thatcher, ambos na década de 1980 –, o Estado "encolheu". Termos como "Estado mínimo", "Estado fraco", "Estado fantasma" e assemelhados ecoaram pela mídia, no rescaldo da recessão financeira. De fato, bem antes de 2008, seu próprio trabalho foi pioneiro na análise política em termos de "ausência do Estado" (assim como de "ausência da sociedade"), produzindo referências recorrentes a esse tema por toda parte, em especial em *O mal-estar da pós-modernidade* (1997 [1999]) e, mais tarde, *Tempos líquidos* (2007 [2007]).[1]

Agora, em contraste com a ideia de uma regulamentação fraca e de um Estado ausente, surge um paradoxo: se considerarmos as agências do que alguns ainda hoje chamam de "Estado de bem-estar", vemos que elas oferecem a ilusão de exercer uma presença esmagadora, avassaladora. Dão a impressão de contar com corpos sólidos, como se fossem de ferro, super-regulados. De fato, esses organismos são altamente regulatórios; para aqueles que dependem das instituições de seguridade social em países como a Grã-Bretanha e no resto da Europa, parece haver poucas dúvidas sobre a "intervenção" do Estado. Na verdade, o Estado de bem-estar parece ser cuidadosamente projetado como um sólido mecanismo de reprodução da hierarquia social e de classes. E essa complexa operação de engenharia envolve, ao que tudo indica, as regulamentações tanto da dimensão macro quanto da micro.

Segundo alguns, ao contrário do tipo de regulamentação necessária para reforçar o Estado (em relação aos setores financeiros e bancário), no sistema de seguridade social tudo é regulamentado demais, até o último detalhe: ninguém deve ser "pago em excesso" nessa estrutura meticulosamente organizada. Nenhuma "mão invisível" generosa ou cheia de compaixão está à vista para ajudar aqueles que recebem os "benefícios" – nada de "ajuda financeira" para os que dependem de "seguro-desemprego" ou outros benefícios: mantenha uma fração de uma libra esterlina mais do que "a lei diz que você precisa para viver" e você será processado. Queria perguntar, portanto, até que ponto essas são apenas inconsistências? Trata-se somente de justaposições, ou são paradoxos? A "impossibilidade do Estado" é um testemunho de seu fracasso ou de seu sucesso? A super-regulamentação por parte dos organismos de seguridade social – em contraste com a sub-regulamentação financeira e bancária – é um testemunho da natureza favorecedora do modelo de classes do Estado e do papel que ele desempenha na reprodução da hierarquia de classes e da desigualdade? Ou simplesmente reconhecemos um Estado que "está", mas talvez "não exista" (agora você vê, agora você não vê)?

Bauman: A configuração que você descreve não é o "Estado social" – o nome que sugeri para o "Estado de bem-estar" em sua intenção e em sua prática iniciais. Apesar da continuidade organizacional e burocrática entre Estado social e essa configuração que você descreve, e da semelhança aparente entre suas clientelas, eles são, como dizem os ingleses, "panelas de peixe muito diferentes".*

---

* A expressão *very different kettles of fisch* corresponde, em português, "se parecem como água e vinho". (N.T.)

O Estado social, tal como inicialmente defendido por Bismarck na Alemanha ou Lloyd George na Grã-Bretanha, foi criado para promover os interesses vitais da sociedade de produtores/ soldados, e para assegurar seu bom funcionamento. A sociedade de produtores media sua força pelo número de homens fisicamente aptos a enfrentar os desafios no chão da fábrica e no campo de batalha, e de resistir a eles. Mesmo quando não estavam na ativa (operários desempregados, reservistas do Exército), tinham de se mostrar sempre prontos para se juntar às fileiras caso sua força trabalho ou de combate fosse necessária: então, deviam ser alimentados, vestidos, calçados – era preciso que gozassem de boa saúde e vivessem em condições dignas que lhes permitissem ter e manter esse quadro saudável.

Determinar se pagar por tudo isso era um bom investimento (na verdade, um investimento necessário) para os recursos públicos tornou-se uma questão quase universalmente aceita (embora com relutância), "para além da esquerda e da direita", numa sociedade de produtores/soldados. A luta dos sindicatos em prol de sistemas de seguridade estatal contra as agruras da pobreza e do desemprego, a pregação e as pressões das parcelas moralmente sensíveis do público seriam em vão, não fosse pelo papel aberta ou tacitamente reconhecido do "Estado social". Falo do Estado social no sentido empregado por Jürgen Habermas, retrospectivamente: a "remercantilização do capital e do trabalho" (tornar o capital apto e disposto a comprar trabalho, e o trabalho, atraente o bastante para ser comprado) – a atividade crucial do Estado, sem a qual o capitalismo não poderia sobreviver a longo prazo.

À medida que avançamos para longe da época das conquistas territoriais e da indústria ("fordista") de massa, os pobres já não são mais vistos como os "reservistas" da indústria e do Exército, que devem ser mantidos em boa forma, pois devem estar prontos para serem chamados à ativa a qualquer momento. Hoje, o gasto com os pobres não é um "investimento racional". Eles são uma dependência perpétua, e não um recurso em potencial. As chances de seu "retorno às fileiras" da indústria são fracas, ao mesmo tempo, os novos exércitos profissionais, pequenos e esmerados, não têm necessidade de buchas de canhão. O "problema do pobre", outrora considerado questão social, tem sido em grande medida redefinido como uma questão de lei e ordem. Há uma clara tendência à "criminalização" da pobreza, como comprova a substituição da "subclasse" por termos como classe "baixa", "trabalhadora" ou "destituída". (Em oposição a esses termos, "subclasse" insinua uma categoria "abaixo", que está do lado de fora, não das outras classes, mas do sistema de classes como tal, isto é da sociedade.)

O propósito primário, definidor, da preocupação do Estado com a pobreza, não está mais em manter os pobres em boa forma, mas em policiar os pobres, mantendo-os afastados das ações maléficas e dos problemas, controlados, vigiados, disciplinados. As agências para se lidar com os pobres e desocupados não são uma continuação do "Estado social", salvo pelo nome, elas são em tudo os últimos vestígios do pan-óptico, de Jeremy Bentham, ou uma versão atualizada dos abrigos para pobres que precederam o advento do Estado de bem-estar. Essas instituições são muito mais veículos de exclusão que de inclusão; são ferramentas para manter os pobres (isto é, os consumidores falhos numa sociedade de consumidores) fora, e não dentro.

Sejamos claros a esse respeito: não se trata de uma evidência de "esquizofrenia do Estado", nem, como você sugere, da "impossibilidade de Estado". As políticas do Estado moderno, orientado na época e agora por tudo o que é percebido como parte do "interesse da economia", são agora, como antes, "respostas racionais" – muito embora ajustadas ao estado de transformação da sociedade. O "Estado social", que se sente em casa numa "sociedade de produtores", é um corpo estranho e um visitante incômodo numa sociedade de consumidores. Poucas – se é que alguma – forças sociais dão apoio a essa ideia, quanto mais para se mobilizar no sentido de forçar sua criação e manutenção. Para a maior parte de nós, na sociedade de consumidores, os cuidados com a sobrevivência e o bem-estar têm sido "subsidiados" pelo Estado para atender os interesses, recursos e competências individuais.

O que hoje se chama de "Estado de bem-estar" é apenas uma geringonça para combater o resíduo de indivíduos sem capacidade de garantir sua própria sobrevivência por falta de recursos adequados. Trata-se de agências para registrar, separar e excluir essas pessoas – e mantê-las excluídas e isoladas da parte "normal" da sociedade. Essas agências administram algo como um gueto sem paredes, um campo de prisioneiros sem arame farpado (embora densamente contido por torres de vigia!).

Em *O mal-estar na pós-modernidade* e em *Vidas desperdiçadas*,[2] como agora, você discute o que chama de "criminalização da pobreza". Você descreve com grande clareza como o discurso do bem-estar foi rebaixado de uma cultura dos direitos dos cidadãos para uma cultura da caridade, da humilhação e do estigma.[3] Você comenta com vivacidade o impacto da desregulamentação da economia e da globalização econômica em nossas vidas. Com sua escrita implacável, você descreve dolorosamente como "a privatização radical dos destinos humanos acompanha de perto e de maneira acelerada a radical desregulamentação da indústria e das finanças",[4] e analisa as crescentes quantidades de seres humanos que vivem na miséria.

A questão é: a desregulamentação é o único problema, ou o fato de que as regras do jogo estão em constante mutação (regulamentação/desregulamentação, num movimento pendular) é o que alimenta as chamas? Essas agências que você mencionou como mantenedoras de algo como "um gueto sem paredes, um campo de prisioneiros sem arame farpado" também têm, acredito, a capacidade de desempenhar um papel na reprodução e na reciclagem da pobreza e da hierarquia de classes.

Agora, tenho a impressão de que, embora apresente visões desafiadoras sobre essas instituições, você parece ter mantido um grau de esperança romântica no Estado de bem-estar original, que você insiste que devemos chamar de "Estado social" e prefere ver como uma "apólice de seguros coletiva". De alguma maneira, percebo certo grau de ambivalência na forma como você se aproxima do "Estado de bem-estar original", tal como foi herdado da Grã-Bretanha do pós-guerra. Não sei se é pela maneira como o trata, quase como se "não conseguisse abandoná-lo" (sobretudo em "The absence of society", de 2008), ou se é porque você gostaria de sugerir que ele não completou sua transição para a versão líquida. Isso se explicaria, talvez, porque, como sugeri acima, temos agências de seguridade social super-regulatórias, sólidas como ferro, que estão, ao mesmo tempo, e não obstante, "encolhendo" e "em risco de extinção", à medida que se impõem cada vez mais cortes? Então, como fica? Simples paradoxos, incoerências, mutações incompletas?

BAUMAN: Você apresentou o problema de maneira esplêndida: paradoxos, incoerências, mutações incompletas. No que fazemos (seja na vida pessoal, seja na história), quase nunca começamos a partir de uma tábula rasa. O espaço sobre o qual construímos é sempre desordenado: o passado permanece no mesmo "presente" em que o futuro tenta se enraizar (às vezes de maneira planejada, mas, com maior frequência, discreta e sorrateiramente). Toda continuidade é recheada de descontinuidades, e nenhuma descontinuidade ("ruptura", "virada", "novo começo") está livre de resíduos e relíquias do *status quo ante*. Adorno chamou corretamente a atenção para o fato de que, ao tentar tornar nossos modelos teóricos consistentes, harmoniosos, *eindeutig* (insofismáveis), "puros" e logicamente elegantes (como tendemos a fazer, e não podemos deixar de fazer, sempre que teorizamos), sem querer imputamos à realidade mais racionalidade do que ela possui e nem sequer poderia adquirir. Por essa razão, todos os modelos teóricos são utopias (não necessariamente no sentido de uma "boa sociedade", mas sem dúvida naquele outro significado da palavra, o de "deslugar", "não lugar"). Nossos modelos teóricos são capazes de respirar e se mover livremente apenas no hábitat de escritórios acadêmicos, salas de aula e simpósios eruditos – e repousam apenas quando ossificados sob a forma de registros por escrito ou em vídeo.

Por outro lado, a desordem em nossas descrições – ofensivas e na verdade uma ofensa, como deve ser para um raciocínio amante da lógica – por vezes resulta de um pensar desordenado e desleixado, mas, com grande frequência, da reprodução sóbria e fiel da desordem dos próprios objetos descritos.

Mas retornemos ao objeto central de nossa análise: o Estado "de bem-estar" (ou "social") e sua atual condição. Permita-me assinalar que a ideia de "Estado social", desde o começo, comporta uma contradição que a tornou próxima da tarefa de traçar a quadratura do círculo. Era uma ideia que buscava casar liberdade e segurança, dois valores igualmente indispensáveis para uma vida satisfatória, ou pelo menos suportável, mas que têm uma notória relação de amor e ódio: cada elemento é incapaz de viver sem o outro, mas, ainda assim, nenhum dos dois é capaz de viver com o outro (pelo menos viver pacificamente e sem nuvens à vista). Freud definiu a civilização como o *trade-off* entre liberdade e segurança. Esta última, disse ele, só pode ser ampliada à custa da liberdade; e, quando cresce a liberdade, a segurança diminui. A ideia de Estado social foi concebida para quebrar essa regra. Mas ela pode ser quebrada?

Nossa era moderna começou com a descoberta da "ausência de Deus". A aparente aleatoriedade do destino (a falta de uma ligação visível entre boa sorte e virtude, assim como entre destino e vício) foi tomada como evidência de que Deus abstém-se de uma intervenção ativa no mundo que criou, tendo deixado os assuntos humanos para as preocupações e os esforços (hercúleos, estilo Super-Homem) dos seres humanos. O vazio produzido pelo tédio na mesa de controle do mundo teve de ser preenchido pela sociedade humana, tentando substituir o cego destino pela "regulação normativa", e a insegurança existencial pelo Estado de direito, uma sociedade que protegeria todos os seus membros contra riscos de vida e infortúnios sofridos pelo indivíduo. Esse desejo encontrou sua manifestação plena no arranjo social comumente chamado de "Estado de bem-estar".

Mais que qualquer outra coisa, o "Estado de bem-estar" (repito, prefiro chamá-lo de Estado social, nome que transfere a ênfase da mera distribuição de benefícios materiais para os motivos e os fins partilhados em sua provisão) foi um arranjo de coesão humana inventado para evitar a tendência atual, disparada, reforçada e exacerbada pelo movimento de "privatizar". Essa palavra é uma abreviatura para a promoção dos padrões essencialmente anticomunitários e individualizantes do estilo de mercado de consumo, conjunto de padrões que colocam os indivíduos em concorrência uns com os outros, pela tendência a romper as redes de vínculos humanos e minar as fundações sociais da solidariedade entre os homens. A "privatização" transfere a tarefa de lutar contra os problemas socialmente produzidos (espera-se) para os ombros dos indivíduos, homens e mulheres, na maioria dos casos fracos demais para esse propósito, consoante suas competências, na maior parte das vezes inadequadas, e seus recursos insuficientes. O "Estado social" tendia a unir seus integrantes, numa tentativa de proteger todos e cada um da devastadora e competitiva "guerra de todos contra todos" e da "disputa entre os homens".

Um Estado é "social" quando promove o princípio do seguro coletivo comunitariamente endossado contra o infortúnio individual e suas consequências. É esse princípio – declarado, posto em funcionamento e considerado digno de confiança em seu funcionamento – que eleva a "sociedade imaginada" ao plano de uma comunidade "real" – ou seja, percebida e vivida de maneira tangível. Assim, substitui (para usar termos de John Dunn), a "ordem do egoísmo", que gera desconfiança e suspeita, pela "ordem da igualdade", que inspira confiança e solidariedade. É o mesmo princípio que eleva os membros da sociedade ao status de cidadãos, ou seja, torna-os parte interessada, além de acionistas – beneficiários, mas ao mesmo tempo agentes responsáveis pela criação e a decente distribuição de benefícios; cidadãos definidos e movidos pelo interesse premente na propriedade em comum da rede de instituições públicas (e pela responsabilidade

O Estado de bem-estar na era da globalização econômica 57

sobre ela) em que se pode confiar para assegurar a solidez e a retidão da "apólice coletiva de seguros" emitida pelo Estado. A aplicação desse princípio pode proteger (e muitas vezes o faz) homens e mulheres da tripla maldição: pobreza, impotência e humilhação. Mais importante, contudo, pode (e em geral o faz) tornar-se uma fonte prolífica de solidariedade social que recicla a "sociedade" sob a forma de um bem comum, comunal. A sociedade é então elevada ao plano de comunidade, contanto que efetivamente proteja seus membros dos horrores da miséria e da indignidade, ou seja, do terror de ser excluído, de cair ou ser empurrado para fora do veículo célere do progresso, de ser condenado à "redundância social", ou de ser "lixo humano".

Em seu propósito original, o "Estado social" deveria ser um arranjo para servir a esses fins. Lorde Beveridge, a quem devemos o esquema do "Estado de bem-estar" britânico no pós-guerra, era um liberal, e não um socialista. Ele acreditava que sua visão de um seguro abrangente, coletivamente endossado e para todos, era a consequência inevitável e o complemento indispensável da ideia de liberdade individual própria do liberalismo político, bem como condição necessária à democracia liberal. A declaração de guerra de Franklin D. Roosevelt contra o medo baseou-se no mesmo pressuposto, assim como deve ter ocorrido com a pioneira investigação de Joseph Rowntree Seebohm sobre o volume e as causas da pobreza e da degradação humana. Liberdade de escolha implica, afinal, inúmeros e incontáveis riscos de fracasso. Muitos achariam esses riscos insustentáveis, temendo que pudessem exceder suas capacidades pessoais de lidar com eles. Para a maioria das pessoas, o ideal de liberdade de escolha do liberalismo político permanecerá um fantasma fugaz e um sonho vão. A menos que o medo da derrota seja mitigado por uma apólice de seguros emitida em nome da comunidade, uma apólice em que ela pode confiar e com que possa contar no caso de uma derrota pessoal ou de um golpe do destino.

Se a liberdade de escolha é concedida em teoria, mas inalcançável na prática, a dor da desesperança sem dúvida receberá uma camada de humilhação e infortúnio. A verificação diária da habilidade de lidar com os desafios da vida é, afinal, a estação de trabalho por excelência em que a autoconfiança dos indivíduos, e também sua autoestima, se fundem – ou derretem. Escapar da inércia ou da impotência individuais não é algo que se possa esperar de um Estado político que não é e se recusa a ser um Estado social. Sem direitos sociais para todos, grande número, muito provavelmente um número crescente, de pessoas achará seus direitos políticos de pouca utilidade e algo indigno de atenção. Se os direitos políticos são necessários para estabelecer os direitos sociais, estes são indispensáveis para tornar "real" e pôr os primeiros em operação. Um precisa do outro para sobreviver, e essa sobrevivência só pode ser uma realização conjunta de ambos.

O Estado social tem sido a última personificação moderna da ideia de comunidade, isto é, uma reencarnação institucional dessa ideia em sua forma moderna de "totalidade imaginada" – tecida por consciência e aceitação da dependência recíproca, por compromisso, lealdade, solidariedade e confiança. Os direitos sociais são, por assim dizer, a manifestação tangível, "empiricamente determinada", dessa totalidade, ligando-se essa noção abstrata à realidade do dia a dia e enraizando a imaginação na terra firme da experiência de vida cotidiana. Esses direitos certificam a veracidade e o realismo da confiança mútua de pessoa a pessoa, e da confiança do indivíduo na rede institucional compartilhada que endossa e valida a solidariedade coletiva. "Pertencimento" se traduz como confiança nos benefícios da solidariedade humana e das instituições que dela brotam, prometendo servi-la e garantir sua confiabilidade. Como está impresso no programa da social-democracia sueca para 2004: "Todo mundo é frágil em algum momento do tempo. Precisamos uns dos outros. Vivemos nossas vidas no aqui e no agora, com os outros, apanhados no meio da mudança. Seremos todos mais ricos se a todos for permitido tomar parte, e ninguém for deixado de fora. Seremos todos mais fortes se houver segurança para todos, e não apenas para poucos."

Assim como o poder de sustentação de uma ponte é medido pela resistência de seu pilar mais fraco, e cresce com essa resistência, a confiança e a desenvoltura de uma sociedade são medidas pela confiança e pela desenvoltura de seu ponto mais fraco, e aumentam com o seu crescimento. A justiça social e a eficiência econômica, a fidelidade à tradição do Estado social e a capacidade de se modernizar rapidamente e com pouco ou nenhum dano para a coesão e a solidariedade sociais – essas coisas não precisam estar em desacordo conflituoso. Pelo contrário, como demonstra a prática de nossos vizinhos nórdicos com a social-democracia, "a busca de uma sociedade socialmente mais coesa é a precondição para a modernização por mútuo consentimento". Esse ideal escandinavo hoje não passa de uma relíquia de esperanças do passado – de esperanças outrora poderosas, mas agora em grande parte frustradas.

Atualmente, no entanto, nós (e "nós" diz respeito basicamente aos países "desenvolvidos", mas, sob as pressões combinadas de mercados globais, do FMI e do Banco Mundial, também se refere à maioria dos países "em desenvolvimento") parecemos nos mover em direção oposta: as "totalidades" – sociedades e "comunidades" reais ou meramente imaginadas – tornam-se cada vez mais "ausentes". A faixa de autonomia individual está em expansão, mas também se torna sobrecarregada com funções que outrora eram de responsabilidade do Estado, e que agora são transferidas ("subsidiadas") para o plano das preocupações de cada um. Os Estados já não sancionam mais a apólice coletiva de seguros, deixando a tarefa de obter bem-estar e um futuro em segurança para as buscas individuais.

Os indivíduos estão cada vez mais abandonados a seus próprios recursos e a suas próprias perspicácias. Assim, espera-se que eles divisem soluções individuais para problemas socialmente produzidos, e que o façam de modo específico, usando suas próprias habilidades e recursos particulares. Essas expectativas colocam os indivíduos em concorrência mútua. Elas significam que a solidariedade comunal (exceto sob a forma de alianças temporárias de conveniência, isto é, de laços humanos vinculados e desvinculados sob demanda e "sem fios") é percebida como irrelevante, quando não contraproducente. Colocar as pessoas nessa posição (a menos que isso seja mitigado por uma intervenção institucional forte) torna a diferenciação e a polarização das chances individuais inescapáveis. De fato, isso estabelece um processo de autopropulsão e autoaceleração a partir da polarização de perspectivas e possibilidades.

Os efeitos dessa tendência eram fáceis de prever – e agora podem ser medidos. Na Grã-Bretanha, por exemplo, a parcela de 1% dos mais bem-pagos duplicou desde 1982, de 6,5% para 13% do rendimento nacional, enquanto os diretores executivos das FTSE 100 Companies* foram remunerados (até a recente "crise de crédito" e mesmo depois) não 20 vezes mais que os assalariados médios, como em 1980, mas 133 vezes.

Esse não é, contudo, o fim da história. Graças à nova rede de "autoestradas da informação", cada indivíduo – homem ou mulher, adulto ou criança, rico ou pobre – é convidado (ou, mais que isso, obrigado, dada a notória libertinagem, onipresença e impertinência dos meios de comunicação) a comparar sua própria sorte individual à de outros indivíduos, e em particular ao consumo esbanjador dos ídolos (celebridades constantemente sob os holofotes, em telas de televisão e nas primeiras páginas de tabloides e revistas elegantes), e a medir os valores que fazem a vida valer a pena pela opulência que tão ostensivamente eles agitam diante dos outros.

Ao mesmo tempo, embora as perspectivas realísticas de uma vida satisfatória continuem a diferir muito umas das outras, os padrões sonhados e os cobiçados símbolos de uma "vida feliz" tendem a entrar em linha (outra "inconsistência"!): a força mo-

---

* O FTSE 100 é um índice de efetividade financeira que representa as cem ações mais representativas e fortes da Bolsa de Londres. É calculado e publicado pela FTSE Index Company, empresa que produz indicadores econômicos de propriedade da própria Bolsa de Valores inglesa e do jornal de economia *Financial Times*. (N.T.)

triz da conduta já não é o desejo mais ou menos realista de "olhar para a galinha do vizinho", mas a ideia enervante e nebulosa de "olhar para a galinha das celebridades", de andar com supermodelos, craques de futebol e cantores do topo das paradas. Como Oliver James recentemente sugeriu, uma mistura tóxica é criada por se estocarem "as aspirações irrealistas e as expectativas de que possam ser cumpridas", mas grandes parcelas da população britânica "acreditam que podem se tornar ricas e famosas", e que "qualquer um pode ser Alan Sugar ou Bill Gates, não importando que as reais probabilidades disso ocorrer tenham diminuído desde a década de 1970".[5]

Então, aonde tudo isso nos leva? De minha parte, imagino que uma lição se torna mais clara a cada dia: a vida, nas sociedades "regulamentadas" e "desregulamentadas", difere em muitos aspectos. Mas o volume de felicidade e o grau de imunidade à infelicidade (seja já experimentado ou provável de ser oferecido e obtido) não estão entre eles. Cada um dos dois tipos de sociedade apresenta seus próprios tipos de sofrimento, agonia e medos.

Sabemos agora que a desregulamentação, promovida sob o lema de maior liberdade, emancipação da ousadia e da iniciativa humanas das restrições mesquinhas que atam seus movimentos e sua liberdade de escolha, resultou num coro de promotores que cantam louvores à intervenção do Estado e em resgates de catástrofes desencadeadas pelas liberdades desregulamentadas, numa salvação forçada e com a assistência do poder. A "desregulamentação" está se transformando rapidamente em palavrão, enquanto as palavras sujas de ontem – como gastos públicos, empresa estatal, regulação obrigatória e mesmo estatização – logo são limpadas da sujeira que a elas se aderiu nas três décadas de "emancipação".

Neste momento, ninguém pode dizer quão duradoura essa surpreendente virada se mostrará, mas hoje o pêndulo está balançando no sentido oposto ao da lógica da "desregulamentação". No entanto, como aprendemos nas aulas de física da escola, no decurso de cada oscilação, a "energia cinética" que mantém o pêndulo em movimento tende a diminuir, enquanto a "energia potencial" (que vai se transformar em energia "cinética" no momento em que o pêndulo mudar de sentido novamente) se amplia. Essa regra parece ser aplicável a todos os pêndulos – incluindo este que oscila para lá e para cá entre regulamentação e desregulamentação, ou entre segurança e liberdade.

· Conversa 3 ·

Uma coisa chamada "Estado"

Democracia, soberania e direitos humanos

Nas últimas décadas, a "ruptura epistemológica" em relação à modernidade e a propagação dos pensamentos chamados pós-modernos e pós-estruturalistas resultaram em ideias desafiantes e sedutoras. Poucos conseguiram se esquivar de seu charme encantador e atraente. Eu mesma não escapei desse enfeitiçante caso de amor. Talvez porque, em 1995, tenha me aventurado a escrever que o Estado-nação (e, na verdade, o Estado em si), bem como outras instituições próprias de nossa civilização, era apenas uma construção etnocêntrica, na verdade, uma ilusão patriarcal do Ocidente. (Não que eu tenha mudado de ideia.[1]) Desde que entramos em nosso irresistível caso de amor com o pós-modernismo, todos temos nos rebelado contra nossos "pais" europeus e mediterrâneos (da tradição judaico-cristã aos gregos; e depois Marx, mas não só; da modernidade para a pós-modernidade e vice-versa). Todos nos embebedamos no graal pós-moderno. (Se era refrescante? Indigesto, eu diria.)

Mas o que agora nos salvará daquilo que muitas vezes parece ser o "colapso de praticamente tudo"? Quais são as perspectivas de utopia, e como você tem se sentido a esse respeito desde... Você se lembra de quando escreveu "o socialismo desceu sobre a Europa do século XIX como uma utopia"? Em outras palavras, para onde vamos? Desculpe por colocar o fardo em seus ombros.

BAUMAN: O real "colapso de praticamente tudo", o provável destino derradeiro de uma tendência dominante em nosso atual estilo de vida, não está "aqui", pelo menos ainda não. Mas, até bem recentemente, parecia que poderia estar. Ou pelo menos que estava prestes a chegar, e logo.

Em *A possibilidade de uma ilha*, de Michel Houellebecq,[3] as palavras finais escritas por Daniel25, o último (por sua própria escolha) de um longa (infinita por projeto) série de Daniéis clonados, são:

> Talvez eu tenha 60 anos ainda para viver, mais de 20 mil dias que serão idênticos. Eu evitaria pensar, assim como evitaria sofrer. As armadilhas da vida ficaram bem para trás em relação a mim. Agora, entrei num espaço tranquilo, do qual apenas o processo letal poderia me separar.
>
> ...
>
> Por muito tempo banhei-me sob o sol e as estrelas, e nada experimentei além de uma sensação levemente obscura e nutritiva. ... Eu era, já não era mais. A vida era real.

Em algum ponto entre essas meditações, Daniel25 conclui: "A felicidade não era um horizonte possível. O mundo o havia traído." Na interpretação de Houellebecq, este seria o fim. Mas o que seria o início? Como tudo isso começou?

Vinte e cinco clonagens antes, nos tempos inebriantes, embriagadores, do que você chama de "transgressão epistemológica", e antes do "primeiro" e do "segundo" decréscimos da população humana do planeta (cognomes para o colapso do crédito, ou para o colapso ecológico?) – catástrofes destinadas a transformar o que restou da antiga espécie humana em grupos dispersos de selvagens canibais, e a deixar a memória do passado humano sob posse, guarda e cuidado exclusivos dos "neo-humanos": a autoclonagem infinita, "equipada com um sistema confiável de reprodução e com uma rede autônoma de comunicação", e "obtida em enclaves protegidos por um sistema de segurança à prova de falhas", a fim de "abrigar de destruição e pilhagem a soma total do conhecimento humano" (um motivo que mais tarde seria imputado a Daniel25), anotou Daniel1 (o último dos Daniéis nascido de uma mãe) em seu diário: "Já não sinto qualquer ódio em mim, nada a que me agarrar, nada mais de pontos de referência ou pistas. ... Não há mais mundo real, nada de mundo, nada de mundo humano, estou fora do tempo, já não tenho nenhum passado ou futuro, não tenho mais tristeza, planos, nostalgia, perda ou esperança."

Como Daniel25 também nota, 24 clones neo-humanos depois, numa forte contradição com sua hipótese em relação aos motivos originais de todo aquele caso, Daniel1 foi "especialmente eloquente" naquele tema – o da nostalgia do desejo. Essa nostalgia, como somos autorizados a conjeturar, mais que qualquer outra coisa, foi o que o levou a abraçar a oferta do derradeiro Novo Começo: a partir de uma infindável sequência de ressurreições/reencarnações/novos nascimentos sob a forma de réplicas clonadas de eus anteriores. Não admira que o primeiro da série de Daniéis clonados, aquele ainda nascido de uma mãe, tenha achado a oferta atraente, já que, "na vida real", como observou (leia-se: na vida que ele conheceu, a única vida que poderia ter conhecido antes de a clonagem infinita ter se tornado uma perspectiva realista), as chances de "novos começos" emperraram (e bem mais cedo do que se esperava!): "A vida começa aos 50, é verdade; de modo que ela termina aos 40."

Para qualquer padrão de felicidade, o primeiro Daniel era o epítome do sucesso: era o queridinho dos pseudointelectuais, nadava em dinheiro, estava sempre sob os holofotes, recebia um suprimento de encantos femininos que ultrapassava sua capacidade de consumi-los. Porém, havia uma mosca em sua saborosa sopa, e ele lamentaria por ser o irritante fim daquilo tudo. Você pode ter minimizado ou ignorado o espectro do fim… Até que fez 40 anos. Não fará muito mais que isso, entretanto! Mas o "freio da felicidade" precisa ser purificado da preocupação com um fim – tal como a excitação provocada pelo estado de embriaguez deve ser descontaminada da perspectiva de uma ressaca iminente. No tempo de Daniel1 – o nosso tempo real, o seu e o meu –, a busca da felicidade se baseia na suposição de autorrepetição sem fim: a esse respeito pelo menos, nosso conceito de "viver em nome da felicidade e de uma felicidade cada vez maior" talvez seja o arquétipo do projeto de substituto clonado, imortal, e de tecnologia de ponta.

Mas a perspectiva de um fim inevitável se encaminha, rastejando furtivamente em sua direção, sem você perceber. Uma vez que você está entre os 40 e os 50 anos, ela se estabelece aqui, no lugar que você chama de "o presente", apanhando-o como uma regra despreparada e confusa. Afinal, pouco ou nada em sua história de sucesso lhe ensinou, e introduziu em sua vida, o empreendimento de impedir o fim, mas ele é inelutável. De repente, aquilo para o que você foi treinado e chegou a considerar "vida", esse luxuriante córrego de prazeres, se atenua e está cada vez mais próximo de secar. Daniel em seguida se recorda e compreende a sinistra mensagem de aviso de Schopenhauer: "Ninguém pode ver para além de si mesmo." Felizmente para ele, Isabelle, o esquivo objeto de seu desejo, ainda estava por perto (pouco antes de desaparecer de sua vida para sempre), e, "naquele momento, Isabelle conseguia ver para além de mim".

E o que Isabelle enxergou? Em suas próprias palavras, ela viu que, "quando você envelhecer, precisa pensar em confirmar e amansar as coisas. Você precisa ter em mente que algo de belo nos espera no céu". Então ela medita: nós nos treinamos para a morte – quando não somos muito estúpidos, ou muito ricos. Sendo muito rico ou muito estúpido (mas se você fosse estúpido, de acordo com a definição de estupidez, você não saberia isso), você achará terrivelmente difícil imaginar um fim para os prazeres em série. Se você já tentou imaginar, é assim. Ver ocorre, nesse caso, antes de a imaginação decolar. O fim deve primeiro lhe encarar, antes de você descobrir quão inconcebível (ou, de modo mais direto, insuportável) ele é.

Daniel precisou de 25 renascimentos sucessivos para notar: "As alegrias dos seres humanos permanecem incognoscíveis para nós (neo-humanos). Inversamente, não podemos chegar às lágrimas por suas dores. Nossas noites não são mais abaladas por terror ou êxtase. E, no entanto, vivemos. Avançamos vida afora, sem alegria e sem mistério."

Deve ter sido essa descoberta, estamos autorizados a supor, que levou Daniel25 a revogar a decisão de Daniel1 e escolher aquilo de que o primeiro de sua linhagem queria escapar: abdicar de (ou melhor, rejeitar a) sua perpetuidade/infinitude de existência assegurada pela clonagem. E se fez livre do futuro (isto é, de renascimentos futuros de si mesmo). "Era, como todos os neo-humanos, imune ao tédio. ... Eu era ... um longo caminho partindo da alegria, e mesmo de uma paz real: o simples fato de existir já é uma desgraça. Afastando-me, por minha livre e espontânea vontade, do ciclo de renascimentos e mortes, estava fazendo o meu caminho na direção de uma simples inexistência, uma pura ausência de conteúdo." O próprio Daniel25 proferiu essa sentença (uma vez que não havia ninguém por perto que, lá e naquele momento, ou mesmo no futuro, pudesse fazer isso por ele): uma sentença de 20 mil dias no purgatório a separá-lo do paraíso da inexistência, uma visão que ele poderia melhor descrever com palavras emprestadas de Samuel Beckett:

> Há apenas eu esta noite, aqui, na Terra, e uma voz que não produz som algum, porque vai no sentido do nada. ... Veja o que está acontecendo aqui, onde não há ninguém, onde nada acontece. ... Sei que não há ninguém aqui, nem eu nem ninguém, mas é melhor deixar algumas coisas não ditas, então nada digo. Em outro lugar, talvez, certamente, em outro lugar. ... [Mas] que outro lugar pode haver para este infinito aqui?[4]

Tendo absorvido tudo o que estava disponível para ser devorado, e sem nada no passado, no presente ou no futuro a salvo de sua voracidade onívora, o infinito se iguala à impossibilidade de um "outro lugar". E aquilo que os neo-humanos conseguiram tragicamente esquecer é que, sem algum "outro lugar" além de um número específico de próximas esquinas e manhãs seguintes, não há e não pode haver humanidade. Pelo menos o tipo de humanidade que todos nós, incluindo os escritores de distopias, conhecemos.

Em notável artigo sobre a persistência da utopia,[5] Miguel Abensour cita William Morris insistindo, em 1886, que "os homens disputam e perdem a batalha, e aquilo pelo qual lutam ocorre a despeito de sua derrota, e quando isso chega, não é o que os homens desejavam, e outros homens têm de lutar por aquilo que os outros queriam, mas sob outro nome".[6] Morris escrevia sobre todos os homens, "os homens como tal", assumindo e sugerindo que lutar por uma "coisa que não é" é a maneira como são os seres humanos, todos os homens: na verdade, trata-se da característica definidora do "ser humano". Ele acreditava que, para os homens (e podemos acrescentar: ou para as mulheres), lutar por essa coisa é uma obrigação, como se a luta fizesse parte de sua natureza. ("O 'Não' [ou *Nicht*]", como indicou Ernst Bloch, "é a falta de algo, mas também uma fuga dessa falta; portanto, é dirigir-se para o que está perdido".[7]) Se concordarmos com Morris, podemos considerar as utopias expressões elaboradas e sistematizadas desse aspecto crucial da natureza humana. Utopias foram as diversas tentativas de expor em detalhes e descrever por completo a "coisa" em nome da qual a próxima luta será empreendida.

Contudo, notemos desde logo que, por mais que elas possam ter variado em inúmeros aspectos, todas as utopias propostas – seja por antecessores, seja por contemporâneos de Morris (incluindo ele próprio), cem anos ou mais antes que a imagem dos Daniéis em série pudesse germinar na mente visionária de Houellebecq – eram esquemas de um mundo no qual as batalhas por "coisas que não estão" já não eram tão prováveis: aquelas batalhas não seriam nem necessárias nem desejadas, à medida que a última alternativa já teria sido testada, e testar outras alternativas só poderia prejudicar a perfeição já alcançada.

Então, se concordamos com Morris, a "grande coisa" perdida e convertida em objetivo de batalha pelas pessoas que tinham em sua natureza a disposição de lutar por coisas ausentes e que fazem falta (seja lá o nome que eles derem para a coisa pela qual lutam em algum momento, um nome temporário e bastante controverso) representou, de modo paradoxal, o fim da luta. É o fim de uma necessidade ou uma determinação, o fim do desejo de lutar e de sua própria possibilidade de ser desejável.

A grande coisa que se manteve "acontecendo" no rescaldo de batalhas perdidas (o que acabou por "não ser o que devia ser" e por estimular as outras pessoas a lutar novamente contra a mesma coisa, só que com um nome diferente) foi a condição de não haver luta nas mãos de ninguém. É como o armistício que se segue às hostilidades, como uma regra que se julga estar muito aquém da felicidade imaginada, que era a paz pela qual se lutou. A inquietação de formuladores e caçadores de utopias compulsivos e viciados foi impulsionada e sustentada pelo desejo irascível de quietude. As pessoas vão para a guerra em busca do sonho de abandonar as armas – para sempre.

Outra característica definidora das utopias nos tempos de William Morris (e durante quase um século depois) é seu radicalismo. Atos, empreendimentos, meios e medidas podem ser chamados de "radicais" quando chegam às raízes de um problema, de um desafio, de uma tarefa. Note, no entanto, que a raiz do substantivo latino *radix*, em relação ao qual os usos metafóricos de "radical" estabelecem sua linhagem, não se refere apenas às raízes, mas também aos fundamentos e às origens. O que essas três noções – raiz, fundamento e origem – têm em comum? São dois atributos.

O primeiro: em circunstâncias normais, os referentes materiais das três só podem ser inferidos, supostos, imaginados – eles estão, afinal, escondidos dos olhares e são impossíveis de analisar, muito menos ser experimentados pelos sentidos. Tudo que deles nasceu (seus "frutos", como troncos ou talos, no caso das raízes; edifícios, no caso dos fundamentos; ou consequências, no caso das origens) envolveu-os num tecido de trama coesa, densa e impermeável de "história recente", tendo emergido para se tornar visível por encobri-los e escondê-los em sua sombra. Assim, se alguém pretende atingir a meta de pensar ou agir "radicalmente", esse tecido primeiro deve ser perfurado, jogado para fora do caminho ou desfeito.

O segundo: à medida que se traça uma trilha na direção desse objetivo, o fruto precisa ser imaginariamente desconstruído, ou materialmente "empurrado para fora do caminho", ou desfeito. É alta a probabilidade de que o alvo brote do trabalho de desconstrução e de que o desfazimento o inviabilize de uma vez por todas – o torne incapacitado para todos os efeitos práticos. Ele pode não ser capaz de dar à luz, oferecer um pouso, ou dar início a um novo crescimento, em particular de um fruto que reproduza aquele que foi decomposto ou abafado. Assumir uma posição "radical" sinaliza uma intenção de destruir – ou, de qualquer maneira, uma disponibilidade para assumir o risco de destruição. Muito habitualmente, uma postura radical visa a uma "destruição criativa" – uma destruição no sentido de "limpeza do terreno", ou de uma rotação de culturas, deixando o solo repousar, a fim de se preparar para outra rodada de semeadura e plantio, de tornar o terreno pronto para receber outro tipo de raiz. Alguém tem uma postura "radical" ao aceitar todas essas condições e se guiar por todas essas intenções e esses objetivos.

Russell Jacoby distingue duas tradições do pensamento utópico moderno, por vezes coincidentes, mas não necessariamente interligadas: a "projetista" ("os utopistas projetistas mapeiam o futuro em polegadas e minutos") e a "iconoclasta" (utopistas iconoclastas "sonham com uma sociedade superior", mas "se recusam a dar-lhe medidas precisas").[8] Proponho manter o nome sugerido por Jacoby para a segunda tradição utópica, na verdade "não projetista", modificando levemente, contudo, o seu significado. Proponho centrar o conceito em atributos diferentes da deliberada indefinição ou imprecisão. O significado que sugiro é indicado pela própria ideia de "iconoclastia", e se refere à intenção de desconstruir, desmistificar e, finalmente, desmascarar os valores dominantes e as estratégias de vida de uma época. Utopias "iconoclastas" são aquelas que demonstram que o exercício desses valores e estratégias, em vez de assegurar o advento de uma sociedade superior ou de uma vida superior, constitui um obstáculo insuperável no caminho de ambas.

Em outras palavras, proponho descompactar o conceito de "utopia iconoclasta" como uma ênfase (como em todas as utopias) numa revisão crítica das formas e dos meios da vida presente e como fator principal na descoberta da possibilidade de outra "realidade social", que de outra maneira seria suprimida e ocultada, e que até então era desconhecida. Sendo este o interesse e a preocupação primários das "utopias iconoclastas", não é de se admirar que a alternativa ao presente permaneça um esboço. Uma maior vagueza no olhar que faz antecipações é simplesmente um derivado da preocupação originária. A aposta principal do utopismo iconoclasta é a possibilidade de uma realidade social alternativa, e não seu projeto preciso. Utopias iconoclastas presumem, de maneira aberta ou tácita, que a estrada para uma sociedade "superior" não passa pelas pranchetas dos projetistas, pelas tropas avançadas ou pelos contramestres do futuro. Ela passa por uma reflexão crítica sobre as práticas e crenças humanas existentes, desmascarando (para relembrar a ideia de Bloch) aquele "algo que está ausente" e, assim, inspirando a força motriz para sua criação ou recuperação.

Na época de William Morris, as utopias tendiam a estar do lado "projetista". Acredito que o tempo das utopias iconoclastas chegou (muito embora eu não aposte na duração que esse tempo terá), numa embalagem promocional, com a modernidade líquida, a obsessivo-compulsiva trinca DIP (desregulamentação, individualização e privatização) e o consumismo. Quão melhor essas utopias se estabelecem, mais claro se torna o destino final/esperado/iminente da vida sob sua égide. Cada espécie de utopia está prenhe de suas próprias distopias – geneticamente determinadas, como todos os descendentes. Quando elas se movem na *Lebenswelt* (no mundo da vida), os embriões se transformam em demônios interiores.

Em seu ensaio, particularmente em "A ascensão e queda do trabalho",[9] você analisa a história e o desenvolvimento do Partido Trabalhista [britânico]. Na verdade, o trabalhismo acabou por se tornar algo muito diferente daquilo que foi programado para ele em seus primeiros tempos, na verdade, diferente até de quando chegou ao poder, em 1997. O que deu errado? Foi uma simples questão de o partido trair seus princípios, ou algo mais complexo que isso, foi o caso do paradigma ocidental da política partidária e da democracia estar, por si mesmo, condenado a fracassar? Em outras palavras, em que lugar o fracasso (ou a traição) da esquerda deixa o hábito (vício) ocidental da democracia? O que eu quero perguntar é: a democracia é também uma ilusão (um mito ocidental), outra instituição vacilante?

Será que a democracia foi teimosamente construída como um destino derradeiro para a humanidade – o destino ecumênico e teleológico do "mundo civilizado"? Se assim for, que esperança há para nós? Desde a última década do século XX sabemos que, do outro lado do Atlântico, várias organizações indígenas na América Latina, em particular os zapatistas no sudeste do México, riscaram a democracia de seus programas. Isso ocorreu quando elas ingressaram, a partir de 1994, no que chamei de a primeira revolução pós-moderna do século XX.[10] Um grupo de mulheres e homens indígenas de ascendência maia desafiou a tradição ocidental da democracia, insistindo no desenvolvimento de novas formas – ou melhor, na reinvenção de tradições muito antigas de se fazer política.[11] Segundo o ponto de vista deles, a "democracia direta", e não da democracia *re-present-ativa* (na abordagem deles, não há espaço para se sentir falta da "metafísica do presente"), era única esperança para a construção de um mundo melhor. Assim, a vaga aberta por aquilo que os zapatistas interpretaram como partidos políticos "incompetentes, racistas e corrompidos", em todo o espectro no México, foi preenchida pelas Juntas de Buen Gobierno, os Conselhos de Bom Governo. De acordo com o filósofo espanhol Luis Villoro,[12] isso mostra que "outra visão do mundo é possível" (na opinião dele, "esse outro mundo já está aqui, não como uma utopia, mas como um lugar 'real', 'existente'"). Na sua opinião, qual é, em suma, a relevância do paradigma democrático nas transições atuais? Será este o momento de desvelar os mitos por trás do conceito?

BAUMAN: Cerca de meio século atrás, T.H. Marshall reciclou o estado de espírito popular de seu tempo numa lei (como mais tarde se revelou, ostensivamente) universal do progresso humano: dos direitos de propriedade aos direitos políticos, e destes aos direitos sociais. Cerca de um quarto de século mais tarde, John Kenneth Galbraith apontou outra regularidade destinada a alterar/corrigir seriamente, se não mesmo a refutar, o prognóstico de Marshall: à medida que a universalização dos direitos sociais começou a produzir frutos, mais e mais detentores de direitos políticos tendem a usar seu direito de voto para apoiar a iniciativa individual, com todas as suas consequências – em vez de redução, crescimento da desigualdade de renda, de padrões de vida e de perspectivas de vida. Galbraith atribuiu essa tendência à disposição e à filosofia de vida da "maioria satisfeita" emergente que, sentindo-se firme em posições de controle e à vontade no mundo dos grandes riscos, mas também das grandes oportunidades, não via necessidade de "Estados de bem-estar".

O "Estado de bem-estar" era um arranjo que eles viveram, de modo cada vez mais forte e perturbador, como uma gaiola. Não o viveram como uma rede de segurança, uma restrição, mais do que como uma oportunidade; e também como um dispêndio dispensável, do qual a maioria dos satisfeitos, que podiam contar com seus próprios recursos, muito provavelmente jamais necessitaria e de que não se beneficiariam de qualquer forma imaginável. O apoio generalizado, "para além da esquerda e da direita", ao Estado social, visto por T.H. Marshall como o destino derradeiro da "lógica histórica dos direitos humanos", começou a encolher, a se desintegrar e desaparecer em velocidade acelerada.

Outro quarto de século se passou, e as realidades sociopolíticas parecem corresponder ao prognóstico de Galbraith, e não aos de Marshall.

Gerhard Schröder declarou publicamente, dez anos atrás, na inebriante época da lua de mel entre a "Terceira Via" e o "Novo Trabalhismo", que "política econômica não é de esquerda nem de direita". Não é boa nem má". Dez anos depois, podemos concluir que esse pressuposto, uma vez adotado, adquiriu todos os poderes de uma profecia autorrealizável – embora a forma de sua realização não corresponda às intenções que levaram os profetas a formulá-la. Quando a profecia/declaração se tornou pública, 11 dos 15 governos da União Europeia, da maneira como ela era então, estavam em mãos socialistas. Agora, eleição após eleição, país após país, a esquerda vem sendo expulsa a cotoveladas das posições de poder. Nos dez anos anteriores à inversão das tendências, os partidos social-democratas presidiram a "política econômica" de privatização dos ganhos e socialização dos prejuízos. Eles governavam Estados preocupados com a desregulamentação, a privatização e a individualização.

No fim daquela década, Gordon Brown liderou o esforço pan-europeu no sentido mobilizar "os contribuintes" para a campanha de recapitalização da economia capitalista, de maneira a salvaguardá-la temporariamente das consequências de sua própria ganância e de sua tendência suicida, e levar "ao normal" os setores bancário, de empréstimos e uma economia baseada no crédito. Nada ou quase nada restou para distinguir a "esquerda" da "direita" em termos de política econômica ou de qualquer outra. Não obstante, por consentimento comum entre esquerda e direita, as políticas que não são de direita nem esquerda são tudo, menos "boas".

Hoje, não há visão distintivamente "de esquerda" ou programa com credibilidade que seja atraente para a imaginação dos eleitores e os convença de que "uma boa política econômica" pode ser sinônimo de "política econômica de esquerda". Seguindo a linha de pensamento da Terceira Via, ser "de esquerda" significa ser capaz de fazer de modo mais profundo o trabalho que a "direita" demanda, mas fracassa em realizar corretamente. Foi o "Novo Trabalhismo" de Tony Blair que plantou as fundações institucionais – baseadas na rudimentar ideia de Margaret Thatcher de que "não existe sociedade, apenas indivíduos e famílias" – da individualização galopante, da privatização e da desregulamentação. Foi o Partido Socialista francês quem mais fez para o desmantelamento do Estado social na França. Quanto aos partidos "pós-comunistas" da Europa Centro-Oriental, rebatizados de "social-democratas" – cautelosos que são para que não os acusem por sua ainda inextinta devoção ao passado comunista –, são eles os mais entusiasmados e ferozes defensores e os mais consistentes praticantes da liberdade ilimitada para os ricos e do abandono dos pobres à sua própria sorte.

Por mais de um século, a marca distintiva da esquerda residia em acreditar que é dever sacrossanto da comunidade cuidar e prestar assistência a todos os seus membros, coletivamente, contra as forças poderosas contra as quais eles são incapazes de lutar sozinhos. As esperanças social-democratas de realizar essa tarefa costumavam, entretanto, estar investidas no soberano Estado-nação moderno, poderoso e ambicioso o suficiente para limitar os danos perpetuados pelo livre jogo do mercado, forçando os interesses econômicos a respeitar a vontade política do país e os princípios éticos da comunidade nacional. Mas os Estados-nação não são mais tão poderosos como eram ou esperavam se tornar. Os Estados políticos que outrora reivindicaram plena soberania militar, econômica e cultural sobre seu território e sua população não são mais soberanos em qualquer um dos aspectos da vida em comum.

A condição *sine qua non* de controle político efetivo sobre as forças econômicas é que as instituições políticas e econômicas devem operar no mesmo nível – o que, contudo, não é o caso hoje. Poderes genuínos, aqueles que determinam o leque de opções de vida e de oportunidades na vida da maioria de nossos contemporâneos, evaporaram do Estado nacional para o espaço global, onde fluem livres de controle político: a política manteve-se tão local quanto antes, e por conta disso já não é capaz de alcançá-los, e muito menos de coagi-los. Um dos efeitos da globalização é o divórcio entre o poder (no sentido do termo alemão *Macht*, a capacidade de se ter as coisas feitas) e a política. Agora há o poder emancipado da política no espaço global (o espaço "de fluxos", na linguagem de Manuel Castells), e a política desprovida do poder no espaço local ("espaço de lugares", no vocabulário do mesmo autor).

Esse desenrolar deixou os socialistas sem o instrumento essencial (o único?) a ser utilizado na execução de seu projeto. Em termos simples, um "Estado social", a garantir segurança existencial para todos, já não pode ser construído ou sobreviver no âmbito do Estado-nação (as forças que teriam de ser domadas para obter esse efeito não estão sob o comando do Estado nacional). Têm se frustrado as tentativas de usar o enfraquecido Estado para esse fim, na maioria dos casos, sob a pressão de forças econômicas e mercados extraterritoriais, globais. Cada vez mais, os sociais-democratas têm revelado uma incapacidade imprevista de cumprir suas promessas. Daí o esforço desesperado para encontrar outra marca registrada e outra forma de legitimação.

O Partido Democrata Italiano, ou, até onde se possa comparar, o polonês Lew ica i Democraci, LiD ("Esquerda e Democracia"), exemplificam o destino a que conduz essa busca: total ausência de identidade e legitimidade. Nessa sua forma derradeira, os descendentes distantes da esquerda do passado só podem contar com as falhas de seus adversários como única chance eleitoral, e com as insatisfeitas e irritadas vítimas dessas falhas como seu único círculo eleitoral.

A primeira vítima secundária foi a questão da "segurança existencial". Essa joia do passado na coroa esquerdista foi derrubada pelos partidos erroneamente chamados de "esquerda". Ela foi lançada, por assim dizer, na rua – de onde foi prontamente recolhida pelas forças de igual maneira e erroneamente chamadas de "direita". A legenda radical de direita Lega Italia agora promete restaurar a segurança existencial que o Partido Democrata, alegando ser ele o legítimo herdeiro da esquerda italiana e seu principal porta-voz, promete continuar a minar por meio de nova desregulamentação dos mercados de capitais e de comércio e maior flexibilidade no mercado de trabalho. Além de abrir as portas do país para misteriosas, imprevisíveis e incontroláveis forças globais (portas que, como se sabe por amarga experiência própria, não podem ser bloqueadas de maneira alguma). Só que, de forma fraudulenta, a nova direita populista interpreta as causas da insegurança existencial de modo diferente da esquerda do passado: não como produto de um capitalismo "livre para todos" (liberdade para nobres e poderosos, impotência para os humildes e sem recursos), mas (no caso da Itália) como o desenrolar da situação em que lombardos abastados são obrigados por Roma a partilhar suas riquezas com indolentes sicilianos ou calabreses, e a imposição de uma necessidade, comum a todos eles, de partilhar seus meios de vida com estrangeiros (esquecendo que a imigração de milhões de antepassados dos italianos do século XXI para os Estados Unidos e a América Latina contribuiu muito para sua riqueza atual).

Contudo, você fez uma pergunta ainda mais fundamental. Desde que ela começou a me interessar, ainda estou à espera de uma resposta convincente: qual a relevância do paradigma democrático "no clima atual"? Para aguçar ainda mais a questão, em que medida a esperança de uma "boa sociedade" (seja qual for o conteúdo que alguém queira dar a essa expressão) pode ser investida na forma democrática de convivência humana e de autogoverno? Churchill disse que a democracia é o pior sistema político, exceto todos os outros – porém, o quão satisfatória é essa "menos má dentre as más formas de dominação política"? E até que ponto podemos contar com ela para resolver os problemas decorrentes de nossa união?

Henry Giroux recentemente comentou:

A democracia não se refere simplesmente às pessoas que querem melhorar suas vidas. Ela diz respeito, de forma mais relevante, à vontade delas de lutar para proteger seus direitos à autodeterminação e ao autogoverno, no interesse do bem comum. Sob o reinado do fundamentalismo do livre mercado, as relações comerciais ao mesmo tempo ampliaram seu controle sobre o espaço público e cada vez mais definiram as pessoas como sujeitos consumidores ou como mercadorias, limitando de modo efetivo suas oportunidades de aprender a desenvolver sua gama de capacidades intelectuais e emocionais para se tornarem cidadãos críticos.[13]

Ele também citou Sheldon Wolin, dizendo que, se "a democracia diz respeito a participar do autogoverno, sua primeira exigência é uma cultura de apoio, com crenças, valores e práticas complexos, a fim de nutrir e treinar a igualdade, a cooperação e a liberdade".[14] Pergunto-me se as "crenças e práticas" de "igualdade, cooperação e liberdade" podem ser produzidas e entrincheiradas pela lógica da democracia "realmente existente" de hoje, como se pode deduzir a partir das atividades de nossos governos (parece que o zapatistas tinham boas razões para duvidar se este é ou poderia ser o caso). O espírito de igualdade, liberdade e cooperação é um produto da democracia ou sua condição preliminar – um fator improvável de emergir da prática governamental, se ele já não estivesse no lugar antes dela? Como eu sinto, e você provavelmente vê, não é que não existam até agora respostas convincentes para essas perguntas fundamentais, mas as próprias questões ainda não estão suficientemente articuladas para preparar o terreno das respostas.

Eu suspeito que nossas dúvidas sobre a capacidade que nosso tipo de instituição democrática tem para promover "igualdade, cooperação e liberdade", assim como nossas premonições sombrias a respeito de suas possibilidades futuras de autocrítica e autorreforma, não derivam tanto das formas como as instituições democráticas são estruturadas e operam, mas da natureza da sociedade a que se presume/espera/exige que as instituições

Uma coisa chamada "Estado"

sirvam. A democracia moderna nasceu das necessidades e ambições de uma sociedade de produtores.

As ideias de "autodeterminação" e "autogoverno" foram feitas à medida das habilidades dos produtores e das práticas de produção. A grande questão, a meu ver, é saber se tais ideias podem sobreviver à passagem de uma sociedade de produtores para outra, de consumidores. De uma sociedade vista como um produto coletivo de trabalho compartilhado para uma sociedade percebida como um contêiner de mercadorias a se ganhar – para apropriação, prazer e imediato dispor –, como tende a ser o caso, quando ela é abordada do ponto de vista das preocupações consumistas e das estratégias de vida. Em outras palavras, as instituições democráticas estão endemicamente inclinadas a promover os valores coletivos contra os valores individualistas, a cooperação contra a competição, a "ordem da igualdade" contra a "ordem do egoísmo"? Ou as estruturas democráticas de governança se assemelham a máquinas de venda automática, que só liberam o que foi colocado dentro delas?

De uma forma ou de outra, os governos democraticamente eleitos muito têm feito, nas últimas décadas, para transformar o cidadão num consumidor de serviços oferecidos pelo Estado, e o cidadão ideal, em cliente satisfeito e não queixoso. Para todos os fins e propósitos práticos, os governos democraticamente eleitos desempenharam de maneira bastante impressionante a tarefa de agentes do mercado de commodities e vendedores de sua visão de mundo, seus valores e suas práticas.

Jerry Z. Muller, professor de história na Universidade Católica dos Estados Unidos, declarou recentemente que o "etnonacionalismo" – uma ideologia para identificar o sentido de pertencimento, de fidelidade e compromisso, centrando-se na partilha de origem real ou presumida (livros universitários franceses que começam com "nossos ancestrais, os gauleses", ou Churchill abordando "a raça desta ilha") – cresce em todo o planeta.[15] A ascensão de sentimentos etnonacionalistas dificilmente surpreende nas partes do globo onde o moderno processo (que oculta os conflitos) de coordenar o pertencimento a uma nação ao pertencimento a um país está apenas começando ou ainda é incompleto. Mas a generalização de Muller envolve as "velhas democracias", países em que é quase universalmente aceita a ideia de que a fúria etnonacionalista da era do Estado-nação foi há muito substituída, de uma vez por todas, pelo calmo, pacífico e benevolente "nacionalismo liberal" (ou, para usar a frase de Jürgen Habermas, o "patriotismo constitucional") – e este é um desenrolar intrigante e surpreendente em todos os sentidos.

"O etnonacionalismo", explica Muller, "tira muito de sua força emotiva da ideia de que os membros de uma nação são parte de uma família ampliada". Aqui, sugiro eu, está o segredo: "Família" traz à mente um compromisso mútuo interminável; uma igualdade de garantias; um reconhecimento seguro (porque irrevogável) dos direitos, em particular do direito à participação nos bons resultados; e uma disponibilidade de todos para tomar parte nas marés de má sorte. O termo "comunidade" remete a uma "família ampliada" em nosso mapa do mundo – e o Estado social foi uma prolongada e tortuosa tentativa de elevar a união dos cidadãos de um país à categoria de "comunidade nacional".

Hoje, porém, todo e qualquer Estado, em maior ou menor grau, digladia-se com uma espécie de "duplo vínculo", ou com lealdades divididas e muitas vezes antagônicas, embora entrelaçadas do ponto de vista funcional. Os governos precisam corresponder às expectativas dos eleitores em busca de comunidade, e, ao mesmo tempo, respeitar as demandas das forças globais intrinsecamente hostis a toda e qualquer limitação de tipo comunitário, a toda e qualquer ambição de autossuficiência. As duas pressões estão, com muita frequência, em gritante desacordo. Um de seus efeitos é minguar a confiança do país de que ele é representado da forma adequada por seus representantes democraticamente eleitos, e assim, por procuração, a confiança na própria democracia.

Sem dúvida, ao recusar a arena pública administrada pelo governo e buscar um abrigo mais seguro e com um formato mais

Uma coisa chamada "Estado"   81

evidente de comunidade na "democracia direta", os zapatistas promoveram um previsível esforço de reancorar a confiança que estava solta e sem abrigo. Com esse propósito, escolheram uma das duas respostas concebíveis para o que eles entenderam como uma traição dos interesses comuns por parte dos poderes do Estado. A outra resposta, cada vez mais testada por governos democraticamente eleitos quando recorrem ao vocabulário dos populistas, alimenta uma vã esperança de ressuscitar a união entre Estado e país, agora à beira do divórcio.

Enquanto tentam reforçar seu lado na tarefa de capitalizar os impulsos xenófobos e paroquianos da comunidade nacional órfã, os governos nacionais, quer queiram quer não, deixam os outros flancos expostos e vulneráveis a rápidas e contundentes retaliações por parte do capital global. As consequências disso, ao contrário do que se afirma no vocabulário xenófobo, muito improvavelmente servem como agentes de valorização dos governos nacionais aos olhos e corações dos eleitores que desejam seduzir. E, no entanto, este é um estado de incerteza do qual há poucas perspectivas de fuga rápida – num momento em que, por exemplo, como Edmund L. Andrews relatou no *The New York Times* de 7 de fevereiro de 2008:

> O Departamento do Trabalho [do governo dos Estados Unidos] disse que cerca de 600 mil postos de trabalho desapareceram em janeiro, e que um total de 3,6 milhões de empregos foram perdidos desde o início da recessão, em dezembro de 2007. A taxa de desemprego, por sua vez, subiu para 7,6%, enquanto era de 7,2% no mês anterior. Ao perder mais de meio milhão de postos de trabalho por mês nos últimos três meses, o país está preso num turbilhão de demanda de consumo em colapso, desemprego crescente e um aprofundamento da crise no sistema bancário.

Relatos como este se tornam rapidamente o pão de cada dia para os cidadãos de todas ou quase todas as antigas democracias.

As cartas mais altas que a democracia tinha para combater os sentimentos tribais e as divisões sectárias, num certo sentido – a exemplo do "caso das hipotecas subprime" –, se deviam em grande medida à expectativa de que o valor dos bens obtidos se elevasse sempre mais rapidamente que o volume dos passivos acumulados. Mais uma vez, não muito distante do caso das hipotecas subprime, essa expectativa se mostrou sem garantias – e com as consequências sociais e políticas difíceis de prognosticar nessa fase inicial.

Permita-me agora trazer de volta, brevemente, a questão do Estado nesse contexto. Num relatório compilado e publicado pelas Nações Unidas e pela União Europeia, O'Donnell e outros desenvolveram argumentos convincentes sobre a natureza simbiótica da relação entre Estado e democracia.[16] Em termos gerais, o relatório parecia sugerir que sem um Estado sólido não há democracia. Na análise feita no documento (centrada sobretudo em sociedades latino-americanas), conclui-se que, a fim de preservar a democracia, o Estado deve ser consolidado. Não posso deixar de perguntar: esta é a ordem correta da equação? Alguém se ocupar de "salvar o Estado" pelo bem da democracia?

BAUMAN: O Estado, seja em sua forma atual, "casado com a nação" e territorialmente confinado, seja em qualquer outra forma ainda não testada, desconhecida ou hoje ainda inconcebível, é indispensável. Não "pelo bem da democracia" (dizer isso seria pôr o carro adiante dos bois), mas para tornar viável (eu diria mesmo "sonhável"), se não real, a igualdade entre os seres humanos.

A classe é apenas uma forma histórica de desigualdade. O Estado-nação é um de seus enquadramentos históricos. "O fim da sociedade nacional de classes" (se de fato a era da "sociedade nacional de classes" acabou, e esta é uma questão em debate) não pressagia "o fim da desigualdade social". Precisamos ampliar a questão da desigualdade para além da área enganosamente estreita em que ela está confinada, centrada estritamente no PIB ou na "renda per capita", na atração mútua e fatal entre pobreza e vulnerabilidade social, corrupção e acumulação de perigos, humilhação e negação da dignidade. Os fatores integradores (ou, mais corretamente, nesse caso, desintegradores) de grupo que conformam atitudes e condutas crescem depressa em importância na era da globalização da informação.

Acredito que o que está por trás da presente "globalização da desigualdade" é a repetição, embora desta vez em escala planetária, do processo identificado por Max Weber nas origens do capitalismo moderno e intitulado por ele de "separação entre os negócios e o lar". Em outras palavras, trata-se da emancipação dos interesses comerciais de todas as instituições socioculturais de supervisão e controle eticamente inspirados (interesses naquele tempo concentrados na oficina/casa da família e, por meio dela, na comunidade local). Por conseguinte, trata-se da imunização das atividades empresariais contra quaisquer outros valores que não sejam a maximização do lucro.

Com a ajuda de uma visão retrospectiva, podemos interpretar as transformações atuais como réplicas ampliadas daquele processo original de dois séculos atrás. Os resultados são os mesmos: uma rápida disseminação da miséria (pobreza, aniquilação de famílias e comunidades, rarefação e redução dos vínculos humanos ao "nexo monetário", de Thomas Carlyle), e uma recémsurgida "terra de ninguém" (uma espécie de "Velho Oeste" como o que mais tarde seria recriado nos estúdios de Hollywood) isenta de legislação obrigatória e supervisão administrativa, apenas esporadicamente visitada por juízes itinerantes.

A emancipação original dos negócios foi seguida por uma luta longa, frenética e trabalhosa, por parte do Estado emergente, no sentido de invadir, subjugar, colonizar e finalmente "regular de modo normativo" aquela terra do "livre para tudo"; a fim de estabelecer bases institucionais para a "comunidade imaginária" (chamada de "nação") pretendente e assumir as funções de manutenção da vida, antes desempenhadas por famílias, paróquias, corporações de ofício e outras instituições que haviam imposto os valores da comunidade sobre os negócios, mas que agora escapuliram das mãos enfraquecidas das comunidades locais, privadas de seu poder executivo. Hoje testemunhamos a "marca de separação empresarial-2": agora é a vez de o Estado-nação ser colocado na posição de "lar" e "baluarte do provincianismo", de ser objeto de olhares reprovadores, depreciado como relíquia irracional que impede a modernização e se mostra hostil à economia.

A essência dessa segunda secessão, como a da original, é o divórcio entre o poder e a política. No decorrer de sua luta para limitar os danos sociais e culturais da primeira separação (que culminou com os "30 anos gloriosos" que se seguiram à Segunda Guerra Mundial), o Estado moderno nascente conseguiu desenvolver instituições de política e governo, feitas à medida da postulada fusão de poder (*Macht, Herrschaft*), e a política no interior da união territorial entre nação e Estado. O casamento entre poder e política (ou melhor, sua coabitação no interior do Estado-nação) termina agora em divórcio. O poder parcialmente evaporou no ciberespaço, parcialmente fluiu para mercados asperamente apolíticos, e foi parcialmente "subsidiado" (à força, "por decreto") como apoio à "política de vida" dos novos indivíduos "dotados de direitos" (por decreto, mais uma vez).

Os resultados são muito parecidos, como no caso da separação original, somente que numa escala incomparavelmente (na verdade, "radicalizadamente") ampla. Agora, no entanto, não há equivalente à vista para o postulado "Estado-nação soberano", capaz (ou que se esperava ser capaz) de enxergar (para não dizer ver através) uma perspectiva realista de domar a globalização até agora negativa (desmantelando instituições, fundindo estruturas); e de recapturar as forças enfurecidas, para submetê-las a uma forma de controle eticamente conformada e politicamente operada. Até agora, pelo menos. Confundir a atual política "internacional" (mais bem-conhecida como "interessados") com uma (inexistente) política global é apenas um expediente para legitimar e "naturalizar" a anarquia nos negócios (eu refleti sobre esse divórcio no livro *Em busca da política*, e sobre suas consequências socioculturais em *Vidas desperdiçadas*).

De mais a mais, agora temos poder livre da política e política desprovida de poder. O poder já é global, e a política, lamentavelmente, continua local. Os Estados-nação territoriais são delegacias locais de polícia da "lei e ordem", bem como latas de lixo locais e unidades de remoção de lixo e reciclagem para riscos e problemas globalmente produzidos.

Depois, há a migração (não necessariamente em termos físicos; as pessoas viajam, mas seus lares não vão junto). O capital industrial emigra para longe de seus locais de origem, o capital do setor de serviços traz imigrantes, o capital comercial viaja em todas as direções e por todos os lugares. O fator primordial de estratificação na atual hierarquia de dominação é a facilidade de movimento (a condição de *glebae adscripti*, de estar preso, atrelado a um pedaço de terra, é a marca e o estigma de quem está no fundo do poço). Já o direito de decidir sobre a garantia da mobilidade é a causa primordial na luta pelo poder. Noventa por cento ou mais de habitantes do planeta permanecem fixos, em termos geográficos, enquanto a categoria daqueles que estão em movimento ou já se encontram fora de seu lugar de origem talvez seja mais comumente composta de errantes (turistas involuntários) do que de turistas (errantes voluntários).

Se a atual onda de migração fez alguma coisa, ela expôs as limitações da perspectiva e da determinação nacionalistas para "assimilar" os que chegam: afirmar e preservar a prioridade do domicílio étnico sobre a origem étnica. A migração agora leva, em seu conjunto, ao estabelecimento de diásporas espacialmente dispersas, enclaves de dupla lealdade, utilizando os instrumentos oferecidos pelas "autoestradas da informação" para tentar, com afinco, e na maioria das vezes com êxito, manter ligações espirituais e, não raro, políticas e ideológicas com "as terras de origem". Nesse processo, o multiculturalismo endêmico do planeta é trazido para casa, por assim dizer – despejado na localidade mais próxima. O fenecimento da esperança de "digerir" – converter e assimilar – os que chegam se transforma em outro "fator de estímulo" de sentimentos nacionalistas. Desta vez, porém, esses sentimentos resultam sobretudo numa defesa agressiva da pureza nacional e das políticas nacionais de exclusão, e não, como no passado, em alimentar políticas expansivas de incorporação e absorção.

Mas, para retornar ao seu dilema: é possível salvar o Estado na forma atual? Ou, ainda, restaurar seu poder e sua glória do passado? Estou inclinado a responder às duas perguntas com uma negativa, embora, no exato momento em que dou minha resposta, haja sintomas dispersos de pessoas influentes que se comportam como se as respostas positivas fossem plausíveis, e salvar e/ou ressuscitar o Estado tal como nós o conhecemos fosse viável. Essas respostas foram dotadas de uma aura, transmitidas pelo mundo inteiro e reiteradas pela mídia. Elas realmente podem adquirir, em diversas mentes, veracidade ainda maior. De minha parte, até agora não encontrei argumentos válidos para refutar a suposição de que não há soluções locais para o mais grave dos problemas contemporâneos – que é por natureza um problema global, ou seja, globalmente produzido e passível apenas de soluções globais.

Uma das implicações do seu trabalho parece ser (corrija-me se eu estiver errada) que nos afastamos da centralidade do Estado. Mas isso ocorreu realmente? Não estamos ainda um tanto perdidos em nossa compreensão do Estado? (Sei que eu estou!) Muitas vezes se tem dito sobre Marx, por exemplo, que ele "não tinha uma teoria robusta e coerente sobre o Estado" (embora, logo após a desaceleração econômica, mesmo os autores mais conservadores tenham começado a reconhecer a genialidade de Karl Marx). Hegel, antes dele, muitas vezes soava "romântico" demais e talvez até "obcecado" por sua abordagem teleológica da história e por aquilo que

Uma coisa chamada "Estado"

considero uma abordagem etnocêntrica e logocentrica[17] da história e da lei (e, subsequentemente, da construção do Estado). O pós-modernismo e o pós-estruturalismo não ajudam muito e não esclarecem as "grandes" questões. Neste século, parece que fomos abandonados aos conceitos desajeitados, embaraçosos (e um bocado irritantes), estabelecidos , como o de "Estado-babá", ou o da "mão invisível do mercado" – e, por implicação, uma "coisa amorfa", a "cabeça" sobre seus ombros, invocando talvez sua racionalidade, claramente em relação disfuncional com o "corpo". No século XXI, a questão do Estado parece tão inapreensível como sempre. Para além dos paradoxos descritos, podemos consolidar o Estado? E deveríamos fazê-lo?

Permita-me especular ainda mais. O Estado político pode ter perdido sua centralidade na economia (são as já mencionadas tendências de desregulamentação), mas parece que isso ocorreu para que ele pudesse manter uma enorme centralidade em determinadas áreas estratégicas (incluindo, como já sugeri, as agências do Estado de bem-estar). Mais ainda, e muito importante, o Estado manteve sua centralidade estratégica nos poderes de fiscalização. Ao contrário do "Estado-fantasma", que, de forma oportuna, está ausente dos setores bancário e financeiro (quando estes não estão ameaçados pelo protecionismo), o "Estado policial", expressão com a qual Stella Rimington, ex-chefe do MI5, se referiu a ele recentemente,[18] está ficando gordo, muito gordo mesmo.

Portanto, este é um Estado policial e muito sólido: basta olhar para o tamanho do Big Brother (que você analisou brilhantemente em *Society Under Siege* e que debatemos aqui). Em face de seu poder, a própria liquidez começa a parecer uma ilusão. Encaremos: o Big Brother não é líquido. O Big Brother pode ter desenvolvido tentáculos crescentes no e a partir do setor privado, mas sua principal força motriz ainda parece derivar do Estado. Depois de tudo o que aconteceu a Ralph Miliband e Nicos Poulantzas (além de seu caso de "amor e ódio") e Althusser, eles têm alguma relevância hoje? Em suma, professor Bauman, "trazemos o Estado de volta", nós o reinventamos, ou paramos de acreditar nele?

BAUMAN: Suas suposições são tão boas quanto as minhas. Quem sou eu para fazer invenções nas áreas em que Hegel ou Marx falharam, como dizem alguns? Será que há uma qualidade camaleônica no fenômeno chamado "Estado", que faz com que todas as teorias a seu respeito soem desordenadas ou vergonhosamente simplificadas? Seja qual for a rota de fuga para qualquer dos dilemas que você escolher, você é obrigado a ficar confinado pelas condições – as condições nas quais as escolhas feitas reconhecidamente não se abrem a escolhas. A esta altura, as condições foram muito alteradas: o Estado, assim como as demais invenções e produções humanas de que estamos sobrecarregados, opera hoje num mundo totalmente diferente daquele em que Ralph Miliband cruzou espadas com Nicos Poulantzas.

Nosso mundo moderno, com seu compulsivo e obsessivo impulso de "modernização", desde o princípio desenvolveu duas indústrias de massa de "refugo humano" – o que tentei analisar mais detidamente em *Vidas desperdiçadas*. Uma dessas indústrias é a da construção da ordem (que nada pode fazer além de produzir maciçamente entulhos humanos, aquilo que é "impróprio", o excluído do reino da sociedade apropriada e ordenada, "normal"). A outra, chamada "progresso econômico", resulta em grandes quantidades de sobras humanas, seres para os quais não há lugar na "economia", nenhum papel útil a desempenhar, nenhuma oportunidade de ganhar a vida, pelo menos nas formas definidas como legais, recomendáveis ou pelo menos toleráveis.

O Estado ("de bem-estar") social foi uma tentativa ambiciosa de paralisar as operações dessas duas indústrias. Foi um projeto ambicioso (talvez ambicioso demais) de inclusão de todos por meio da progressiva paralisação das operações e pela eliminação de práticas de exclusão social. Bem-sucedido em muitos aspectos, embora com suas falhas, o Estado social está agora ele próprio em vias de paralisação. Enquanto isso, as duas indústrias fabricantes de refugos humanos voltam à atividade e trabalham a pleno vapor, a primeira produzindo "estrangeiros" (aqueles "sem documentos", imigrantes ilegais, falsos requerentes de asilo político e toda sorte de "indesejáveis"), a outra provocando o surgimento de "consumidores defeituosos". As duas juntas produzem em massa a "subclasse". Não uma "classe baixa" situada na base da pirâmide de classes, mas pessoas para as quais não há lugar algum ou classe social alguma, pessoas lançadas fora do sistema de classes da "sociedade normal".

O Estado hoje é incapaz de, e/ou relutante em, prometer "segurança existencial" a seus cidadãos ("libertação do medo", como diz a famosa frase de Franklin D. Roosevelt). Ganhar essa segurança existencial – conseguir e manter um lugar legítimo e digno na sociedade humana e evitar a ameaça de exclusão – é uma tarefa deixada às habilidades e aos recursos de cada indivíduo, por sua conta. Isso significa correr riscos enormes e sofrer com a angustiante incerteza que empreitadas como essas inevitavelmente incluem. O medo que o Estado social prometeu extirpar retornou com uma vingança. A maioria de nós, da base ao topo da pirâmide social, hoje teme a ameaça, embora vaga, de ser excluído, de se provar inadequado para os desafios, de ser desprezado, de ter sua dignidade negada e humilhada.

Tanto os políticos quanto os mercados consumidores estão ansiosos para capitalizar os medos difusos e nebulosos que saturam a sociedade. Os vendedores de bens de consumo e serviços anunciam seus produtos como remédios infalíveis contra o abominável sentimento de incerteza e de ameaça não claramente definida. Movimentos e políticos populistas assumem a tarefa abandonada pelo Estado social, que se fragiliza e continua a desaparecer, e também por grande parte de seja lá o que for que tenha restado da antiquada esquerda socialista. Mas, em flagrante oposição ao Estado social, eles estão interessados em expandir, e não em reduzir o volume de medos; eles se interessam em particular em expandir o medo dos perigos diante dos quais resistem, contra os quais lutam na TV e dos quais protegem a nação.

A rebarba dessa história é que as ameaças mais vociferantes, espetaculares e apresentadas pela mídia com insistência poucas vezes ou nunca são os perigos que estão na raiz da ansiedade e dos temores populares. Por mais bem-sucedido que o Estado possa ser na resistência a ameaças tornadas públicas, as fontes genuínas de ansiedade, insegurança social e incerteza perseguidora, as causas primárias e endêmicas de medo no estilo de vida capitalista moderno permanecerão intactas. Se algo lhes acontecer, essas fontes emergirão reforçadas.

Na era da globalização, o que chama a atenção do olhar e mobiliza a imaginação é a forma como o ressentimento se dirige para os imigrantes e se torna politicamente rentável. De alguma forma perversa, os imigrantes representam tudo o que gera ansiedade e desperta horror na nova variedade de incerteza e insegurança que tem sido e continua a ser induzida pelas misteriosas, impenetráveis e imprevisíveis "forças globais". Migrantes incorporam, trazem para "o quintal", tornam palpáveis e visíveis os horrores dos meios de vida destruídos, do exílio forçado, da degradação social, da exclusão e do banimento definitivo para um "não lugar" fora do universo das leis e do direito. Dessa maneira, eles encarnam todos aqueles medos existenciais semiconscientes ou inconscientes que atormentam homens e mulheres numa sociedade líquida moderna. Ao perseguir e afugentar os imigrantes, alguém se rebela (por procuração) contra todas as misteriosas forças globais que ameaçam lançar sobre todo mundo o destino já sofrido pelos imigrantes. Há uma grande quantidade de capital nessa ilusão que pode ser (e é) habilmente explorada por políticos e também pelos mercados.

No que diz respeito à maior parte do eleitorado, os líderes políticos, os que estão no poder e os aspirantes, são julgados pela severidade que manifestam no curso da "corrida pela segurança". Políticos tentam superar uns aos outros nas promessas de endurecer com os acusados de promover insegurança, real ou suposta, pelo menos aqueles que estão perto, ao alcance, que podem ser combatidos e derrotados, ou pelo menos estão condenados à conquista e são como tal apresentados. A Forza Italia ou a Lega podem ganhar as eleições com a promessa de proteger os lombardos, que trabalham arduamente, de serem assaltados por ca-

Uma coisa chamada "Estado" 91

labreses preguiçosos; de defender a ambos contra os recém-chegados que os lembram da precariedade e da incurável fraqueza de suas próprias posições; e de proteger todo e qualquer eleitor contra mendigos intrusos, perseguidores, gatunos e assaltantes. As ameaças genuínas, fundamentais e decisivas à vida decente e à dignidade humana emergirão incólumes de tudo isso.

Os riscos a que as democracias hoje se expõem só se devem parcialmente aos governos dos Estados, que lutam desesperadamente pela legitimação de seu direito de ter domínio e exigir disciplina. O Estado flexiona seus músculos e mostra sua determinação em se manter firme diante das ameaças infinitas, genuínas ou supostas, aos corpos humanos, em lugar de proteger a utilidade social de seus cidadãos (como fazia antes), o seu lugar de respeito na sociedade, como um seguro contra a exclusão, a negação da dignidade ou a humilhação. Digo "parcialmente" porque a segunda razão pela qual nossa democracia está em risco é o que podemos chamar de "fadiga da liberdade". Ela se manifesta na placidez com que a maioria de nós aceita o processo de limitação gradual de nossas liberdades duramente conquistadas, nossos direitos de privacidade, de defesa diante da Justiça, de sermos considerados inocentes até prova em contrário.

Laurent Bonnelli cunhou o termo "liberticídio" para indicar essa combinação de novas e antigas ambições dos Estados e entre timidez e indiferença dos cidadãos. Ele pergunta quais seriam as verdadeiras metas, mesmo que não declaradas, das novas políticas "securitárias": "O antiterrorismo em oposição às liberdades civis?"

Um tempo atrás, vi na televisão milhares de passageiros retidos nos aeroportos britânicos durante um "pânico de terrorismo", no qual os voos foram cancelados, depois de um anúncio de "indescritíveis perigos" de uma "bomba líquida" e de se avisar que haviam descoberto uma trama mundial para explodir os aviões em pleno voo. Aquelas milhares de pessoas que jaziam no chão por causa do cancelamento de seus voos perderam suas férias, importantes reuniões de negócios e encontros de família.

Mas não reclamavam! Nem um pouco! Não protestavam ao menos por terem sido farejados de cima a baixo por cães, mantidos em filas intermináveis para verificações de segurança, submetidos a revistas que sem dúvida considerariam ofensivas à sua dignidade. Pelo contrário, estavam exultantes: "Nunca nos sentimos tão seguros como agora", repetiam. "Estamos muito gratos a nossas autoridades pela vigilância e por cuidar tão bem de nossa segurança!"

Manter os prisioneiros encarcerados por anos a fio sem acusação formal em campos como Guantánamo, Abu Ghraib e talvez dezenas de outros, prisões que são mantidas em segredo e, por isso mesmo, se tornam ainda mais sinistras e menos humanas, causou ocasionais murmúrios de protesto, mas não um clamor público, muito menos uma oposição eficaz. Consolamos a nós mesmos dizendo que todas essas violações dos direitos humanos destinam-se a "eles", não a "nós" – referindo-se a diferentes tipos de seres humanos ("Cá entre nós, eles são mesmo humanos?!"), e que essas afrontas não nos afetarão, a nós, as pessoas decentes. De modo conveniente, temos esquecido as tristes conclusões de Martin Niemöller, o pastor luterano vítima de perseguições nazistas: "Primeiro, eles levaram os comunistas, e eu pensei, mas eu não era comunista, por isso fiquei calado. Então eles vieram atrás dos sindicalistas, e como eu não era sindicalista, nada disse. Depois vieram atrás dos judeus, mas eu não era judeu... Depois atrás dos católicos, mas eu não era católico... Afinal vieram atrás de mim. Mas naquele momento já não havia ninguém para me defender."

Num mundo inseguro, a segurança é o nome do jogo. A segurança é o objetivo principal da competição e sua premiação suprema. É um valor que, na prática, senão na teoria, diminui todos os outros valores, empurrando-os violentamente para longe da nossa vista – incluindo os valores mais caros a "nós" e, ao mesmo tempo, mais odiados por "eles". Por essa razão, considera-se que esses valores são declaradamente a causa principal do desejo "deles" de "nos" causar danos, e que é "nosso" dever conquistá-"los". Num mundo tão inseguro como o nosso, traços como liberdades individuais de uso da palavra e de ação, direito à privacidade, acesso à verdade – todas essas coisas que estamos habituados a associar à democracia e em cujo nome ainda vamos à guerra – precisam ser reduzidos ou suspensos. Ou pelo menos isso é o que sustenta a versão oficial, confirmada pela prática oficial.

A verdade, porém, é que não podemos defender com eficácia nossas liberdades aqui em casa, enquanto nos cercarmos do resto do mundo, e prestar atenção apenas em nossos assuntos domésticos...

Há razões válidas para supor que, num planeta globalizado, onde a situação de todos em toda parte determina a situação de todos os outros, ao mesmo tempo que é também determinada por ela, não se pode mais assegurar liberdade e democracia "separadamente" – de forma isolada, num país, ou só em alguns Estados seletos. O destino da liberdade e da democracia em cada país é decidido e resolvido em escala global. Só nesse plano as duas podem ser defendidas com uma chance real de sucesso duradouro. Não está mais nas mãos do poder de algum Estado em especial defender domesticamente os valores que escolheu, enquanto vira as costas para os sonhos e anseios dos que estão do lado de fora, por mais que ele tenha recursos, seja fortemente armado, resoluto e inflexível. Mas virar as costas é precisamente o que nós, na Europa e em outras terras afortunadas, parecemos fazer quando mantemos nossas riquezas e as multiplicamos à custa dos pobres de fora.

Na fase inicial, a modernidade elevou a integração humana até o nível das nações. Antes de concluir seu trabalho, no entanto, a modernidade deve desempenhar uma tarefa ainda mais formidável: levar a integração humana até o plano da humanidade, incluindo toda a população do planeta. Por mais difícil e espinhosa que essa tarefa ainda possa se revelar, ela é imperiosa e urgente, porque, para um planeta de interdependência universal, trata-se, literalmente, de uma questão de vida (compartilhada) ou morte (conjunta).

Uma condição essencial desse esforço que vem sendo empreendido e executado com diligência é a criação de um equivalente global do "Estado social", que concluiu e coroou a fase anterior da história moderna – a da integração de localidades isoladas e tribos em Estados-nação. Em algum momento, portanto, o ressurgimento do núcleo essencial da "utopia ativa" socialista – o princípio de responsabilidade coletiva e de um seguro coletivo contra a miséria e a desdita – seria indispensável, embora desta vez numa escala global, tendo toda a humanidade como seu objeto.

No estágio em que já chegou a globalização do capital e do comércio de mercadorias, nenhum governo, individual ou isoladamente, é capaz de equilibrar as contas. Sem essas contas equilibradas, torna-se inconcebível a continuidade das práticas do "Estado social" que cortam as raízes da pobreza e impedem que a tendência para a desigualdade saia do controle. Também é difícil imaginar governos capazes de, isolada ou individualmente, impor limites sobre o consumo e aumentar a tributação local para os níveis exigidos pela continuidade, muito menos de promover uma nova expansão dos serviços sociais.

A intervenção nos mercados é muitíssimo necessária, mas, se ela ocorrer, será mesmo ação do Estado? E se, além de apenas acontecer, ela também trouxer efeitos concretos? Não, isso será trabalho de iniciativas não governamentais, independentes do Estado e talvez até em oposição a ele. A pobreza, a desigualdade e, num plano mais geral, os desastrosos efeitos e "danos colaterais" do *laissez-faire* global não podem ser tratados com eficácia usando o método de se isolar do resto do planeta num canto do globo. Não existe maneira alguma decente de um indivíduo ou um grupo de Estados territoriais "deixar" a interdependência global da humanidade. O "Estado social" não é mais viável; apenas um "planeta social" pode assumir as funções que ele tentou executar, há não muito tempo, com variáveis graus de sucesso.

Suspeito que os veículos capazes de nos levar até o "planeta social" não são os Estados territoriais soberanos. Em vez disso, são as associações e organizações não governamentais, extraterritoriais e cosmopolitas, além daquelas que alcançam diretamente a pessoas necessitadas por cima e sem a interferência dos governos locais "soberanos".

Outra noção peculiar de nossa tradição política é a de soberania. Passei muito tempo a ponderar sobre a complexidade e as contradições de um conceito como esse (por favor, perdoe minhas obsessões). Num longo ensaio em espanhol, exploro a anatomia dessa estranha ideia que sempre me intrigou e fascinou, graças à sua "versatilidade".[19] Mas, em seu trabalho, especialmente *Vida para consumo*,[20] você leva a discussão sobre a soberania a lugares ainda mais impensáveis (bem, não realmente "impensáveis", mas imponderáveis para aqueles de nós incapazes de enxergar adiante de nossos narizes). Parecia que você tinha nos mostrado um dos melhores lugares para se buscar a soberania em nossos tempos.

Algumas das implicações do que você escreve é que você identifica "fontes" mais realistas de soberania para nossos tempos. Talvez haja uma sugestão de que, nos tempos contemporâneos, a "fonte" e o "domínio" da soberania não estão mais – para simplificar, se me permite – nos poderes do governo (como Maquiavel, Hobbes e Hegel afirmavam). Não estão mais na supremacia divina[21] (como afirmava Bodin). Não estão no povo (como pretendiam Rousseau, Locke e Paine). Nem na constituição, como Montesquieu (e também Rousseau e Locke) argumentava, ou na lei, considerada como "máximas da razão" (segundo Kant), e não está no poder de criar e revogar leis (como sugeriu Austin). Nem vamos encontrá-la, ao que parece, no indivíduo, como Kant, John Stuart Mill, Derrida, Bataille e outros propõem, nem no corpo das mulheres, como algumas feministas (em especial Simone de Beauvoir e suas seguidoras) defendem. Você realmente complexificou a questão ao dizer que "a soberania está no mercado". De fato, em sua abordagem, "o Estado é um executor da soberania do mercado".[22] Pois, de acordo com seu livro, o novo soberano, isto é, o mercado, e os setores financeiro e bancário, como dolorosamente já aprendemos com os acontecimentos em Nova York e Londres nos últimos meses de 2008, nos enganou novamente. Aonde vamos a partir daqui?

BAUMAN: O que é soberania? A maioria dos pensadores que desejam esclarecer essa questão nos dias atuais arranca uma página dos prolíficos escritos de Carl Schmitt, há pouco reabilitado nos círculos intelectuais da Europa, depois de muitos anos de ostracismo merecido, por seus longos, fiéis, entusiásticos e dedicados serviços prestados a um dos mais cruéis regimes da história. Em aparência, o que Carl Schmitt acreditava ser a essência da soberania, sem dúvida traçando a ancoragem empírica de sua teoria no *Führerprinzip* nazista, que ele fortemente aprovava, tem sido considerado útil para articular a tendência de nossos próprios poderes constituídos. Pelo menos, esta é uma das explicações admissíveis para a surpreendente carreira do fantasma de Carl Schmitt.

A noção de soberania de Schmitt, enunciada em sua *Teologia política* (concebida em 1922 e reciclada, dez anos mais tarde, em *O conceito do político*, com o fechamentos de alguns parênteses que haviam sido deixados abertos e uns poucos pingos que anteriormente faltavam nos is), foi pensada para ser para a teoria política o que o *Livro de Jó* tem sido para o judaísmo e, por meio deste, para o cristianismo.

Essa ideia foi criada e concebida para responder a uma das questões mais notoriamente persistentes dentre as nascidas em Jerusalém: uma espécie de questão com que a mais famosa das ideias nascidas em Jerusalém, a de um único e só Deus, criador onipresente e onipotente de estrelas, montanhas e mares, juiz e salvador de toda a Terra e de toda a humanidade, não poderia deixar de estar impregnada. Essa questão dificilmente teria ocorrido em outros lugares, em especial para os atenienses, que viviam num mundo repleto de divindades maiores e menores, todas oriundas de nações maiores ou menores, ou mesmo de cidades. E que também não teria ocorrido aos antigos hebreus do

"Deus tribal", pelo menos não enquanto o Deus deles, de maneira muito semelhante ao Deus dos gregos, compartilhasse a Terra (mesmo sua própria e minúscula pátria, Canaã) com incontáveis deuses de tribos hostis. Ela não teria sido suscitada pelos hebreus, nem quando o Deus deles reivindicou o domínio absoluto do planeta, uma vez que o *Livro de Jó* predefiniu a resposta antes mesmo que a questão pudesse ser totalmente articulada e começasse a persegui-los a sério.

Essa resposta, lembremos, não poderia ser mais simples: O Senhor concede, o Senhor toma, bendito seja Seu nome. Ela pede uma obediência resignada, sem qualquer questionamento ou debate: para que ela soe convincente, não é preciso haver comentários eruditos nem uma profusão de notas de rodapé. Contudo, a questão da qual a ideia de um Deus único estava prenhe, teve que nascer. Isso porque o profeta hebraico Jesus declarou que o Deus onipotente era, além disso, o Deus do Amor, e porque seu discípulo são Paulo levou essa boa nova a Atenas – um lugar no qual se esperava que as perguntas, uma vez feitas, fossem respondidas em sintonia com as regras da lógica. Que a resposta não estivesse disponível de maneira extemporânea, isso mostra a recepção um tanto hostil recebida por Paulo entre os falantes e questionadores atenienses – e também o fato de que quando ele se dirigiu aos "gregos" tenha preferido enviar sua carta aos coríntios, muito menos treinados e sofisticados do ponto de vista filosófico.

No mundo dos gregos (como no mundo de todos os outros incontáveis povos politeístas em que poderíamos reconhecer, com o benefício da retrospectiva, "pós-modernos" *avant la lettre*), havia um deus para cada experiência humana bizarra e para todas as ocasiões da vida, por mais variadas que fossem. Por isso, não havia também uma resposta para cada dúvida passada e futura; não havia, acima de tudo, uma explicação para toda e qualquer inconsistência observada nas ações divinas e uma receita para improvisar uma explicação original, mas antes de tudo sensata, no caso de novas incompatibilidades. Para se antecipar, ou pelo menos para neutralizar retrospectivamente a resistência divina aos anseios humanos por coerência, eram necessários muitos deuses. Deuses que objetivassem interesses cruzados, assim como os homens; deuses cujas flechas podiam se desviar dos alvos nos quais foram mirados por flechas lançadas dos arcos de outras divindades arqueiras. Os deuses poderiam sustentar sua autoridade divina e mantê-la indiscutível apenas por ação em conjunto, em grupo – quanto maior melhor –, de modo que o motivo para um deus ou uma deusa falhar no cumprimento de suas promessas divinas pudesse sempre ser encontrado – numa maldição igualmente divina lançada por outro dentre os inúmeros moradores do panteão.

Todas essas confortáveis explicações para a irritante aleatoriedade com que a graça e a condenação divinas eram disseminadas – a aleatoriedade da boa sorte e do azar não estavam vinculados à piedade ou à impiedade, a méritos ou pecados humanos – deixaram de estar disponíveis quando foi negada a existência de um panteão de deuses. O "um e apenas um" Deus reivindicou um reinado indivisível e não compartilhado, abrangente e incontestável, depreciando assim todas as outras deidades (outros deuses tribais, ou "parciais", deuses "especialistas"), tratando-as como meros falsários. Ao reivindicar e ambicionar um poder absoluto, o Deus da religião monoteísta assume a responsabilidade absoluta sobre as bênçãos e golpes do destino, sobre a má sorte dos miseráveis, assim como pela "longa sucessão de dias ensolarados" (como diria Goethe) daqueles mimados pela fortuna. O poder absoluto não significa uma desculpa para o detentor do poder. Se o Deus que cuida e protege não tem rivais, ele também não tem uma defesa sensata, muito menos óbvia, para os meandros das fatalidades cegas e surdas que atormentam os seres humanos sob seu domínio.

O *Livro de Jó* reapresenta a terrível aleatoriedade da natureza sob a forma da arbitrariedade inspiradora de temor e tremor de seu governante. Ele proclama que Deus não deve a seus adoradores uma prestação de contas de suas ações, e certamente não lhes deve pedidos de desculpas. Como disse tão afiadamente Leszek

Kolakowski, "Deus não nos deve nada" (nem a justiça como a compreendemos nem uma desculpa para sua ausência, numa compreensão do seu conceito próprio e desconcertantemente volátil de justiça). A onipotência de Deus inclui a licença para virar e revirar, para dizer uma coisa e fazer outra. Ela presume o poder de capricho e impulsividade, o poder de fazer milagres e de ignorar a lógica da necessidade à qual os seres menores não têm escolha senão obedecer. Deus pode atacar à vontade, e se ele se abstém de atacar, isso acontece apenas porque esse é o seu (bom, benigno, benevolente, amoroso) desejo. A ideia de que os seres humanos podem controlar as ações de Deus por qualquer meio, incluindo aqueles recomendados pelo próprio Deus (ou seja, submissão total e incondicional, obediência submissa e fervorosa a seus mandamentos, observância estrita à letra da lei divina), é uma blasfêmia.

Em oposição flagrante à natureza entorpecida de sua criação, a natureza que ele cria, encarna e personifica, Deus fala e transmite mandamentos. Ele também descobre se esses mandamentos são ou não obedecidos a fim de recompensar os obedientes e punir os indisciplinados. Ele não é indiferente ao que pensam e fazem os frágeis seres humanos. Mas, assim como a natureza passiva, ele não está sujeito àquilo que os seres humanos pensam ou fazem. Ele pode abrir exceções – e a lógica de consistência ou de universalidade não está isenta do exercício dessa prerrogativa divina. De fato, o domínio de uma norma que também sujeite o criador dessa norma é por definição irreconciliável com a verdadeira soberania, com o poder absoluto para decidir. Para ser absoluto, o poder deve incluir o direito de negligenciar, suspender ou revogar a norma, ou seja, cometer atos que, do lado do receptor, soam como milagres.

A noção de soberania de Schmitt gravaria a visão preestabelecida de ordem divina no solo da ordem legislativa: "A exceção, na jurisprudência, é análoga ao milagre na teologia. ... [A] ordem jurídica repousa sobre uma decisão, e não sobre uma norma",[23] presumindo-se que essas decisões não são obrigadas a se submeter a normas. O poder de isenção funda simultaneamente o poder absoluto de Deus e o medo que os seres humanos consideram contínuo, incurável e oriundo da insegurança. Isso é exatamente o que acontece, segundo Schmitt, quando a soberania humana não está mais algemada pelas normas. Graças a esse poder de isenção, os homens são, como nos tempos anteriores à lei divina, vulneráveis e inconstantes.

Como ele flagrantemente violou, uma a uma, todas as regras da aliança de Deus com seu "tesouro particular" entre as nações, o destino de Jó seria tudo menos incompreensível para os habitantes de um Estado moderno, concebido como um *Rechtstaat*. Isso ia contra o que eles haviam sido treinados para acreditar, contra o significado das obrigações contratuais pelas quais suas vidas eram guiadas, e assim, também, contra a harmonia e a lógica da vida civilizada. Para os filósofos, a história de Jó foi uma dor de cabeça permanente e incurável, que acabou com as esperanças de descobrir ou instilar a lógica e a harmonia da causa e do efeito no fluxo caótico dos eventos chamados "história".

Gerações de teólogos quebraram os dentes tentando morder esse mistério: como o resto dos homens e mulheres modernos (e cada um que memorizou a mensagem do *Êxodo*), haviam sido ensinados a buscar uma regra e uma norma, mas a mensagem do *Livro de Jó* é que não há regra ou norma com que se possa contar, ou, de maneira mais direta, nenhuma regra ou norma a qual o poder supremo esteja vinculada. O *Livro de Jó* antecipa o insensível veredicto posterior de Carl Schmitt, de que o soberano é aquele que tem o poder de isenção. O poder de impor regras brota do poder de suspendê-las ou anulá-las.

Carl Schmitt, sem dúvida o anatomista mais lúcido e livre de ilusões do Estado moderno e de sua inerente inclinação totalitária, afirma: "Aquele que determina um valor, *eo ipso* sempre fixa um não valor. E o sentido dessa determinação de um valor é a aniquilação do não valor."[24] Determinar o valor significa traçar a fronteira do normal, do comum, do ordenado. O não valor é uma exceção que marca essa fronteira.

A exceção é o que não pode ser classificado. Ela desafia a codificação geral, mas, ao mesmo tempo, revela um elemento especificamente jurídico e formal: a decisão em grau de pureza absoluta. ... Não há uma regra aplicável ao caos. A ordem deve ser estabelecida para que a ordem jurídica faça sentido. Uma situação regular deve ser criada, e soberano é aquele que decide em definitivo se essa situação é realmente efetiva.

A exceção não só confirma a regra; *a regra como tal vive de sua própria exceção.*[25]

Giorgio Agamben, o brilhante filósofo italiano, comenta:

A regra aplica-se à exceção ao não se aplicar, ao recuar em relação a ela. O estado de exceção não é, portanto, um simples retorno ao caos que precedeu a ordem, mas a situação que resulta da suspensão da ordem. Nesse sentido, a exceção é verdadeiramente, de acordo com sua raiz etimológica, tomada fora (*ex-capere*), e não simplesmente excluída.[26]

Em outras palavras, não há contradição entre o estabelecimento de uma regra e se abrir uma exceção. Muito pelo contrário, são ações tão próximas quanto gêmeos siameses, já que, sem o poder de se isentar da regra não haveria o poder para mantê-la.

Tudo isso é confuso. Desafia crassamente a lógica do bom senso – mas essa é uma verdade sobre o poder que deve ser levada em conta em qualquer tentativa de se compreender as obras de Deus, ou de se resignar à sua inexorável incompreensibilidade. Sem o *Livro de Jó*, o *Êxodo* deixaria de lançar as bases da onipotência de Deus e da obediência de Israel.

A história da vida de Jó narrada nesse livro foi o mais grave e insidioso (e o menos fácil de rechaçar) de todos os desafios concebíveis à ideia de que a ordem repousa sobre uma norma universal, e não sobre decisões (arbitrárias). Dado o conteúdo dos recursos e das rotinas atualmente disponíveis para a razão, a história de Jó representa uma parede contra a qual foi colocada a simples possibilidade de que seres dotados de razão, e, portanto, atormentados por um desejo insaciável de lógica, se sintam em casa no mundo. Assim como os antigos astrônomos desesperadamente sacavam um novo epiciclo para defender a ordem heliocêntrica do mundo contra as rebeldes evidências das observações do céu à noite, os teólogos eruditos citaram o *Livro de Jó* de trás para frente, a fim de defender a universalidade indomável das ligações entre pecado e punição, virtude e recompensa, a partir das firmes e acumulativas evidências que eram as dores infligidas a Jó – em todos os aspectos, um homem exemplar, temente a Deus, piedoso e, afinal, um verdadeiro paradigma da virtude.

Para jogar sal na ferida, no topo de seu próprio e retumbante fracasso em avançar para tornar indiscutível a prova da veracidade das explicações reveladas e protegê-las contra o teste ácido do infortúnio de Jó, a densa neblina na qual a atribuição de boa e má sorte foi fortemente envolvida tornou-se ainda mais impenetrável quando o próprio Deus, provocado pelos insistentes questionamentos de Jó, juntou-se ao debate. Para os campeões da glória de Deus, a intervenção divina foi ainda repudiadora e profundamente humilhante. Deus não apenas recusou categoricamente toda e qualquer explicação e desculpa de si próprio. Ele expôs a inutilidade dos esforços dos teólogos e fez chacota de seus pronunciamentos. Ele não precisava que advogassem em sua defesa.

Jó, que suplica, dizendo "Instruí-me e guardarei silêncio, fazei-me ver em que me equivoquei. ... Por que me tomas por alvo? E cheguei a ser um peso para ti?" (Jó, 6:24; 7:20),* esperou, em vão, a resposta de Deus. E ele sabia que seria assim: "Sei muito bem que assim é; poderia o homem justificar-se diante de Deus? Se Deus se dignar pleitear com ele, entre mil razões, não haverá uma para rebatê-lo. ... Ainda que tivesse razão, ficaria

---

* Para todas as citações bíblicas, foi usada a tradução para o português da Bíblia de Jerusalém, edição revista e ampliada, 2002. (N.T.)

Uma coisa chamada "Estado" 103

sem resposta, teria que implorar misericórdia do meu juiz ...
Eis por que digo: é a mesma coisa! Ele extermina o íntegro e o
ímpio" (Jó, 9:2-3; 9:15, 22). Jó não esperava resposta à sua reclamação, e pelo menos
nesse ponto ele estava em seu direito. Deus ignora sua pergunta e, em vez de respondê-la, questiona o direito de Jó questionar: "Cinge agora teus rins como um herói: interrogar-te-ei, e
tu me responderás. Atreve-te a anular meu julgamento, ou a
condenar-me, para ficares justificado? Tens, então, um braço
como o de Deus e podes trovejar com voz semelhante à Sua"
(Jó, 40:6-9). O Criador rejeita as questões de seu interlocutor, não a substância, mas a formalidade. A pergunta de Jó era
inadmissível porque ele, o questionador, não tinha o direito de
questionar. Toda a matéria se resumia a quem tinha o poder,
e, com isso, também o direito de colocar algo em questão. As
perguntas de Deus se antecipam às respostas concebíveis de Jó.
E este sabia muito bem que ele não tinha o braço ou a voz para
disputar com Deus. Assim, por implicação, estava consciente
de que não era Deus que lhe devia explicações, mas ele próprio
quem devia a Deus um pedido de desculpas (notemos que, sob
a autoridade da escritura sagrada, foram as perguntas de Deus,
não as de Jó, que vieram "de um redemoinho" – aquele arquétipo de todos os outros sopros divinos, imunes a qualquer súplica por misericórdia e a ataques aleatórios).

Algo que Jó poderia ainda desconhecer é que nos séculos
vindouros todos os pretendentes seculares a uma onipotência
semelhante à de Deus descobririam que a aleatoriedade e a imprevisibilidade de seus trovões seriam as mais eficazes de suas
armas – porque eram de longe a mais impressionante e aterrorizante das armas; quem quisesse arrebatar o trovão das mãos dos
governantes devia primeiro dispersar a névoa de incerteza que os
envolvia e reformular a aleatoriedade na forma da regularidade,
e reconverter o estado de anomia (a ausência de normas, ou uma
fluidez nos limites da regulação normativa) num quadro tributá-

rio da norma. Mas, naquele momento, Jó não podia prever isso. Ele não era uma criatura da modernidade.

Na medida em que enfrentou os homens sob o disfarce de um Deus onipotente, ainda que benevolente, a natureza é um mistério que desafia a compreensão humana: como realmente tornar compatível a benevolência *cum* onipotência de Deus com a profusão de mal num mundo que ele mesmo projetou e que mantém em movimento? A solução mais comumente disponível para esse dilema – aquela de que as catástrofes naturais que visitam a humanidade são apenas punições lançadas por Deus sobre os pecadores, aquela legislação ética, Suprema Corte de Justiça e braço executivo da lei moral, embalados num só pacote – não contaria o que, na mente em botão da modernidade, ficou como evidência gritante: como foi resumido laconicamente por Voltaire em seu poema escrito para relembrar o grande terremoto e incêndio de Lisboa, em 1755, "*L'inocent, ainsi que le coupable / subit également ce mal inevitable*".* Esse desconcertante dilema assombrou os filósofos da modernidade emergente, tal como aconteceu com gerações de teólogos. A evidente prodigalidade de males no mundo não poderia ser conciliada com a combinação de benevolência e onipotência imputada ao grande fabricante e supremo gerente do Universo.

A contradição não poderia ser resolvida. Ela só pôde ser riscada da agenda com o que Max Weber descreveu como *Entzäuberung* ("desencantamento") da natureza, quer dizer, o despojamento da natureza de seu disfarce divino, que ele escolheu como o verdadeiro ato de nascimento do "espírito moderno", isto é, da arrogância fundamentada na nova atitude de "podemos fazer, devemos fazer, vamos fazer", uma atitude de ousadia, autoconfiança e determinação. Numa espécie de sanção contra a ineficácia em termos de obediência, oração e prática da virtude (os três instrumentos recomendados para evocar as respostas desejáveis

---

* O inocente, assim como o culpado, / suporta do mesmo modo esse mal inevitável. (N.T.)

Uma coisa chamada "Estado"

do benevolente e onipotente sujeito divino), a natureza foi despojada de subjetividade, e por isso alijada da própria capacidade de escolha entre benevolência e malícia.

Apesar de todos os fracassos anteriores, os homens puderam seguir com a esperança de obter para si as boas graças aos olhos de Deus, acumulando novas evidências para provar sua inocência, colocando em questão os veredictos de Deus e argumentando em favor de seus casos. Mas tentar debater e negociar com a natureza "desencantada", na esperança de cair nas suas graças, é algo sem sentido. Na medida em que isso aconteceu, contudo, a natureza não tinha sido despojada de subjetividade para restaurar ou recuperar a subjetividade de Deus, mas para pavimentar o caminho da deificação de seus sujeitos, os homens.

Os seres humanos assumiram o controle. Por isso, a incerteza condicionada pela natureza e os "temores cósmicos" alimentados pela incerteza não desapareceram. E a natureza, despojada de seu disfarce de divindade, ressurgiu não menos amedrontadora, ameaçadora e aterrorizante que outrora. Mas o que as preces não tinham conseguido realizar, a *techné*, apoiada na ciência, sem dúvida conseguiria, pois está voltada para lidar com uma natureza cega e muda, embora não com um Deus onisciente e falante, uma vez que tinha acumulado habilidades suficientes para fazer o que fosse – e as usou justamente para fazer.

A partir disso, alguém poderia esperar que a aleatoriedade e a imprevisibilidade da natureza fossem apenas irritantes elementos temporários, e acreditar que a perspectiva de forçar a natureza a obedecer à vontade humana é só uma questão de tempo: desastres naturais poderiam (deveriam e seriam) ser submetidos ao mesmo tratamento que aqueles destinados aos males sociais – os tipos de adversidades que, com a devida competência e o devido esforço, poderiam ser exilados do mundo humano e terem seu retorno barrado. Os mal-estares causados pelas excentricidades da natureza acabariam por ser tratados de forma tão eficaz quanto aqueles pelos quais as calamidades provocadas pela maldade e pela indisciplina humanas, pelo menos em princípio. Cedo ou tarde, todas as ameaças, as naturais e as morais, se tornariam previsíveis e seriam prevenidas, obedientes que são ao poder da razão. O quão em breve isso aconteceria – isso dependeria exclusivamente da determinação com que os poderes da razão humana fossem colocados em uso.

A natureza se tornaria assim algo exatamente igual aos outros aspectos da condição humana feitos pelo homem e, portanto, em princípio, manejáveis e passíveis de "correção". Como implica o imperativo categórico de Immanuel Kant, por meio do uso da razão, nosso dom inalienável, podemos elevar o julgamento moral e o tipo de comportamento que é sua consequência à categoria de lei natural universal.

Assim, esperava-se que as questões humanas se processassem no início da era moderna e ao longo de boa parte de sua história. Mas, como sugere nossa experiência atual, elas se desenvolveram na direção oposta. Em vez de promover o comportamento guiado pela razão à categoria de direito natural, degradou suas consequências até o plano de uma natureza irracional e moralmente indiferente. As catástrofes naturais não passaram a se assemelhar a delitos morais "administráveis por princípio". Bem ao contrário, foi a condição de imoralidade que se tornou – ou foi revelada como – algo cada vez mais semelhante às catástrofes naturais de outrora: perigosas, incompreensíveis, imprevisíveis, não evitáveis e imunes à razão e aos desejos humanos. Desastres provocados pela ação humana hoje descendem de um mundo opaco, atacam de forma aleatória, em locais impossíveis de prever, e são desafiadores ou inalcançáveis para os tipos de explicação que situam as ações humanas como algo à parte de todos os outros eventos: as explicações por motivo ou finalidade. Acima de tudo, as calamidades causadas por ações humanas imorais surgem cada vez mais como casos incontroláveis por princípio.

E foi isso que Carl Schmitt encontrou no mundo em que nasceu e cresceu. Um mundo dividido entre Estados laicos que, de acordo com um resumo retrospectivo roteirizado por Ernst-

Wolfgang Böckenförde, "se sustentavam em condições que eles próprios não podiam garantir".[27] A visão moderna propunha um "poderoso Estado racional", um "Estado de substância real", "situado acima da sociedade e imune a interesses sectários",[28] um Estado capaz de reivindicar a posição dominante na condição estabelecida ou de ser o determinante da ordem social, posição outrora ocupada por Deus, mas então desocupada. Essa visão pareceu dissolver-se, evaporar numa realidade de conflitos sectários, revoluções, poderes incapazes de agir e sociedades relutantes em se tornar objetos de ações.

As ideias que deram sustentação ao nascimento da era moderna esperavam e prometiam extirpar e eliminar de uma vez por todas as erráticas voltas e voltas do imprevisível destino, com a opacidade e a imprevisibilidade resultantes da condição e da perspectiva humanas que haviam marcado o domínio do Deus de Jerusalém. E que esse Deus de Jerusalém, o mestre e guardião do "povo escolhido", recusou-se a corrigir, cujas "exceções [ele] rejeitou em todas as formas".[29]

Essas ideias repousavam sobre a esperança e a promessa de uma condição alternativa, sólida e confiável, de ordem social, numa invenção sem dúvida humana, um artifício inegavelmente criado pelo homem, o Estado de direito liberal, que se esperava substituir o dedo caprichoso da providência divina pela mão invisível, mas estável e confiável, de um mercado onisciente e onipotente. Essa esperança, porém, foi cumprida com abominável grau de fracasso. Suas promessas estavam em qualquer lugar, menos ao alcance dos Estados. Em sua roupagem de Estado "poderoso e racional" moderno, o Deus de Jerusalém se viu em Atenas, aquele barulhento playground de deuses travessos e intrigantes. No lugar, como diria Platão, onde os deuses morriam de rir ao ouvir sobre sua pretensão ao status de "único e verdadeiro", enquanto (para se manter do lado seguro) se certificavam de estar com a aljava cheia de flechas. À medida que os evangelhos dos teóricos e panegiristas do Estado moderno seguiram a liderança do Deus de Jerusalém, recusando com vigor o reconhecimento a

108   Vida a crédito

outros pretendentes ao status divino, uma versão atualizada do *Livro de Jó* era necessária – mas eles falharam.

A displicente reconciliação ateniense com a pluralidade de deuses agressivamente inamistosos e briguentos (tipo de acerto levado à sua conclusão lógica pela prática romana de adicionar novos bustos ao Panteão a cada nova conquista territorial), contudo, faria o mesmo para os infelizes residentes do mundo moderno, este arranjo precário fundamentado na (nada) santa aliança trinitária entre Estado, nação e território. Nesse mundo moderno, poderia haver, como em Atenas ou Roma, muitas divindades, mas estariam ausentes os lugares onde elas pudessem se reunir em paz e confraternização, um Parthenon ou um Panteão projetado para seu convívio afável. O contato entre eles inevitavelmente transformaria qualquer ponto de encontro em campo de batalha e em linha de frente, uma vez que, ao seguir os princípios originados pelo Deus de Jerusalém, de cada exemplo daquela trindade se exigiria uma soberania absoluta, inalienável e indivisível em seu próprio domínio.

O mundo em que Schmitt nasceu não era o universo politeísta dos atenienses e dos romanos, mas um mundo de *cuius regio eius religio* (com o governante estabelecendo a religião), de deuses em conflituosa coabitação, cruelmente competitivos, intolerantes e autoproclamados "únicos e verdadeiros". O mundo povoado por Estados em busca de nações e nações em busca de Estados poderia ser politeísta (e provavelmente permanecer assim por algum tempo ainda). Mas cada parte dele defenderia com unhas e dentes sua própria prerrogativa ao monoteísmo (religioso e secular, ou os dois ao mesmo tempo, como no caso do nacionalismo moderno).

Esse princípio e essa intenção seriam registrados nos estatutos da Liga das Nações e reafirmados, com ênfase ainda maior, nas normas e regulamentos da Organização das Nações Unidas, encarregada de defender com todos os seus poderes (reais ou supostos) o sacrossanto direito de cada Estado membro à sua própria e indiscutível soberania sobre o destino e a vida de seus cidadãos, em seus territórios. A Liga das Nações e depois as Nações Unidas queriam levar os Estados-nação, inclinados à soberania indivisível, para longe dos campos de batalha, seu espaço até então normal e comprovado de coabitação e de mútuo genocídio, e mantê-los numa mesa-redonda para conversar e negociar. O objetivo desse movimento é atrair as tribos rivais para Atenas com a promessa de fazer seus deuses tribais, ao estilo Jerusalém, só que ainda mais firmes, mais incontestáveis e incontestados. Carl Schmitt enxergou para além da futilidade dessas intenções. As acusações que podem (e devem) ser movidas contra ele são a de gostar do que viu; a acusação ainda mais grave de abraçar o que viu com entusiasmo; uma imperdoável tentativa sincera de fazer o melhor para elevar o padrão que depreendeu das práticas da Europa no século XX, no plano de lei eterna de toda e qualquer política; a acusação de conferir a esse padrão a distinção de atributo único do processo político, que excluísse e transcendesse da isenção até o poder soberano, e o único que podia definir um limite ao soberano poder de decisão – um limite que o soberano pode ignorar apenas para correr pessoalmente um risco mortal. Essas incriminações são todas bem-justificadas. Uma acusação de análise imperfeita contra Schmitt, por outro lado, seria infundada. Em vez disso, ela deve ser deixada à porta de quem viu tudo de outra forma, de alguém cuja visão Schmitt corrigiu.

Se colocarmos lado a lado a afirmação de Schmitt de que é soberano quem decide sobre a exceção (ou, mais importante, quem decide arbitrariamente, sendo que os "elementos decisórios e personalistas"[30] estão em primeiro plano no conceito de soberania do autor) e sua insistência de que o traço distintivo que define o aspecto "político" nas ações e motivações humanos, estas podem ser reduzidas a uma oposição, entre "amigo e inimigo".[31] Assim, a substância e a marca de todo e qualquer detentor de soberania e/ou toda e qualquer agência de soberania consistem em "associação e desassociação"; mais exatamente, associação por desassociação, o uso da "desassociação" na produção e manutenção da "associação", apontar o "inimigo" que precisa ser "desassociado", de modo que os "amigos" permaneçam "associados". Em poucas palavras, identificar, separar, rotular e declarar guerra ao inimigo. Na visão que Schmitt tem de soberania, a associação é inconcebível sem desassociação, a ordem, sem expulsão e extinção, a criação sem destruição. A estratégia de destruição pela causa da construção da ordem é característica definidora de (toda e qualquer, como insiste Schmitt) soberania.

Indicar o inimigo é um ato "decisório" e "personalista" porque "o inimigo político não precisa ser moralmente mau ou esteticamente feio". Na verdade, o "inimigo" não precisa ser culpado de atos ou intenções hostis – basta que "ele seja o outro, o estranho, algo diferente e alheio".[32] Uma vez que a política consiste no ato de apontar o inimigo e lutar contra ele, e na natureza decisória da soberania, deve ficar claro que alguém se torna "o outro" e "o estranho", em última instância, "um inimigo", no final, e não no ponto de partida da ação política soberana. Uma "objetividade" da inimizade (a condição de "ser um inimigo" é determinada por atributos e ações próprios desse inimigo) iria na contramão de uma soberania que se resume ao direito de fazer exceções.

Um inimigo definido por sua própria malícia premeditada e suas próprias iniciativas hostis seria perigosamente semelhante, em seus efeitos, a uma aliança que ligasse de igual maneira Jeová e o povo de Israel, algo tão inaceitável para os soberanos modernos como para o Deus ciumento e vingativo do *Livro de Jó*. Pelo menos assim falou Carl Schmitt, depois de observar com maior atenção as práticas dos candidatos mais resolutos e inescrupulosos à soberania, em seu tempo. Talvez depois também de perceber as "inclinações totalitárias" endêmicas, como sugere Hannah Arendt, de todas as formas modernas de poder de Estado.

A vulnerabilidade e a incerteza do homem são o alicerce de todo poder político. Os poderes reivindicam autoridade e obediência prometendo a seus súditos uma proteção eficaz contra essas duas maldições da condição humana. Na variedade stalinista de poder totalitário, ou seja, na ausência da aleatoriedade da condição humana produzida pelo mercado, a vulnerabilidade e a incerteza devem ser artificialmente produzidas e reproduzidas pelo próprio poder político e com meios políticos. Foi mais que mera coincidência o fato de que o terror aleatório tenha se desencadeado em grande escala na Rússia comunista coincidindo com uma compactação dos últimos resíduos da NEP (a Nova Política Econômica, que recuperou o mercado de seu banimento dos anos do "comunismo de guerra").

Na maioria das sociedades modernas, a vulnerabilidade e a insegurança da existência, e a necessidade de perseguir os objetivos de vida em condições de incerteza aguda e irredimível, foram asseguradas desde o início pela exposição das atividades da vida aos caprichos das forças do mercado. Além de proteger as liberdades desse mercado e, por vezes, ajudar a ressuscitar o encolhido vigor das forças do mercado, o poder político não tinha necessidade de se envolver diretamente na produção de insegurança. Ao exigir dos cidadãos disciplina e observância da lei, ele, perversamente, embora de forma dotada de credibilidade, faz repousar sua legitimidade na promessa de mitigar a extensão da vulnerabilidade já existente e da incerteza de seus cidadãos: limitar os prejuízos e danos perpetrados pelo livre jogo das forças do mercado, proteger os vulneráveis contra golpes mortais ou muito dolorosos e assegurar todos os cidadãos contra pelo menos alguns dentre os diversos riscos implicados na concorrência livre, de estilo vale-tudo. Essa legitimação encontrou sua expressão máxima na autodefinição da forma de governo moderno como um "Estado de bem-estar social".

Essa fórmula de poder político, no entanto, começou a retroceder para o passado com o advento da fase "líquida" da modernidade, com suas formas de governo prestadoras de serviço e suas estratégias de dominação. Instituições do "Estado de bem-estar" foram progressivamente reduzidas e eliminadas, enquanto as restrições antes impostas às atividades empresariais e sobre o livre jogo da concorrência no mercado, com suas terríveis consequências, foram suspensas, uma a uma. As funções de proteção do Estado se reduziram gradualmente de modo a permitir que se pusesse ênfase numa pequena minoria de não empregáveis e inválidos, embora mesmo essa minoria tenda a ser reclassificada, de "questão de assistência social" a "problema de lei e ordem". A incapacidade para participar do jogo do mercado é cada vez mais criminalizada.

O Estado lavou as mãos sobre a vulnerabilidade e a incerteza provenientes da lógica (ou da falta de lógica) do livre mercado – condição agora redefinida como falha e problema individual, uma questão para os indivíduos enfrentarem e com a qual lidarem pelo uso dos recursos de que disponham individualmente. Conforme Ulrich Beck definiu de forma memorável, esperava-se, a partir de então, que os indivíduos buscassem soluções biográficas para contradições sistêmicas.[33]

Essas novas tendências têm um efeito colateral: elas enfraquecem as fundações sobre as quais o poder do Estado, reivindicando um papel crucial na luta contra a vulnerabilidade e a insegurança que assombra seus cidadãos, se manteve, cada vez mais, nos tempos modernos. O notório crescimento exponencial da apatia política, a erosão dos interesses e das lealdades políticas ("não há mais salvação pela sociedade", como Peter Drucker formulou; ou "não existe isso que chamam de sociedade", há só indivíduos e famílias, como Margaret Thatcher também declarou), e a retirada maciça da população da participação na vida política institucionalizada, tudo testemunhou um desmoronamento das fundações estabelecidas do poder estatal.

O Estado contemporâneo – rescindindo sua postura programática anterior, de caráter terapêutico, em relação às consequências da insegurança produzida pelo mercado, e, no sentido contrário, proclamando a perpetuação e intensificação da insegurança como missões de todo poder político preocupado com o bem-estar de seus súditos – deve buscar outras variedades não econômicas de vulnerabilidade e insegurança nas quais sustentar sua legitimidade. Essa alternativa parece ter sido alocada (talvez em sua forma mais espetacular, porém de modo algum exclusivo, pelo governo americano) na questão da segurança pessoal: ameaças ao corpo, aos bens e aos hábitats dos seres humanos, perigos provenientes de atividades criminosas, condutas antissociais por parte "da subclasse" e, mais recentemente, terrorismo internacional.

Ao contrário da insegurança nascida do mercado, visível e evidente demais para poder ser acalmada, aquela insegurança alternativa através da qual se espera restaurar o monopólio de redenção perdido pelo Estado deve ser artificialmente reforçada, ou pelo menos altamente dramatizada, para inspirar "medo oficial" suficiente e, ao mesmo tempo, ofuscar e relegar à posição secundária a insegurança economicamente gerada, a respeito da qual a administração do Estado nada pode (nem quer) fazer.

Pois, ao contrário dos horrores óbvios dos danos gerados pelo mercado contra a sociedade, a dignidade e o autossustento, é necessário um grande esforço para que a extensão dos perigos à segurança pessoal seja apresentada e percebida na mais sombria das cores. De tal modo que (assim como no stalinismo) a não materialização das ameaças possa ser aplaudida como um evento extraordinário, resultado da vigilância, atenção e boa vontade dos órgãos do Estado. Não admira que este seja o auge do poder de isenção, dos estados de emergência e da escolha de inimigos (não admira que a distinção intelectual tenha sido devolvida ao fiel nazista Carl Schmitt). Ainda é uma questão controversa saber se o poder de isenção é uma essência eterna de toda a soberania, e o quão a seleção e ridicularização dos inimigos são a substância extemporânea "do político". No entanto, pouca dúvida resta de que hoje os músculos dos poderes estão flexionados como nunca no exercício dessas duas atividades.

Deixe-me trazer para o debate o problema dos direitos humanos. Você apenas tocou na Liga das Nações. Sobre isso, é difícil ignorar as bases etnocêntricas sobre as quais essa instituição e a Organização das Nações Unidas, tal como a conhecemos hoje, foram construídas: elas tiveram consequências dramáticas para a geopolítica pós-colonial, em particular em relação aos direitos à autodeterminação e à autonomia das nações indígenas na America Latina[34] – a recém-aprovada Declaração das Nações Unidas sobre os Direitos dos Povos Indígenas (2007)[35] representa, no entanto, mudanças substanciais e favoráveis.

Essa questão, em que explorarei mais suas reflexões a respeito da soberania e sua relevância para o nosso jovem século, se divide: que futuro você imagina para o sistema da ONU no rescaldo de uma crise financeira causada, entre outras razões, justamente pela erosão da soberania do Estado-nação nos termos que debatemos antes? Se os problemas já complexos da soberania têm sido agravados pela globalização, qual é o futuro da comunidade internacional? E o que os restos do Estado, na era da desregulamentação, fazem para reforçar a lei internacional dos direitos humanos? Quais são, a seu ver, as questões mais prementes na agenda de direitos humanos quando a credibilidade da ONU está em queda, depois da guerra do Iraque, e dado que a doutrina dos direitos humanos cada vez mais parece ser explorada, segundo alguns autores, como uma justificativa para o poder político, militar e econômico?[36] Como podemos abordar os dilemas dos direitos humanos para além de doutrinas relativistas e debates universalistas?[37] Qual a melhor maneira de analisar o conflito entre abordagens universalista e relativista, quando muitas vezes a tensão entre elas parece estar no cerne de muitos conflitos violentos, hoje?

Em 2008 comemorou-se o sexagésimo aniversário da Declaração Universal dos Direitos Humanos. Uma série de mudanças na narrativa da ONU, nas décadas posteriores à sua proclamação, deu origem a abordagens conflitantes[38] e novos movimentos (incluindo os chamados "direitos humanos emergentes").[39] A pergunta é: você imagina, no futuro, a Declaração Universal com mais ou menos pertinência em relação ao impacto que teve quando foi escrita nos momentos posteriores ao Holocausto? Ela será mantida como algo caro para nós, como foi no século passado, ou representará "o último" tesouro perdido da modernidade, a última vítima da liquidez?

Uma coisa chamada "Estado" 115

Bauman: Na época da Primeira Guerra Mundial, uma guerra motivada pelo conflito de interesses entre metrópoles imperiais europeias, travada e realizada entre as potências da Europa, ainda que disputada num palco de escala mundial, "soberania" era um conceito premente, refletindo a capacidade europeia (e ainda mais a ambição europeia) de tratar o mundo como seu playground. Como a ideia de soberania fora talhada na medida dos impérios existentes ou futuros, apenas alguns Estados poderiam reivindicá-la, menos ainda poderiam ter essa pretensão reconhecida. Basta comparar o tamanho compacto do prédio da Liga das Nações, em Genebra, com o exuberante complexo das Nações Unidas em Nova York, ou as listas de códigos nacionais que ocupam meia página nas listas telefônicas com a lista de países dentre os quais qualquer empresa de comércio por internet pede para você escolher.

Para ser reconhecido como um poder soberano, um Estado, uma população necessita, de acordo com uma teoria confiável, quando não numa prática convincente, fundamentar sua reivindicação de soberania política sobre o tripé das autossuficiências econômica, militar e cultural. Pois em nenhuma dessas três áreas qualquer um dos 200 membros ímpares da ONU passaria numa prova da autonomia. A atual proliferação de unidades "politicamente independentes" segue a drástica redução das normas necessárias para se alcançar a soberania, antes que ela seja reconhecida e concedida pela "comunidade internacional" (seja lá o que essa expressão bizarra possa ter a intenção de dizer).

O objetivo declarado e a tarefa da Liga das Nações não foram a proteção dos direitos humanos, mas a da "segurança coletiva". Por "segurança coletiva" entendia-se a preservação do status quo, e este, por sua vez, significava a divisão do globo em poucas dezenas de entidades soberanas, cada qual segura em suas próprias fronteiras contra os apetites de invasão ou anexação de outras entidades mais fortes. Podemos dizer que as entidades que já tiveram suas soberanias territoriais reconhecidas concordaram em promover e defender coletivamente aquele princípio de divisão do planeta em parcelas soberanas. Se nenhuma fronteira fosse violada, se nenhuma agressão territorial fosse cometida, nenhuma soberania interna de um Estado prejudicada ou ameaçada, seria possível dizer que a Liga das Nações se abstém totalmente de suas obrigações legais.

A cada membro efetivo da Liga das Nações foi atribuído o papel de único e legítimo plenipotenciário e porta-voz da população residente no interior das fronteiras do seu Estado. O que aconteceu com essa população e como ela foi tratada pelos poderes que a representavam, este é "assunto interno" de cada membro, e não uma preocupação da Liga. Na verdade, esta foi uma parte integrante, inseparável, talvez até representasse o eixo da ideia de soberania do Estado cuja criação a Liga das Nações deveria proteger com unhas e dentes.

O coração (aliás, o traço definidor) da política, a se acreditar em Carl Schmitt (indiscutivelmente o mais sóbrio e sincero sintetizador da doxa política da era moderna sólida), era apontar um inimigo. Não importava se o escolhido era hostil na prática ou se pretendia praticar ações hostis, a única coisa que importava é que ele tivesse sido decretado inimigo por ordem do soberano. Também não importava tanto se o inimigo residisse fora ou dentro das fronteiras. O soberano, exercendo sua prerrogativa "decisória" (ou seja, não sendo obrigado a submeter seus passos a outros fatores, nem a explicar por que razão eles foram dados), era livre para apontar um inimigo à vontade, e sua a única consideração (recomendada, embora não obrigatória) era a conveniência da escolha feita.

O poder de indicar um inimigo ao alcance e o poder de atacar parecem ser a epítome da conveniência. Essa circunstância antevê algum mal para certas pessoas, ainda que exatamente para aqueles sobre quem se deixou ao soberano decidir. Como a "segurança coletiva" dá conta dos inimigos externos reais ou supostos, o soberano podia – de maneira rigorosa e rentável – dar ênfase aos inimigos internos, em sua atuação para reforçar a obediência dos cidadãos até o ponto de um apoio frenético e entusiástico.

Hannah Arendt apontou de modo impecável a ambiguidade endêmica do lema de um dos documentos constitucionais da era moderna, A Declaração Universal dos Direitos do Homem e do Cidadão. Será que os cidadãos gozam de direitos por serem humanos, ou vice-versa? Os direitos humanos podem ser adquiridos e desfrutados apenas se o homem também é um cidadão? A grande pergunta (implícita, mas não respondida, deixada em aberto, abandonada à prática "decisória" dos soberanos) era o status do ser humano que não era cidadão. Num planeta que mobiliza seus recursos e sua energia em prol da preservação da divisão territorial, ser "cidadão" só pode significar ser cidadão de um dos Estados soberanos. Para conservar as imagens retóricas de Carl Schmitt e Giorgio Agamben, seu mais influente intérprete nos dias atuais, podemos dizer que os direitos intervieram no status de seres humanos apátridas unicamente por serem retirados ou negados. Para todos os fins e propósitos práticos, na era da Liga das Nações, o conceito de "direitos humanos" era uma expressão vazia, a menos que se referisse a direitos concedidos (e, pela mesma razão, direitos que podiam ser tomados de volta) por um Estado soberano.

Nesse sentido, a Declaração Universal dos Direitos do Homem – assinada graças ao impacto chocante, ainda fresco na memória, da revoltante descoberta de quão longe um soberano poderia ir em sua liberdade de apontar inimigos e decidir seus destinos – foi uma autêntica novidade. No entanto, manteve-se como letra morta (uma não aplicada e inexequível carta de intenções) durante a maior parte de sua história. Sessenta anos depois, ainda carece de suporte institucional regular, estabelecido. Para falar a verdade, ela não pôde contar com apoio algum, exceto voláteis e curtas explosões de condenação pública com relação a seus violadores, de compaixão pelas vítimas de violência e por julgamentos improvisados *ad hoc*, sobretudo para trancar um estábulo de onde o cavalo já havia fugido – ambos os "suportes" ficam sem combustível pouco antes de terminar a tarefa combinada.

O destino da Declaração depende do progresso ou da falta de progresso na resolução do problema mais geral das instituições verdadeiramente globais, capazes de estender o controle efetivo sobre as consequências sociais e políticas da globalização, até agora desenfreadas e desregulamentadas (globalização "negativa", como a chamo: globalização limitada às forças que se especializaram em ignorar fronteiras e linhas de autodefesa comunitárias e em violar ou passar por cima de leis localmente estabelecidas e legislações compulsórias).

No que diz respeito ao avanço da globalização, a política fica muito aquém da economia, de todas as economias – a legal, a ilegal e a oculta. A Carta do Atlântico, assinada por Roosevelt e Churchill em Placentia Bay, Newfoundland, apontando quatro princípios sobre os quais a ordem planetária devia ser fundada, e a Carta das Nações Unidas, centrada em pôr em prática os instrumentos de promoção desses princípios, não viram limitações para a soberania do Estado nem qualquer revisão do estatuto dos direitos humanos no pré-guerra. A única forma pela qual uma espécie de direito humano universal aparece na Carta do Atlântico é o direito que o povo de cada país tem de selecionar a forma de governo que prefere; porém, a ênfase, nesse caso, recai sobre a soberania indivisível de cada país, e os outros poderes renunciam a interferir. As Nações Unidas foram, desde o início, instruídas para observar a sacralidade da soberania do Estado e combater (melhor ainda, impedir) sua violação vinda do exterior, definida a priori como ato de agressão.

As estruturas que se esperava instalar e os procedimentos que se esperava estabelecer no espaço global para sustentar a ordem de dimensões planetária não eram globais em sua natureza, porém "internacionais" (mais precisamente, *entre Estados*). As saídas econômicas do pós-guerra logo tornaram essas estruturas e procedimentos inadequados para enfrentar e lidar com – quanto mais para controlar e dirigir – os mercados de produtos,

Uma coisa chamada "Estado" 119

finanças e trabalho, rapidamente globalizados. As duas realidades (política e econômica) atuavam cada vez mais em sentidos opostos.

Se a ONU tentou reforçar e robustecer o poder do Estado, as forças econômicas globais promoveram, por desígnio ou padrão, severas limitações a ele e, assim, indiretamente, à soberania nacional (limitações diversas cognominadas "desregulamentação", "privatização", "liberdade de comércio e de transferência de capital"). Um efeito colateral das pressões das forças econômicas globais foi a proliferação espetacular dos Estados verdadeiramente soberanos, uma tendência que fragmentou ainda mais o elenco de atores no drama em curso na "política internacional", diminuiu ainda mais as chances de que a política pudesse estar à altura das capacidades das finanças globais e deu ainda mais corda para as forças econômicas globais.

Em grande medida, estamos na mesmíssima situação de uma economia livre de controle político, que confronta a política, agora despojada de grande parcela de seu poder – embora o recente colapso do colosso econômico global tenha revelado o barro de que eram feitos os seus pés e a areia sobre a qual se ergueu seu castelo de esplendor e opulência. A redução do papel das entidades políticas à função de delegacias, monitorando e remendando a ordem rotineira no plano local, não era uma coisa tão boa assim nem para aqueles que, enquanto a promoviam, pensavam agir segundo os melhores interesses dos acionistas e, em termos mais gerais, da produção de lucros.

Resta saber se os gigantes econômicos em busca da salvação da "burocracia estatal" antes ridicularizada vão entrar para a história como o Canossa do capital global; ou como uma tentativa astuta de conquistar as áreas que as práticas antes administradas do capital não conseguiram ocupar e explorar. Agora, como antes, trata-se de "pessoas comuns", de quem se espera que abasteçam os cofres insaciáveis das corporações globais, na medida em que não o realizaram na extensão suficiente quando foram apenas tentados e seduzidos a fazê-lo. Talvez eles consigam isso numa escala mais satisfatória quando forem forçados pelo Estado a hipotecar o seu futuro e o de seus filhos num grau que não aceitariam, mesmo que tivessem sido seduzidos pelas mais inteligentes agências de relações públicas.

Você sugere direitos humanos internacionais... Estes, em geral, estão em atividade, embora com uma enorme margem de casos abomináveis (cobertos de vergonha) de violação por parte de poderes que se julgam livres para burlá-los e permanecer impunes (como no caso do número, mantido em segredo, de prisioneiros capturados e detidos sem julgamento e sem acusação em prisões, acampamentos e câmaras de tortura também secretos e improvisados, construídos, ativados ou contratados em várias partes do globo pela CIA ou pelo Pentágono, no quadro da "Guerra ao Terror"). Essas exceções à parte, em geral o homem pode contar com um tratamento humano em todo o mundo, pelo menos no grau de humanidade com que os nativos são tratados. Espera-se das embaixadas e consulados que zelem por esse direito, e exige-se que isso seja feito em relação aos cidadãos dos países que representam.

Assim como na questão da preservação da soberania do Estado que vimos antes, a "universalidade" dos direitos humanos é protegida, e espera-se que ela seja assegurada mediante a solidariedade dos governos, no sentido de fazer com os outros o que desejam que façam com eles mesmos. Não há nada, contudo, que evite a quebra dessa solidariedade de forma unilateral, se uma nação for capaz de apostar que seus cidadãos serão devidamente tratados em países estrangeiros sem ter de retribuir a cortesia.

No entanto, só vão até aí os "direitos humanos internacionais". Mesmo num volume tão limitado, contudo, esses direitos não são reconhecidos e concedidos incondicionalmente. Para ter direito a esperar um tratamento humano, os estrangeiros precisam possuir um passaporte válido atestando sua nacionalidade num Estado reconhecido. Devem também ser isentos dos impedimentos de entrada por parte das autoridades estabelecidas de controle do tráfego entre fronteiras. Nessa área, cessa a

Uma coisa chamada "Estado"   121

solidariedade intergovernamental. Não há qualquer "simetria internacional" em prender estrangeiros sem acusação formal e mostrar-lhes a porta de saída. Os governos que fizessem isso sem dúvida fariam protestos e reivindicariam sanções punitivas em nome dos "direitos humanos internacionais" se seus cidadãos fossem tratados de forma semelhante nos países de origem de seus prisioneiros.

No momento em que escrevia essas palavras, deparei com um artigo no *New York Times* de 27 de dezembro de 2008, um dentre a grande quantidade de matérias de conteúdo semelhante encontradas em jornais diários dos Estados Unidos e da Europa, espremidas entre as últimas notícias vindas das suítes das celebridades do show business e os mais recentes pronunciamentos na última reunião "internacional" de líderes políticos. Permita-me citar um fragmento da matéria:

> FALLS CENTRAL, RHODE ISLAND (EUA) – Poucos nesta miserável cidadezinha manufatureira deram muita atenção às Instalações Penitenciárias Donald W. Wyatt, a prisão de segurança máxima ao lado dos campos de baseball públicos na periferia do município. Mesmo quando se expandiu e acrescentou arame farpado, Wyatt serviu apenas como cenário de fundo dos jogos da Liga Júnior, com seu nome bordado nos bonés da equipe que patrocina. ... Então, as pessoas começaram a desaparecer: o líder de um grupo de oração da igreja católica São Mateus; o pai de um aluno do ensino médio numa escola pública; uma mulher que limpava o chão no tribunal do condado de Providence. Após dias de procura, suas famílias os encontraram trancafiados em Wyatt – a alguns quarteirões de casa, mas totalmente isolados do mundo. ... Nessa cidade sobretudo habitada por pessoas de origem latina, quase ninguém tinha percebido que, além de deter os traficantes procurados e os gangsteres de que todo mundo ouviu falar, a prisão encarcerou centenas de pessoas acusadas de crime algum – pessoas capturadas pela repressão do governo à imigração ilegal. Sabiam menos ainda que Wyatt servia de portal para uma rede em expansão de outras cadeias, maiores e

122   Vida a crédito

mais distantes, e que todas deportam os detidos, com pouca chance de protesto.

Permita-me salientar que, originalmente, como foi articulado na Declaração Universal, o conceito de "direitos humanos" era investido de um significado ainda mais profundo, que até hoje continua a ser um postulado e que em nada impede os Estados dotados de direitos de "abrir exceções" para executar uma lei por meio de sua revogação ou suspensão. Esse significado mais profundo se refere aos direitos humanos decorrentes de uma "lei natural" inalienável, que se aplica a todos os homens, incluindo os que foram banidos, despojados de cidadania ou forçados a fugir de seu país por ameaça a suas vidas; aplica-se também aos direitos humanos que substituem as prerrogativas dos governos oriundas da ideia de "soberania": a prerrogativa de negar aos seus próprios cidadãos a dignidade e o respeito devido a todos os homens.

Tenho dúvidas sobre esse entendimento mais profundo dos direitos humanos, para não falar na prática que ele exigiria. Será que ele tem chance de se tornar regra universal, enquanto somos obrigados a falar de direitos humanos internacionais (interessados, intergovernamentais), e não globais (planetários) – referindo-se tacitamente a um acordo ratificado pelos governos dos Estados, e não a colocar em ação as instituições políticas e jurídicas globais (até então inexistentes), dotadas de recursos suficientes para fazer o verbo se tornar carne?

A maioria de nós nunca esquecerá onde estava e o que fazia, há quase uma década, no 11 de Setembro. Os ataques terroristas contra cidades americanas naquele momento de 2001 ficaram gravados na memória e no "imaginário" coletivos de toda uma geração, forjando nossa percepção da política para a primeira parte do século XXI. Quase todos nós ficamos paralisados de incredulidade e horror, e muitos, no entanto, logo perceberam que, entre as consequências

Uma coisa chamada "Estado"

desses trágicos incidentes, poderia ocorrer um ataque posterior a nossas liberdades civis, por parte das próprias instituições da modernidade que prometeram protegê-las; outros anteviram o surgimento de uma "indústria do medo" e de uma "cultura de medo".[40] Essa intuição não estava errada: logo após os ataques, os Estados Unidos e a Grã-Bretanha criaram uma nova legislação que, de uma forma ou de outra, resultaria na violação de liberdades civis bem-estabelecidas.[41]

Sabemos que apenas a pequena minoria de vozes extremistas teria tolerado ou apoiado os ataques, que foram, por outro lado, amplamente condenados em todo o mundo. Mas a pergunta que faço é, ao condenar o terrorismo internacional e torná-lo moral e politicamente inaceitável – o que sem dúvida ele é – perdemos de vista o surgimento de novas formas de autoritarismo?

O conceito, enunciado por Max Weber, de "monopólio do uso legítimo da violência",[42] é relevante para a compreensão da questão do terrorismo hoje? É analiticamente correto dizer que, com o deslocamento do terrorismo internacional, a partir da periferia (em 1970), para o centro da política mundial, durante a última década, se pode considerar que o Estado tem esse monopólio ameaçado? Será que estamos assistindo a uma luta pelo monopólio da "coerção legitimada" (entre a periferia e o centro)? A figura do "terrorismo de Estado" é sociológica e epistemologicamente válida? Essa é uma questão legítima, útil e pertinente diante da atmosfera paranoica de hoje? A "privatização da violência" (uma nova indústria que "vende segurança", com a crescente proliferação de empresas de "fortificação" e "segurança pessoal", do Iraque aos estacionamentos britânicos, passando pelas comunidades dos países latino-americanos, ameaçados pelo "crime organizado") é parte da equação na batalha pelo monopólio do "uso legítimo da violência"? Se o monopólio estatal está ameaçado, quais serão as consequências para a recessão? Ou será que ela será reorganizada como parte desse monopólio – o que já foi avaliado pela novo Serviço de Inteligência como uma questão de "segurança nacional"?[43]

BAUMAN: Max Weber tratou o monopólio estatal da coerção (da aplicação da força) como um postulado definidor da singularidade do Estado entre outras instituições sociais. O monopólio da coerção era, portanto, uma ambição do Estado, mas quase nunca uma realidade. Ele representava a negação da legitimidade de toda e qualquer coerção para qualquer um, a menos que fosse comandado ou autorizado a utilizá-la sob a direção de órgãos estatais. Todos os outros usos da coerção foram, pelo mesmo motivo, definidos como violência e tratados como crime passível de punição. Simplificando, a busca de um monopólio estatal da coerção definiu o direito de o Estado traçar uma linha de separação obrigatória entre coerção (ou seja, violência legítima) e violência (ou seja, coerção ilegítima). O que derivou disso foi o direito de o Estado decidir qual uso específico da força era um caso de coerção exercida a serviço da introdução ou manutenção da lei e da ordem, e qual, ao contrário, era um ato que minava a lei e a ordem, fosse intencionalmente ou em suas consequências.

Na prática, a usurpação do direito exclusivo de fazer essa distinção foi um recurso limitado, de modo geral, ao Estado moderno − na verdade um traço distintivo do Estado moderno em relação a suas variedades pré-modernas (quadro descrito por Norbert Elias, ainda que em termos capciosamente culturais, e não políticos, como "processo civilizador").

Para grande parte da era moderna, esse corolário foi uma suposição de que a aplicação legal da força (ou seja, a coerção como algo distinto da violência) é uma função a ser introduzida, executada e administrada exclusivamente por órgãos do Estado, sujeitos a supervisão política. Em muitas de suas partes cruciais, ela foi, no entanto, com algumas outras funções ortodoxas do Estado moderno, delegada pelos governos a agências privadas (comerciais). Os casos mais espetaculares, até agora, são prisões e campos de internamento privados, agências privadas de investigação e interrogatório, serviços privados de liberdade condicional e "polícia privada", sob a forma de guardas armados.

Está em curso, entretanto, um processo ainda mais profundo, em grande parte subterrâneo, que destrói não só o direito que o Estado tem de traçar e policiar a linha que separa coerção e violência, mas a própria nitidez dessa distinção: há uma crescente controvérsia em torno do que constitui um direito legítimo, parte integrante do tipo de "lei e ordem" que deve ser defendido, e o que é uma imposição ilegítima e injustificável. Esse processo é outro aspecto das mudanças que hoje ocorrem na natureza dos vínculos humanos e nos pacotes de direitos e deveres que constituem seu conteúdo. A prestação de serviços sexuais é um direito do marido e um dever da mulher? Até onde vão as prerrogativas dos pais para interferir nos espíritos e corpos de seus filhos? Quais são os limites para o tratamento dos empregados pelos chefes? As novas noções de "estupro conjugal", "estupro por conhecido", "abuso sexual de crianças", "assédio sexual no trabalho" testemunham a extensão e a intensidade desse processo.

Na vida e nas interações cotidianas, as noções de coerção ou violência – uso da força sustentado por normas ou condenável –, deveres ou imposições injustificados, são todas jogadas no mesmo caldeirão. Todas elas são objeto de contestação. Na verdade, de contínuas "lutas por reconhecimento", que visam a explorar o grau de fixidez e firmeza dos conceitos reconhecidos de normas, direitos e obrigações, da potência e da determinação de forças em defesa das quais continuam a ser obrigatórias – assim como os limites até os quais a renegociação de normas, direitos e deveres podem ser ampliados, e o tamanho das novas garantias que, com o devido esforço, poderiam ser ganhas em consequência disso.

A onipresença e a intensidade dessas lutas por reconhecimento, que buscam a reclassificação de certas formas de conduta, da categoria de "normal e esperável" para a de "violenta e condenável", contribuem em grande parte para atual impressão popular de que houve um aumento acentuado da violência .

Questão completamente diversa é a total erosão da soberania territorial dos Estados, que também afeta a força e a eficácia das linhas traçadas pelo Estado para separar coerção e violência (em termos mais genéricos, entre legítimo e ilegítimo, ou seja, estabelecendo a conduta punível), em particular em relação aos setores mais móveis, embora também os mais importantes, da sociedade. Por exemplo, segundo o último relatório das mais altas autoridades do Tesouro da Grã-Bretanha, a soma total dos impostos não declarados/sonegados pelas maiores empresas (as mais ricas) foi calculada entre £3,7 bilhões e £13,7 bilhões.* A amplitude dessa faixa oferece um eloquente testemunho da nebulosidade na distinção legalmente prescrita entre o legalmente certo e o legalmente errado.

A eficácia das decisões do Estado tende a ser fortemente reduzida em nossos dias, pois a facilidade de escapar à sua execução a coloca em xeque. Para a maioria das empresas investigadas, apenas mudar o endereço registrado da sede para um endereço *offshore* parece ter sido suficiente para tornar nulos seus deveres legalmente previstos. A coerção sobre essas empresas para que elas paguem impostos poderia ser acusada nos tribunais de violência ilegal.

Finalmente, há o problema da diminuição das possibilidades de defesa das fronteiras territoriais, relacionada à queda da importância do espaço em termos de segurança. O terrorismo global tira vantagem dessa consequência particular, em seus esforços para manter "o inimigo" em estado de constante alerta, financeiramente arruinado a longo prazo, como algo ameaçador para a segurança pessoal e, mais importante ainda, para as liberdades pessoais que os Estados modernos prometeram suprir e proteger.

Por mais seminal e chocante que o advento do terrorismo global possa ser, ele não entra em conflito, necessariamente, com o princípio do "monopólio estatal da violência", que nada tem de novo. Esse princípio (repito, um postulado jamais comprovado por inteiro, um horizonte jamais alcançado de verdade) foi, du-

---

* Algo entre US$5,6 bilhões e US$20,8 bilhões em valores de março de 2010. (N.T.)

rante toda a era moderna, neutralizado sob um grande número de formas e atacado (na prática, quando não na teoria) por um grande número de forças. Para Max Weber, os terroristas cosmopolitas seriam apenas mais uma força que, por sua presença, daria mais impulso ao imperativo perseguido e proclamado pelo Estado.

· PARTE II ·

· Conversa 4 ·

Modernidade, pós-modernidade e genocídio
Da dizimação e anexação aos "danos colaterais"

Em *Modernidade e Holocausto* (1989 [1998]), você conclui que, desde os horrores do Holocausto, a história não nos brinda com uma situação de "solução final" na escala testemunhada pelo mundo durante aquele episódio. Esse livro tem sido considerado uma de suas obras-primas, entre outras razões porque ele revelou que a "solução final não foi uma disfunção da racionalidade moderna, mas seu chocante resultado".[1] O Holocausto, você explica, teria sido impensável sem a racionalidade por trás da burocracia e da tecnologia.[2] Vinte anos depois de você publicar esse trabalho, gostaria de saber se o conceito de "solução final" é de alguma relevância para uma comunidade internacional mais ampla, à medida que avançamos século XXI adentro. A questão é se poderíamos estar ingressando numa era de novas manifestações de extermínio e limpeza étnica, de formas mais sofisticadas e, sem dúvida, menos brutais, menos dramáticas que as experimentadas no Holocausto.

Em suas conversas com Keith Tester, você registrou: "Dado o enfraquecimento global da 'soberania indivisível' do Estado, torna-se improvável a perpetração de 'soluções finais' em nossa parte do mundo. Não há força capaz de planejá-las, administrá-las e levá-las a cabo. Podemos esperar guetificações mais incisivas e a construção de muros, ... em vez de novos Auschwitz."[3]

Assim, a ideia de extermínio sistemático não foi considerada provável no início deste século. Antes de 2001, poucos previam as invasões do Iraque e mais tarde do Afeganistão. Vários anos depois da experiência com essas guerras, no entanto, pergunto se é adequado sugerir que elas demonstram "sintomas" de estratégias do tipo "solução final". Esta é uma questão pertinente? Muitos poderiam se opor à ideia de que as guerras do Iraque e do Afeganistão satisfaçam os critérios jurídicos e legais no âmbito dos direitos humanos internacionais[4] para permitir que ao menos se constitua uma acusação de genocídio – considerando que a definição de "genocídio" na literatura e na jurisprudência internacionais é ampla, convincente e precisa –, por mais que, como Schabas demonstra, a definição e o escopo desse conceito estejam continuamente em transformação.[5]

No entanto, se o genocídio é considerado uma forma agravada de crime contra a humanidade (foi o jurista judeu-polonês Raphael Lemkin quem cunhou o termo, em 1944), e se, como mostra Kuper, os desenvolvimentos tecnológicos tornaram os massacres mais viáveis,[6] podemos traçar paralelos entre esses dois conceitos, embora seu trabalho sobre a singularidade do Holocausto seja muito claro?

Por outro lado, deveríamos buscar em outros lugares novas tendências e evidências de planos de "aniquilação"? Este é um exercício pertinente, ou corremos o risco de incorrer em paranoia? Podemos, por exemplo, identificar genocídio nas manifestações emergentes de eugenia e de manipulação genética; ou, talvez, nos efeitos da nova indústria de biocombustíveis, que, pela queima de alimentos, sem dúvida gera mais fome entre os pobres; ou, ainda, em novas formas de escravidão e prostituição infantis; ou talvez na esterilização de mulheres indígenas, ou no deslocamento forçado das terras indígenas na América Latina?[7]

BAUMAN: Eu diria que todas as semelhanças são acidentais, todas as comparações são superficiais e, por isso, capciosas. Você está certa, os assassinatos em massa que repetidamente atingem proporções genocidas são algo que não desapareceu com a derrota da Alemanha nazista e com a implosão do comunismo russo.

Mas a morte de milhares ou de centenas de milhares de pessoas culpadas do pecado de pertencer ao tipo errado de pessoa, ou de estarem no lugar errado na hora errada, também não é uma invenção dos totalitarismos do século XX. E provavelmente não teriam chegado ao fim com este século e seus totalitarismos. Mais que isso, os assassinatos em massa, que atingem proporções genocidas, acompanham de modo permanente a história humana até os nossos dias. Contudo, eles são postos em ação por diferentes fatores, desempenham diferentes funções e servem a diferentes propósitos.

O que situa a história dos regimes totalitários modernos num patamar diverso de outras manifestações sangrentas da crueldade humana contra os próprios homens é o Grande Projeto, a matança pela construção de uma nova ordem, projetada para durar mil anos ou a eternidade, matar como modo de forçar a realidade social a corresponder à elegância do Grande Projeto. É algo como a afirmação atribuída a Michelangelo em resposta à pergunta sobre como ele produzia esculturas tão belas: é simples, eu apenas pego um bloco de mármore e aparo todas as arestas desnecessárias...

A modernidade nasceu sob o signo de uma nova confiança: podemos fazer, e (então) vamos fazer. Poderíamos remodelar a condição humana na forma de algo melhor do que ela tem sido até agora. Por criação divina ou como produto da natureza cega, as realidades com as quais os seres humanos têm sido sobrecarregados estão longe da perfeição e clamam por reformas. Todavia, para tornar o mundo mais hospitaleiro para os homens, seus afazeres precisam ser empreendidos sob um gerenciamento novo e humano, dotado de uma planta inicial; cabe também colocar em prática um plano de ação que não seja mais um playground de acidentes e imprevistos, mas uma ordem planejada, supervisionada e monitorada, que não exige revisões posteriores, uma vez que foi estabelecida à perfeição.

As realidades cadavéricas, rígidas, restritas, sólidas e impassíveis deveriam ser (poderiam ser, teriam de ser, seriam) fundidas em nome de realidades ainda mais sólidas, imunes ao acaso, a mudanças não planejadas, não intencionais e não controladas, invulneráveis aos caprichos do destino. As realidades sólidas que ainda existem precisam ser derretidas, exatamente porque não são sólidas o bastante, não tão sólidas quanto as realidades que a razão e as habilidades humanas podem projetar e atualizar se forem seriamente aplicadas.

Chamei essa atitude moderna de "postura de jardinagem": munidos de uma imagem da perfeita harmonia, os jardineiros arrancam certas plantas, chamando-as de ervas daninhas. Elas são como hóspedes não convidados e nada bem-vindos, destruidores da harmonia, manchas na paisagem. A implantação de um projeto, a construção da ordem concebida, exige que as ervas daninhas sejam arrancadas e exterminadas com agrotóxicos, para que as plantinhas úteis e/ou esteticamente prazerosas prosperem e floresçam, cada qual em seu próprio vaso ou canteiro. Ao se fazer um jardim, a destruição das ervas daninhas é um ato de criação. É arrancar pela raiz, envenenar ou queimar essas ervas que transforma o caos selvagem em ordem e harmonia.

A "postura de jardinagem" é uma característica distintiva da atitude moderna e do ardor modernizante. Aquilo de que ela potencialmente é capaz quando estendida sobre a sociedade como um todo (isto é, quando a totalidade do contexto social é vista, abordada e tratada de acordo com o padrão de jardinagem) tem sido demonstrado pelas tentativas de construção de uma sociedade limpa em termos de classes e raças. Esse potencial pode ser colhido ao se estudarem as inúmeras utopias modernas – plantas baixas para qualquer coisa que o projetista tenha vislumbrado como a condição perfeita na qual a sociedade seria programada em sua permanência, à medida que todas as forças contrárias fossem eliminadas de uma vez por todas, e todos os tremores de discordância fossem arrancados pela raiz.

A maior parte das utopias apresenta apenas o produto final do Grande Projeto, tornando-se um tanto taciturnas quando chega a hora de explicar a façanha de converter o projeto em

Modernidade, pós-modernidade e genocídio   135

realidade. O observador notará, contudo, que os tipos de seres humanos considerados "indesejáveis" no momento de fazer o projeto – imprestáveis, inconvenientes, causadores de problema – são visíveis naquele produto final exclusivamente por sua ausência. Algo deve ter acontecido com eles para fazê-los desaparecer durante a – suprimida, esquecida ou reescrita – pré-história da perfeição utópica, não?

Dois fatídicos redirecionamentos tiveram lugar, no entanto, após o fim dos dois totalitarismos que experimentaram esticar até o limite o potencial sinistro da abordagem da moderna jardinagem. O primeiro foi o descrédito em que caíram os "Grandes Projetos", partilhando o terreno das "grandes metanarrativas". O segundo foi o ressentimento produzido em relação à solidez em si mesma. A fusão dos sólidos continua inabalável. A única diferença talvez seja que ela está se acelerando numa velocidade até então inédita. Mas o motivo para essa fusão não é mais o fato de que eles não são suficientemente sólidos. Pelo contrário, agora eles são sólidos demais. Os sólidos tornados líquidos não devem ser substituídos por outros sólidos que esperamos ser mais resistentes ao tempo, e sim por sólidos projetados num horizonte de maior liquefação – que ela seja mais fácil, mais rápida e viável, com um custo menor.

De um modo ideal, os novos sólidos devem ser degradáveis, desaparecendo por si próprios e sem chamar atenção, num prazo de validade específico, ou a ser especificado na primeira oportunidade. Em conjunto, esses dois redirecionamentos tornam as condições sob as quais a "limpeza" profunda, radical e sistemática pode ser realizada voláteis e líquidas demais para que as ações projetadas se cumpram. A aniquilação de uma classe hostil ou uma raça diferente "como um todo" dificilmente seria sugerida ou postulada como projeto "realista". A incitação e os estímulos para que esse feito se realize são consideravelmente frágeis, porque a própria solução "final" (derradeira, "a última e definitiva") perdeu – com a arrogante autoconfiança e a exagerada ambição dos primeiros momentos da modernidade – um pouco ou a maior parte de seus atrativos e do poder contagiante do passado.

Há outras ocorrências que contribuem com esses dois redirecionamentos para tornar pouco prováveis os "Grandes Projetos" de genocídio amplo e ainda menos provável sua adoção. O Holocausto nazista, já em andamento parcial e com vários elementos previstos para um período posterior, demonstrou uma impressionante afinidade com o grande projeto de *Umsiedlung* – reassentamento –, que, além de dizimar ou aniquilar certas categorias de seres humanos, vislumbrava remoções forçadas de populações inteiras para longe dos territórios nos quais a história os assentara. Esses dois movimentos se colocaram a serviço da ampliação do *Lebensraum*,[*] o espaço calculado como indispensável à sustentação do bem-estar e da posição dominante da raça suficientemente dotada, engenhosa e decidida para empreender esse esforço.

Mas o plano grandioso dos nazistas no sentido de rearranjar a distribuição da população do planeta também não foi uma invenção deles próprios. Estava inscrito no "projeto da modernidade" desde o início, escrito originalmente em tinta invisível, que ficou cada vez mais perceptível à medida que se aqueceram as paixões modernizantes. As políticas do *Lebensraum* chegaram a ser amplamente praticadas bem antes que os nazistas lhes dessem um nome e lhes colocassem um selo oficial.

Os tempos do imperialismo e do colonialismo – e outras manifestações –, embora intimamente ligados pela mesma filosofia de poder e dominação, agora estão ultrapassados. A administração direta de um território já não é uma condição necessária (nem preferencial) para sua exploração; as distâncias não são

---

[*] O termo alemão tem sido traduzido tradicionalmente, no plano da geopolítica, como "espaço vital". Cunhado pelo geógrafo germânico Friedrich Ratzel, foi decisivo para o pensamento nazista, por se referir diretamente ao espaço de potencial expansão territorial de um povo. O expansionismo promovido por Hitler era baseado na ideia de ampliar o *Lebesraum* ariano pelo mundo todo. (N.T.)

Modernidade, pós-modernidade e genocídio 137

mais um obstáculo para se chegar às reservas de força produtiva; os exércitos contemporâneos, enxutos, altamente dotados de tecnologia e profissionalizados, não têm necessidade de alistamentos. Guerras travadas a partir de áreas "altamente desenvolvidas" já não se destinam a conquistas e anexações territoriais. Seus objetivos são o disparo de um choque agudo e de preferência rápido, que quebre a resistência do inimigo atacado, obrigando-o a se entregar ao "controle remoto" e à "dominação a distância" por parte de seus conquistadores. Talvez elas possam ser chamadas de guerras globalizantes, à proporção que seus *casus belli* até agora, com frequência, têm sido a recusa dos poderes locais em abrir suas portas para o livre-comércio e o capital estrangeiro, a oferecer à exploração estrangeira os recursos humanos e materiais sob seu comando. Seja qual for o objetivo manifesto, o motivo latente para bombardear ou invadir é o desejo de fazer cair mais uma barreira à liberdade de escala planetária dos fins lucrativos.

Permanecer no território atacado por qualquer período substancial de tempo é visto cada vez mais como uma prova de fracasso (da forma como são amplamente avaliados os rescaldos das invasões do Afeganistão e do Iraque), e não como o resultado de uma vitória. A dizimação – para não falar em extermínio – de nativos a fim de abrir espaço para colonos não poderia estar mais longe da intenção dos invasores (e está ainda mais longe de seu alcance). Os mortos no processo são sinceramente classificados como vítimas "colaterais" (ou seja, não intencionais). Sua morte ou seu exílio forçado são publicamente lamentados, mas não computados entre os despojos de guerra; suas perdas materiais por vezes (embora raramente, e apenas sob pressão e com relutância) são compensadas. O que não significa que se tome cuidado para evitar a "vitimização colateral".

Isso não quer dizer apenas que, apesar da matança não ter sido explicitamente inscrita no plano de guerra e nas ordens de avanço, sua probabilidade de ocorrência era esperada, mas que ela foi deliberadamente ignorada e considerada irrelevante. Na verdade, também foi entendida como um efeito "colateral": nem um acontecimento importante o suficiente para ser prevenido, nem um fato a se lamentar em especial, caso aconteça.

Estamos autorizados a falar de alguma afinidade com o genocídio nos casos daquilo que eu tendo a chamar de imperialismo de vizinhança – cujos exemplos mais notórios são os massacres interétnicos de Ruanda, do Sudão e da Bósnia. Eles são, por assim dizer, genocídios "claustrofóbicos". Stefan Czarnowski, o grande sociólogo polonês, talvez tenha sido o primeiro estudioso – ainda em 1930, quando pesquisava as consequências sociais, políticas e psicológicas do colapso da economia europeia – a notar a ligação íntima entre o número crescente de "redundantes" (pessoas que não podiam ser acomodadas na pequena gama de oportunidades econômicas, nem indicadas para um papel aceitável e reconhecido na sociedade) e o aumento da violência – dispersa e difusa, no início, mas gradualmente dirigida a alvos de categorias específicas e reciclada sob a forma de fervilhantes estados de guerra intergrupais.

Como já observei, o potencial genocida da produção maciça de "redundantes" poderia ser, e realmente foi, exportado para terras estrangeiras e distantes, no momento em que a Europa era a única parte do planeta envolvida nessa produção, tendo sido pioneira na construção da ordem e dos progressos econômicos modernos – os dois principais setores da "indústria da redundância" na modernidade.

Podemos dizer que, ao longo da era imperialista/colonialista, os países do globo que passaram por uma acelerada modernização buscavam e encontravam soluções globais (ou melhor, resultados globais) para seus problemas localmente produzidos; o excesso de população fabricado talvez tenha sido o mais catastrófico e socialmente explosivo entre os problemas que clamavam por uma solução. Entretanto, no percurso da globalização das formas modernas de vida, as possibilidades de exportar os excedentes populacionais acabaram por secar. Nos países que se juntaram ao esforço, global a partir de então, de modernização compulsiva/viciante (e, com ele, a produção de quantidades maciças de redundância humana) num estágio avançado, essas possibilidades jamais ocorreram.

Hoje não existem "terras vazias" (ou melhor, não há terras que possam ser tratadas como vazias e esvaziadas pela dizimação da população nativa) a serem utilizadas como locais de despejo para o excedente populacional expulso dos países há pouco atraídos para a esfera do "desenvolvimento econômico". A migração puramente econômica – não assistida pelo exército ou pela marinha, embora severamente restringida por fronteiras bem-fortificadas e rigoroso controle de imigração – tem poucas chances de prover esses países de soluções globais para suas questões locais, ainda que desta vez produzidas não localmente, mas globalmente.

Os "estranhos de dentro" ou os vizinhos do outro lado da fronteira são os únicos alvos sobre os quais a busca desesperada do *Lebensraum* pode se centrar, as únicas populações que só podem ser submetidas ao mesmo destino que os índios americanos ou os aborígines australianos. Muito menos propagada que a emigração para destinos europeus, a ideia de atravessar fronteiras rumo a um país vizinho, não raro tão destituído, empobrecido e superlotado como o seu próprio, cai em algum ponto entre os polos representados pelo requerimento de asilo e a conquista violenta, e um acidente aleatório pode decidir em que direção se irá afinal. Com muita frequência, esse acidente culmina em mais uma guerra civil, disparando outra linha de iniciativas genocidas.

Não foi apenas o "desenvolvimento econômico" que chegou agora a terras distantes, que até há pouco assumiam formas tradicionais, consagradas pelo tempo, de sustentar sua subsistência. A construção da nação seguiu seu exemplo, chegando a terras dadas a outras formas de integração social. À medida que as comunidades tradicionais e os antigos laços e solidariedades comunitários se romperam e começaram a se dissipar sob pressões globalizantes, limparam-se os espaços para novas identidades e novas lealdades comunitárias.

140 Vida a crédito

Referindo-se a um amplo estudo comparativo, René Girard desenvolveu uma teoria geral das origens violentas das comunidades que demandam lealdade e que são comandadas por ela. Uma morte que seria condenada como crime caso não tivesse se dissolvido num mito etiológico comunitariamente aceito, e se reformulado como um ato fundador heroico e autossacrificial, é a base mais comum sobre a qual uma autoidentificação comunal duradoura tende a se basear (a memória desse ato fundador tende a ser revivida e renovada anualmente, sob forma de festividade nacional, por meio do ritual de sua reencenação simbólica). O que se recorda de modo oblíquo, nessas ocasiões, é que a lealdade e a solidariedade comunais são a única proteção contra o castigo e a punição do celebrado ato de criação da comunidade como crime (como se ele pudesse e tivesse sido construído por uma "versão" estrangeira). A violência original transforma todos os participantes e seus descendentes em cúmplices, e só a sobrevivência da comunidade se interpõe entre eles e o banco dos réus.

Em muitas, senão em todas, as atuais áreas de intensa atividade de construção da nação, podemos observar bem de perto os padrões indicados por Girard em sua investigação laboriosa a respeito de costumes antigos e sua meticulosa análise dos mitos etiológicos. Entre as muitas dessemelhanças que estabelecem a violência como "ato fundador" de uma nação, ao contrário da violência característica do Holocausto e de massacres genocidas em geral, é digna de nota a ênfase na visibilidade das identidades de assassinatos e assassinos (visibilidade que torna o estigma de cumplicidade praticamente indelével e, portanto, mal garante o interesse de todos os membros na sobrevivência da comunidade, e também uma irreversibilidade de seus compromissos com uma causa comum).

Se (como Ian Kershaw indica em seu mais recente estudo),[8] no caso do Holocausto nazista, a decisão de exterminar os judeus era "um segredo de Estado da mais elevada ordem, proibido de se mencionar até pelos iniciados", e "empregava-se uma lin-

Modernidade, pós-modernidade e genocídio 141

guagem cifrada [a respeito dele] nos debates do mais alto nível", no caso das iniciativas genocidas na Bósnia, ou dos massacres hutu-tútsi, deu-se preferência aos vizinhos próximos ou colegas de trabalho para assumir o papel de carrascos, de modo a haver certeza de que os rostos e os nomes dos assassinos não fossem esquecidos pelas vítimas, e que sua responsabilidade pessoal por matar as vítimas seria para sempre lembrada por seus assassinos. Afinal, o que torna o crime coletivamente cometido um instrumento eficaz de construção da comunidade são a personalização da cumplicidade e a individualização da culpa.

Eu repito: assassinatos em massa que atingem ou ameaçam atingir proporções de genocídio surgem, ao que parece, a partir de várias tensões sociais e servem a várias finalidades. Apenas alguns deles pertencem intencionalmente à classe das "soluções finais" – por atacado, no total, sem permitir exceção alguma, o extermínio de uma população inteira não deixa testemunhas nem sobreviventes, portanto, não deixa nenhum provável (na verdade, nenhum possível) vingador. Permita-me acrescentar que nenhuma das soluções finais na prática foi projetada para se tornar *Endlösung* – final, "conclusiva". De acordo com as estimativas mais comuns, os nazistas conseguiram aniquilar seis milhões de judeus ao todo, mas mantendo o objetivo de assassinar 11 milhões. No caso de crimes que fundam e sustentam comunidades, o objetivo (no sentido da inclusividade) do massacre originário seria absolutamente contraproducente.

Para manter sua capacidade integradora, a prole e os herdeiros das vítimas precisam estar bastante próximos, vivos, visíveis e operantes, sugerindo que nada seja considerado final, que a sobrevivência ou pelo menos a segurança ainda estão em equilíbrio, e que o momento de depor as armas e baixar a guarda ainda não chegou – e muito provavelmente nunca vai chegar.

Além disso, a estratégia mais empregada e mais intensamente desejada em nossa era de modernidade líquida é evitar a possibilidade de que qualquer "solução" se torne "final", uma via de mão única, irreversível, inelutável, para sempre. A ideia de perfeição (na famosa definição de Leon Battista Alberti, um estado em que nenhuma outra alteração é desejável ou bem-vinda) que costumava orientar as mentes criativas e as ações resolutas quando o projeto de *Endlösung* nasceu, agora quase parou de inflamar a imaginação humana. A partir de uma perspectiva sedutora e de uma condição invejável, o estado de "não mais mudar" se transformou no fio de que são tecidos os pesadelos e as distopias.

· Conversa 5 ·

População, produção e reprodução de refugos humanos

Da contingência e da indeterminação
à inexorabilidade da biotecnologia
(para além de Wall Street)

A análise de Foucault sobre a sexualidade humana se estabeleceu com um grande grau de aceitação e admiração entre os cientistas sociais nas últimas décadas. Com base nessa análise, no entanto, você argumentou que a regulamentação normativa da sexualidade (essencial para o controle disciplinar moderno) foi substituída, nos tempos líquidos, pela desregulamentação do gênero. Em sua abordagem, a exploração da sexualidade humana para fins disciplinares permanece central nas sociedades modernas líquidas, mas o mecanismo de controle e suas manifestações culturais mudaram – processo que você analisou em *Amor líquido* e *Identidade*.[1]

Essa pergunta estabelece uma ligação entre a questão da sexualidade e a importantíssima e controversa questão da população. Pergunto se o conceito de população – da forma como é entendido pela comunidade internacional desde a primeira metade do século XX – pode ser entendido como uma forma de exercer o controle disciplinar, no sentido foucaultiano. Em outras palavras, o controle estratégico disciplinar do corpo sexual significa também o controle estratégico do órgão reprodutivo? Mais especificamente, o controle disciplinar da sexualidade é um controle estratégico da população e uma forma de engenharia social?

143

Conceitos emprestados de narrativas científicas (que, por sua vez, já eram emprestados de construções sociais), como o de "gene egoísta", "seleção natural" e "sobrevivência do mais apto",[2] foram exportados para nossa compreensão contemporânea de população? Aprendemos com seu trabalho a respeito do impacto do darwinismo social sobre o Holocausto[3] e a maneira segundo a qual as conclusões científicas de Charles Darwin um século antes foram extrapoladas e sequestradas por Hitler. Mas gostaria de saber se o darwinismo social[4] também marca inexoravelmente nossa abordagem sobre população? Podemos ignorar o contexto histórico na construção discursiva do conceito em questão: o caso de Julian Huxley, o primeiro diretor da Unesco, é extraordinário. De fato, Huxley influenciou enormemente a construção discursiva do conceito, clamando, em seu ensaio "The crowded world", pela primeira vez por uma "política populacional no plano mundial". Ele tinha opiniões fortes sobre a "inferioridade genética dos pobres" e escreveu que "os estratos mais baixos, supostamente menos bem-dotados do ponto de vista genético, estão se reproduzindo depressa demais. ... Assim, ... o desemprego prolongado deve ser um motivo para a esterilização".

Em *Man in the Modern World*, Huxley escreveu ainda: "Uma vez que se entendam todas as implicações da biologia evolutiva, a eugenia inevitavelmente se tornará parte da religião do futuro; ou de qualquer dos complexos de sentimentos que no futuro possa tomar o lugar da religião organizada."[5] Esses fatos dignos de nota são apenas referências a um passado remoto da história das políticas populacionais das Nações Unidas?

De outro ângulo, o que podemos aprender com os padrões populacionais da modernidade a partir dos trabalhos de Thomas Malthus? O famoso *Um ensaio sobre o princípio da população* (1798), identificando uma relação geométrica entre o crescimento da população e o crescimento econômico (o primeiro comprometeria o suprimento de alimentos), foi influente ao longo de todo o período em que a comunidade internacional desenvolvia sua primeira narrativa e sua primeira estratégia para as políticas de população no século XX. O Fundo de População das Nações Unidas (UNFPA) reconhece hoje que

Population, produção e reprodução de refugos humanos   145

o debate sobre quantas pessoas o planeta pode suportar remonta ao trabalho de Malthus e ainda permanece influente.

Além disso, como você sabe, o debate ressurgiu em função das mudanças climáticas e das preocupações subsequentes com a água e a segurança alimentar. Assim, na comunidade internacional, hoje, as políticas populacionais traçam seus caminhos sobre um paradigma que tende a opor crescimento econômico e crescimento populacional. Alguns têm desafiado essa abordagem, não necessariamente negando ou confirmando a validade de uma relação geométrica entre os recursos e a população (equação que pode ter mudado de maneira radical numa era de mudanças climáticas),[6] mas sim por meio da identificação da distribuição de riqueza como o principal problema. Em sua opinião, nós nos confrontamos inevitavelmente com o dilema do crescimento da população *versus* a sustentabilidade, estamos numa encruzilhada histórica nas previsões malthusianas? Seria essa a grande questão de nosso jovem século?

Antes de lhe passar a palavra, permita-me concluir este longo comentário. Desde as grandes conferências internacionais das Nações Unidas sobre a população (a Conferência Internacional sobre População e Desenvolvimento, no Cairo, em 1994, e a Conferência Mundial sobre a Mulher, em Pequim, 1995), e de outras convenções, declarações e recomendações correlatas, além de documentos que expressam os objetivos e as políticas adotadas desde a década de 1960 até a Declaração do Milênio, das Nações Unidas, de 2000 (com o posterior estabelecimento dos Objetivos de Desenvolvimento do Milênio),[7] as grandes narrativas da comunidade internacional se estabeleceram de modo claro, ancorando-se de maneira firme como prática institucional em termos globais.

Todos os países membros da ONU desenvolveram agências, políticas e legislações populacionais até o último quarto do século XX, a maioria delas mais atualizada e enquadrada sob o guarda-chuva temático da saúde reprodutiva e dos direitos de reprodução. No entanto, como você sabe, isso resultou em controvérsias morais e religiosas não resolvidas entre os setores da Igreja católica e outras organizações neoconservadoras. Deixando de lado as questões delicadas, vale mencionar, contudo, um fato intrigante: a contracepção (assim como o aborto) foi oficialmente combatida pelo governo Bush dentro dos Estados Unidos, na última década, enquanto o controle da saúde reprodutiva e da fertilidade parece estar bem-assentado no programa das agências de desenvolvimento, como o Fundo Monetário Internacional[8] (muitas vezes acusado pelos críticos de forçar os países em desenvolvimento a aplicar determinadas políticas em troca de empréstimos, condições que implicam a adoção de políticas econômicas ou "programas de ajuste estrutural").[9]

A relevância de tudo é: como a recessão e as mudanças no clima justificarão políticas populacionais? A crise financeira global deverá incentivar políticas com abordagens mais agressivas? Existe o risco de retornarmos a uma ameaça aberta de eugenia (líderes de destaque da comunidade internacional, na primeira parte do século XX, incluindo Julian Huxley, que mencionei acima, eram movidos pela recessão, a guerra e a fome)? As preocupações que demonstrei são questões política e economicamente estratégicas nas próximas décadas?

BAUMAN: Do alto da autoridade do *Dicionário Oxford*, nenhum uso da palavra "superpopulação" havia sido registrado até o final do século XIX – até 1870, para ser exato. Isso apesar do fato de que, pouco antes de o século começar (em 1798), Thomas Robert Malthus tenha publicado *Um ensaio sobre o princípio da população à medida que afeta o melhoramento futuro da sociedade* – o livro em que afirmava de modo categórico que o crescimento da população superaria para sempre o crescimento do abastecimento alimentar; e que, a menos que a fecundidade humana fosse controlada, não haveria comida suficiente para todos. A obra de Malthus incendiou a imaginação de muitas grandes mentes (quanto a Darwin, a leitura de Malthus teve papel decisivo na explicação das leis de "seleção natural"), mas mesmo elas se esforçaram para provar que o *Homo sapiens* se destaca de outras espécies pela contemplação de meios eficazes para isentar sua própria espécie, para o melhor ou para o pior, da ditadura das leis da natureza.

Destruir os argumentos malthusianos (sua aplicação a "nós") foi um dos passatempos favoritos dos porta-vozes mais eminentes do emergente, tempestuoso e autoconfiante espírito moderno. Os "princípios" de Malthus seguiram contra a corrente de tudo que a promessa moderna defendia: sua certeza de que todo sofrimento humano é curável; que, no decorrer do tempo, uma solução será encontrada e aplicada; que todas as necessidades humanas até então insatisfeitas serão vencidas; e que a ciência e a tecnologia, seu braço prático, mais cedo ou mais tarde conseguirão elevar a realidade humana ao plano do potencial humano e, assim, colocarão um ponto final no irritante fosso entre "é" e "deve ser". Esse século acreditava (e foi sustentado em suas convicções por um coro bem-comportado de filósofos e estadistas) que seria possível atingir uma felicidade humana maior com mais poder humano (sobretudo administrativo e militar) que o poder e a riqueza das nações eram medidos pelo número de seus trabalhadores e soldados.

Para falar a verdade, nada na parte do mundo em que a profecia de Malthus foi concebida e contestada sugeria que a presença de mais pessoas levaria a menos bens disponíveis para a sobrevivência humana. Pelo contrário, a força de trabalho e o poder de luta, o maior é o melhor, pareciam ser as principais e mais eficazes curas para o veneno da escassez. Havia terras infinitas e fabulosamente ricas ao redor do globo, salpicadas de espaços em branco, pouco povoadas, territórios quase vazios à espera de conquista e colonização. Mas eram necessários plantas industriais enormes e totalmente equipadas, e exércitos formidáveis para invadir esses territórios e conquistá-los.

O grande era belo... e rentável. Grandes populações significavam grande potência. Grandes potências pressagiavam grandes anexações de terra, e um poder ainda maior prometia maiores aquisições de terra. Grandes conquistas territoriais significavam grande riqueza, e maiores conquistas significavam maiores riquezas. E a maior riqueza igualou-se à maior felicidade. QED.

Se o pensamento de que havia muitas pessoas por perto para serem alimentadas ocorreu àqueles que estavam preocupados com o estado de coisas em seus países, a resposta parecia óbvia, convincente e digna de crédito, embora paradoxal: o tratamento para o excesso de população era ainda mais população. Apenas os países mais vigorosos ou mais populosos desenvolveriam uma musculatura forte o suficiente para dominar, subjugar ou deixar de lado as populações abatidas, atrasadas, indecisas, decadentes e em processo de degeneração. Apenas eles seriam capazes de flexionar esses músculos a seu favor. Se a palavra "superpopulação" estivesse disponível na época, teria sido tratada como um oximoro. Não pode haver "nós demais" – motivo para se preocupar seria o oposto, a "subpopulação", a escassez de força de trabalho e de combate, com todos os seus sinistros e aterradores apetrechos, como abandonar as fileiras de conquistadores, levar o inimigo a atravessar fronteiras maldefendidas, perder a guerra concorrencial por mercados de commodities e de trabalho.

O congestionamento de população local pode ser aliviado no plano mundial, tanto mais quanto maior (leia-se: mais potente) for a concentração local. Contanto que elas fossem numerosas, excedentes e excessivas, as vidas aparentemente redundantes não seriam desperdiçadas: poderiam ser recicladas sob a forma de poder imperial, poderiam servir de tijolo e argamassa ao majestoso edifício do império global a ser erguido. Assim, os problemas fabricados localmente seriam resolvidos globalmente, e de forma rentável.

Com a eclosão da Guerra dos Bôeres, o pânico atingiu as ilhas Britânicas, e os serviços de recrutamento tiveram de recusar grande número de voluntários por causa de seus físicos debilitados, o que tornava improvável que suportassem as exigências da vida de caserna. O pânico foi justificado: menos soldados, menor império; menor império, maiores fileiras de pessoas empobrecidas e socialmente perturbadoras, boas apenas para causar danos e inúteis para o esforço de ampliar o poder e a prosperidade de seu país natal.

Na busca pelo "tamanho certo" da população do país, o foco não estava na "natureza" e em suas leis, mas nos reparos promovidos pelo homem, com seu impacto sobre a condição humana. A interferência humana sobre a natureza pode ser da mesma maneira benéfica ou prejudicial, permite enxergar longe ou é míope, aumenta o potencial de sobrevivência e o poder de uma nação ou submete-a a um golpe fatal. Expressando o que naquele momento tinha praticamente se tornado *la pensée unique* (para usar a expressão de Pierre Bourdieu) na metrópole do Império Britânico, que tinha dimensões mundiais, um dos participantes da convenção anual de 1883 do Trades Union Congress[*] (um certo senhor Toyne, da cidade ingelsa de Saltburn) observou com grande preocupação que havia

> uma tendência nos distritos rurais de monopolizar a terra, de se converterem fazendas pequenas em grandes. As pequenas propriedades eram nocauteadas, e suas terras absorvidas por latifúndios. O sistema agrário em vigor retirava os homens da terra e mandava-os para minas e fábricas, a fim de competir com os artesãos no mercado de trabalho. Os trabalhadores do país desejavam uma solução para isso imediatamente.[10]

A reclamação de Toyne não era novidade – apenas os suspeitos e os potenciais réus mudaram no decorrer do tempo nos diagnósticos repetidos *ad nauseam* ao longo de toda a turbulenta história de destruição criativa em curso que chamamos de "progresso econômico". Dessa vez, a superlotação do mercado de trabalho foi atribuída à ruína e à derrocada dos pequenos agricultores, disparadas pelas novas tecnologias agrícolas; algumas décadas antes, a desintegração das guildas de artesãos fora provocada por maquinarias industriais que costumavam ser apon-

---

[*] Central sindical britânica de expressão nacional. Foi fundada em 1868 e participou do processo de consolidação do movimento trabalhista no país. Atualmente, reúne mais de 50 entidades sindicais de várias categorias, de maneira semelhante à Central Única dos Trabalhadores (CUT) no Brasil. (N.T.)

tadas como a principal causa da miséria; algumas décadas depois, a virada chegaria para as mesmíssimas minas e fábricas em que as vítimas do progresso agrícola haviam procurado salvação e que seriam acusadas de causar o problema.

Mesmo assim, em todos os casos, a forma de liberar a pressão sobre as condições de vida dos trabalhadores e de melhorar seu padrão de vida era buscada no desbaste das multidões que sitiavam os portões de estabelecimentos que ofereciam empregos. Essa forma parecia ser a mais óbvia e se tornou a única, mas não causou polêmica. No final do século XIX, no entanto, outro axioma foi adicionado ao primeiro: "desbastar as multidões" exigia mais espaço (espaço que viria a ser apelidado por Hitler, com sua crueza característica, de *Lebensraum*), e, graças a Deus, havia multidões para garantir mais espaço a ser conquistado e conservado. Joseph Arch, o lendário fundador da União Nacional dos Trabalhadores Agrícolas da Inglaterra, pôde testemunhar em 1881, diante dos comissários de Sua Majestade para a Agricultura:

PERGUNTA: Como o senhor começou a assegurar que os trabalhadores recebam salários mais elevados?

RESPOSTA: Nós reduzimos o número de trabalhadores no mercado de forma muito considerável.

PERGUNTA: E como vocês reduziram o número de trabalhadores no mercado?

RESPOSTA: Promovemos a emigração de cerca de 700 mil almas, homens, mulheres e crianças, nos últimos oito ou nove anos.

PERGUNTA: Como essas 700 mil almas emigraram, com que recursos?

RESPOSTA: Fui ao Canadá e fizemos acordos com o governo canadense para lhes dar tanto, e buscamos esse tanto nos recursos do sindicato.[11]

Outro fator que levou à exportação da produção interna de "problemas sociais", por meio de uma maciça e, neste caso, forçada deportação da parte afetada da população, foi o temor

Population, produção e reprodução de refugos humanos   151

de que a acumulação de "redundantes" nas cidades chegasse ao ponto crítico da combustão espontânea. Surtos esporádicos, ainda que repetitivos, de distúrbios urbanos levaram as autoridades a agir. Depois de junho de 1848, os "distritos vis e rudes" de Paris foram purificados por atacado de *misérables* rebeldes, e "grandes massas" (expressão cunhada por Henry Peter Brougham, fundador da Universidade de Londres) foram transportadas para o exterior, para a Argélia. Após a Comuna de Paris, o exercício foi repetido, embora desta vez a Nova Caledônia tenha sido escolhida como destino.[12] O *Lebensraum* atraía muita suntuosidade. Para apreciá-la, porém, necessitava-se de poder. E poder demanda números.

Desde o início, a era moderna foi um momento de migração em massa. Até agora, incontadas e talvez incontáveis massas de pessoas em todo o mundo mudaram-se, deixando países de origem que ofereciam pouca esperança de vida em busca de longínquas terras estrangeiras que prometem melhor sorte. As trajetórias predominantes mudaram ao longo do tempo em função dos centros de redirecionamento e das áreas "quentes" da modernização, mas, em geral, os migrantes se deslocaram das partes "mais desenvolvidas" (de mais intensa modernização) do planeta para áreas "subdesenvolvidas" (ou seja, que ainda não foram lançadas fora do equilíbrio tradicional e autorreproduzido, sob o impacto da modernização). Os itinerários foram, por assim dizer, sobredeterminados por uma combinação de dois fatores.

Por um lado, o "excedente" de população (isto é, homens e mulheres incapazes de encontrar empregos com remuneração adequada ou de manter seu status social previamente adquirido em seus países de origem) foi um fenômeno exclusivo, de maneira geral, às regiões de processos de modernização avançados. Por outro lado, graças a esse mesmo fator de rápida modernização, os países em que se produziu população excedente experimentaram (ainda que por um tempo) uma superioridade tecnológica e militar sobre os territórios ainda intocados pela modernização. Isso lhes permitiu visualizar e tratar outras áreas como "vazias" (ou esvaziá-las, se os nativos resistissem a ser redirecionados, ou se fossem tão incômodos que os colonizadores considerassem custoso demais atendê-los), e, desse modo, como áreas prontas para e ansiosas por maciços assentamentos. Pelas estimativas incompletas e provisórias, cerca de 30 a 50 milhões (cerca de 80% de sua população total!) de nativos de terras "pré-modernas" que recebiam a empresa de conquista e colonização pereceram no período compreendido entre a chegada e o assentamento de soldados e comerciantes europeus e o início do século XX, quando seu número atingiu o nível mais baixo.[13] Muitos foram assassinados, outros tantos morreram por causa das doenças importadas, e o resto sucumbiu depois de perder as velhas formas de vida que durante séculos mantiveram seus antepassados e não conseguiu arranjar um modo alternativo de sobrevivência. Como Charles Darwin resumiu a saga do processo liderado pela Europa para "civilizar os selvagens": "Por onde os europeus trilharam, a morte parece perseguir os aborígines."[14]

De maneira irônica, embora não de todo inesperada, o extermínio dos aborígines em nome ou como um efeito de acomodação do excedente populacional europeu (isto é, preparar as terras conquistadas para o papel de depósitos de lixo dos refugos humanos resultou num volume crescente de progresso econômico doméstico) foi defendido em nome do mesmíssimo progresso que havia reciclado o "excedente" de europeus sob a forma de "migrantes econômicos". Assim, por exemplo, Theodore Roosevelt representou o extermínio dos índios americanos como um desinteressado serviço prestado à causa da civilização: "O colonizador e o pioneiro basicamente tinham a justiça a seu lado; este grande continente só teria se mantido como um jogo para preservar esquálidos selvagens."[15] O general Roca, comandante de uma das empresas mais infames da história argentina, eufemisticamente apelidada de "conquista do deserto", mas que se resumia à "limpeza étnica" dos pampas de sua população indígena, explicou aos compatriotas que seu amor-próprio obrigou-os "a derrubar o mais rapidamente possível, pela razão ou pela força, esse punhado de selvagens que destroem nossa riqueza e nos impedem de ocupar definitivamente, em nome da lei, do progresso e de nossa própria segurança, as terras mais ricas e mais férteis da República".[16] Essas palavras soam agora incongruentes e revoltantes – e não apenas graças ao (discutível) "progresso moral" desde os tempos de Theodore Roosevelt e do general Roca, mas também pela perda de plausibilidade e viabilidade das ações que eles recomendavam. Se tais declarações foram de fato repetidas em nossos tempos pós-coloniais e em nosso planeta multicentrado (ele próprio um panorama bastante improvável), o que poderia ter passado, precocemente, por um projeto realista, de contornos pragmáticos, de estilo pé no chão e racional, elas agora seriam expressadas como uma mitologia ridícula e risível. Na melhor das hipóteses, seriam apresentadas como um dos estertores de formas pré-científicas, primitivas, irracionais e supersticiosas de resolver problemas.

Hoje, a produção de uma população redundante está em pleno andamento. Como antes, permanece o único remanescente do ramo da indústria moderna imune a crises econômicas cíclicas e que adquire um novo ímpeto, em vez de cair em desuso sob o impacto do progresso econômico. Mas a moda antiga de lidar com o "refugo humano" acumulado (forma considerada "razoável" num momento no qual se podem encontrar soluções globais para problemas produzidos localmente) já não está pura e simplesmente em ação.

Um resultado paradoxal da globalização, sob a forma como foi conduzida até agora, é que todos e quaisquer problemas incômodos produzidos localmente, incluindo o das "vidas desperdiçadas", são cozinhados aos poucos, por assim dizer, em seu próprio caldo. Numa dura oposição ao enorme avanço nos dispositivos e instalações de viagem e de transporte, esses problemas não podem mais ser exportados e despejados em terras distantes. Essas novas circunstâncias, e a atmosfera claustrofóbica que delas emana, são suficientes para explicar e compreender a atual proliferação de "imperialismos de vizinhos", o grande número de guerras civis que muitas vezes degeneram no tipo de banditismo tradicionalmente associado a guerras de gangues, ao renascimento de nacionalismos predatórios, aos sentimentos tribais, às múltiplas exaltações de tendências genocidas. Elas também explicam a recente invenção da "subclasse" e a tendência generalizada, no interior dos países "desenvolvidos", a criminalizar problemas outrora definidos como "sociais". A única coisa que se impede que os homens e mulheres saudáveis encarcerados façam é procriar.

Um aspecto extremamente importante que você mencionou é digno de ser enfatizado mais uma vez, considerando que a hipocrisia é em especial insidiosa quando apoiada pelos interesses dos países que soam o alarme. Pode-se contar com um projeto oculto sempre que a urgência das medidas a serem postas em prática for passionalmente defendida. Espera-se uma interpretação diversa e um tratamento diferenciado da questão da "sustentabilidade" dos números de uma mesma população, dependendo de quem e sobre quem está falando.

A dissonante oposição entre a filosofia de controle de natalidade expressada e praticada pelas lideranças americanas para uso doméstico e a escolhida por um FMI ou um Banco Mundial controlados pelos Estados Unidos para usos "exóticos", que você acentuou muito bem, é um dos mais espetaculares exemplos da regra do *deux poids, deux measures* – dois pesos, duas medidas. A aparente "divergência" entre a política antiaborto de Bush para seu país e a propagação de práticas contraceptivas para a África promovida pelo FMI reflete a perfeita concordância de ambos com a expectativa de que os Estados Unidos permanecerão, por um futuro previsível, um país de "alta entropia"; enquanto isso, o destino da África será se manter como um exportador de energia para ser consumida e queimada.

Em *Vidas desperdiçadas* escrevi: "Sempre há um número demasiado *deles*. 'Eles' são os sujeitos dos quais deveria haver

Population, produção e reprodução de refugos humanos   155

menos – ou, ainda melhor, não deveria haver nenhum. E nunca há um número suficiente de *nós*. 'Nós' são as pessoas das quais deveria haver mais.' Em minha opinião, mantida agora como naquele momento, "superpopulação" é uma ficção atuarial, um codinome para o aparecimento de um número de pessoas que, em vez de contribuir para o tranquilo funcionamento da economia, tornam mais difícil a obtenção e, mais ainda, o aumento dos indicadores pelos quais esse bom funcionamento é medido e avaliado. Esses números parecem crescer de forma incontrolável, adicionando despesas, de modo contínuo, sem nada acrescentar aos ganhos.

Numa sociedade de produtores, há pessoas de cujo trabalho não se pode lançar mão de maneira útil ("remunerada"), uma vez que todos os bens que a demanda existente e futura é capaz de absorver podem ser produzidos, e produzidos de forma mais rápida, rentável e "econômica", sem que essas pessoas estejam empregadas. Numa sociedade de consumidores, há "consumidores falhos", pessoas carentes de recursos para adicionar à capacidade do mercado de consumo, criando outro tipo de exigência à qual a indústria orientada pelo consumo não pode responder, e que ela não pode lucrativamente "colonizar".

Os consumidores são os principais recursos de uma sociedade de consumo, os consumidores falhos são seus passivos mais fatigantes e dispendiosos. Não tenho razão alguma para mudar minha opinião apresentada alguns anos atrás naquele livro. Nem tenho motivo para retirar o meu aval, então, ao veredicto dado por Paul e Ann Ehrlich.

Notemos que os lugares em que se espera que a "bomba populacional" exploda são, em geral, as terras com menor densidade populacional. A África, por exemplo, tem 21 habitantes por quilômetro quadrado, enquanto existem, em média, 101 habitantes por quilômetro quadrado na Europa, incluindo as estepes e o solo permanentemente gelado da Rússia; 335, no Japão; 450 na Holanda; 619 em Taiwan; e 5.490 em Hong Kong. Como foi apontado há pouco tempo pelo editor adjunto da revista *Forbes*, se a população inteira da China e da Índia se mudasse para a parcela continental dos Estados Unidos, a densidade populacional resultante não ultrapassaria a da Inglaterra, Holanda ou Bélgica. Ainda assim, algumas pessoas consideram a Holanda um país "superpovoado", enquanto nenhum alarme é ouvido a respeito do excesso de população na África ou na Ásia como um todo, exceto os poucos "Tigres Asiáticos".

A explicação para esse paradoxo é que há pouca conexão entre densidade demográfica e superpopulação. Esta é medida pelo número de pessoas a serem sustentadas pelos recursos do país e pela capacidade do ambiente para garantir a vida humana. Mas, como Paul e Ann Ehrlich apontaram, a Holanda só pode sustentar seu recorde de densidade populacional porque outras tantas terras não conseguem fazer isso. No período de 1984-86, por exemplo, o país importou cerca de 4 milhões de toneladas de cereais, 130 mil toneladas de óleos e 480 mil toneladas de ervilhas, feijões e lentilhas, todos avaliados (e, assim, pagos) em valores relativamente baratos nas bolsas de commodities, o que lhes permitiu produzir outras commodities, como leite ou carne, atraindo preços elevados para exportação.

Os países ricos podem bancar uma elevada densidade demográfica porque eles são centros de "alta entropia" – extraindo recursos, em particular fontes de energia, do resto do mundo e devolvendo a ele, em troca, resíduos poluidores e muitas vezes tóxicos (que esgotam, aniquilam, destroem) dos suprimentos mundiais de energia. A população relativamente pequena (em termos planetários) dos países afluentes responde por cerca de dois terços do consumo total de energia.

Numa palestra com o vigoroso título de "Excesso de pessoas ricas", ministrada durante a Conferência Internacional sobre População e Desenvolvimento, realizada no Cairo, entre 5 e 13 setembro de 1994, Paul Ehrlich resumiu a conclusão de seu livro com Ann Ehrlich, *The Population Explosion*, com as seguintes afirmativas enfáticas: o impacto da humanidade sobre o sistema de sustentação da vida na Terra não é determinado apenas pelo

Population, produção e reprodução de refugos humanos 157

número de pessoas vivas no planeta.[17] Ele depende também de como as pessoas se comportam. Quando isso é levado em consideração, emerge um quadro totalmente diferente: o principal problema demográfico está nos países ricos. Há, de fato, um excesso de pessoas ricas.

Seu trabalho representa um marco no estudo historiográfico do capitalismo. No entanto, sua análise teórica sobre a transição histórica de uma sociedade de produtores para uma sociedade de consumidores, e (a passagem que você acaba de descrever) da transição de uma sociedade industrial para uma sociedade financeira, parece deixar as mulheres e as questões de gênero num lugar muito estranho. Permita-me uma simplificação do processo histórico a que se referiu a fim de formular meu comentário: durante séculos, as mulheres foram consideradas as "principais produtoras" (no sentido biológico) do "exército de produtores" (no sentido econômico) – de operários, artesãos, soldados, trabalhadores manuais, camponeses etc. de que o capitalismo necessita para operar de forma eficiente e se reproduzir de maneira efetiva. Além desse papel estratégico na cadeia de produção/reprodução, as mulheres entraram no mercado capitalista há pouco tempo, fornecendo mão de obra barata – o impacto do trabalho segundo o gênero e da força de trabalho feminina mudou drasticamente em tempos mais recentes, em especial nas sociedades urbano-industriais.[18]

No entanto, parece que o papel reprodutivo das mulheres está passando por outras mudanças drásticas: pela primeira vez na história, os "recursos reprodutivos" das mulheres parecem ser muito menos "necessários". No capitalismo líquido, o papel reprodutivo das mulheres parece passar por uma grande metamorfose: sua capacidade reprodutiva não só se tornou de certa forma "irrelevante" como se transformou em algo quase "inconveniente". Na verdade, pode-se sugerir que a função reprodutiva das mulheres na cadeia de produção econômica passou, num curto período histórico, de algo indispensável à condição de estorvo. Culpadas da criação de excedente populacional que você descreveu, acusadas de disseminar rebanhos de milhões de "crianças sórdidas" e sujas, incriminadas por criar exércitos de pobres mundo afora, a prole dos desempregados, multidões e "hordas" de indesejáveis, preguiçosos, migrantes impuros – que você descreveu de forma tão penetrante em vários livros –, as mulheres ganharam novas "atribuições históricas" no capitalismo líquido que soam um tanto ambivalentes, num momento em que, ao mesmo tempo, experimentos formidáveis e supostamente perigosos são conduzidos pela engenharia genética em órgãos reprodutores femininos.[19]

Por isso, sugiro que o lugar instável, incipiente e frágil da mulher na cadeia de produção pode ter sofrido uma transformação ainda mais profunda à medida que novas indústrias assumiram, nas últimas décadas, o centro da economia (tecnologia reprodutiva e indústria da biotecnologia). Isso poderia representar uma ruptura histórica no modo de produção capitalista? Essas indústrias logo estarão numa posição de talvez aspirar – e mesmo finalmente atingir em questão de séculos, ou talvez de décadas – a substituição da capacidade reprodutiva das mulheres? Já não é mais um problema de ficção científica. Não é a distopia Mattopoisset, criada por Marge Piercy em 1977,[20] nem a "vingança" da interpretação biológica de Firestone a respeito do marxismo, publicada em 1979.[21]

No alvorecer do século, já podemos ver que as indústrias de biotecnologia e genética, pela primeira vez desde seu surgimento, no século XX, deixaram a margem da sociedade e se posicionaram bem no centro das economias ocidentais (declara-se que, desde 2002, quase 25% das ações de Wall Street pertencem a empresas de biotecnologia).[22] Cada vez mais os receios, manifestados por algumas feministas, de que as biotecnologias em algum tempo "substituam o poder reprodutivo das mulheres",[23] parecem justificados: já na década de 1980, algumas autoras expressaram sua preocupações[24] a respeito das "ameaças representadas para as mulheres" por essas indústrias.[25]

Durante a última década de "tempos líquidos", esta se tornou uma realidade tangível. A escala e a variedade das experiências são

População, produção e reprodução de refugos humanos   159

inimagináveis. Manter o controle do enorme número de experiências genéticas e da evolução tecnológica poderia ser uma tarefa impossível e assustadora,[26] mas não é difícil enxergar para além da ficção científica. Não é difícil, por exemplo, imaginar uma indústria geradora de filhos, montados a partir, digamos, de chips uterinos importados do Japão, óvulos vindos, por exemplo, de Israel, e esperma oriundo, naturalmente, dos Estados Unidos.[27]

Assim, professor Bauman, se essas premissas supersimplificadas estão corretas, e se o problema não é mais da ficção científica, minha pergunta é: se as mulheres (a principal força re-produtiva no capitalismo clássico) são aos poucos retiradas da cadeia de produção econômica (nunca tendo de fato consolidado sua posição como produtoras), se elas sofreram uma mutação de recurso reprodutivo a produtoras de segunda classe, e, mais tarde, a consumidoras alienadas – e, por último, a devedoras que se autoperpetuam –, será que elas e seus filhos atuais (ou ainda não nascidos) tornaram-se as maiores baixas no capitalismo do século XXI? Em outras palavras, a serpente que devora a própria cauda, de Rosa Luxemburgo, está fincando suas afiadas presas nos úteros das mulheres antes de afinal seguir para a cabeça?

BAUMAN: Nas recentes distopias modernas, do *Admirável mundo novo*, de Aldous Huxley, a *Possibilidade de uma ilha*, de Michel Houellebecq, a "maternidade" foi abolida. Na imagem pintada por Huxley, de um mundo transparente, previsível, confortável e incessantemente prazeroso, liberto de uma vez por todas da maldição da imprevisibilidade, de acidentes, golpes repentinos do destino, do desconforto e do embaraço sentidos diante de desafios complicados e confusos, sem que haja uma resposta óbvia e/ou satisfatória – num mundo como este, se fosse ao menos concebível mencionar o nome da mãe de alguém em público (para não dizer pendurar seu retrato na parede ou mostrar suas semelhanças num álbum de família!), isso seria um supremo *faux pas*, a gafe máxima, fazendo com que o culpado corasse, ficasse submetido a uma vergonha aguda, insuportável.

Em mundos assim, a eugenia (que nunca esteve ausente de nossos pensamentos nos tempos modernos, embora por vezes, e em determinadas configurações, relegada à área aonde se vai, mas da qual não se fala) é empurrada até seu limite. Em mundos assim, toda a acidentalidade (da qual a condição de ter nascido de uma mãe está plena) é produto de negligência criminosa ou de um erro imperdoável.

Em nosso mundo de peças de reposição; em que os produtos com defeito são devolvidos à loja; onde toda a tensão e o esforço são detestados e temíveis; onde toda dor e sofrimento são tidos como injustificados, inaceitáveis, e gritam por uma compensação; onde toda postergação na satisfação (se ela alguma vez tem lugar) é condenada como coação imperdoável e como caso de privação e opressão; onde se solicita que qualquer paixão forte seja satisfeita com um escoadouro e um tranquilizante; onde cada experiência de eternidade é fornecida com uma cláusula de "até o próximo aviso"; onde experiências desconhecidas são de preferência oferecidas por um período de teste e equipadas com uma tecla de "deletar"; de onde todas as aventuras arriscadas estão banidas, a menos que tenham sido pré-planejadas, listadas num prospecto de férias e cobertas por um seguro de viagem; num mundo, para encurtar a história, onde uma vida feliz tende a ser identificada com ausência de incômodo, desconforto, incerteza e de qualquer necessidade de podar as expectativas ou os compromissos firmes; nesse mundo, maternidade, concepção, nascimento e tudo que se segue (como, por exemplo, um compromisso conjugal dos pais por tempo indeterminado, a perspectiva de uma criança ser amada e cuidada *ad infinitum*, com um preço e um autossacrifício impossível de se calcular de antemão) não são apenas uma fenda estreita no casulo prometido e desejado, mas um grande orifício impossível de fechar, um rombo cuja contingência, o acaso e o destino, tão profundamente ressentidos, podem fluir para o interior da fortaleza que havia sido construída com labor e prodigamente armada, a fim de mantê-los do lado de fora.

Claude Lévi-Strauss ligou de maneira memorável o nascimento da cultura à interdição do incesto. O primeiro ato de cultura, como ele sugeriu, foi a divisão das mulheres entre aquelas com as quais o intercurso sexual é proibido e o resto, com quem ele é permitido. Essa tentativa de impor à natureza uma distinção que ela própria não havia conseguido estabelecer e que não era reconhecível foi, em sua opinião, o ato fundador da cultura. Podemos acrescentar que foi também o ato que estabeleceu o tom e determinou a estratégia seguida por toda a longa história da cultura: uma história preenchida com (ou, mais corretamente, consistindo em) uma perpétua guerra contra irregularidades, aleatoriedades, indeterminações, impossibilidades de definição, ambiguidades – em suma, contra a abominável e profundamente ressentida bagunça do mundo pré-cultural, ou seja, natural. A longa série de batalhas vitoriosas travadas nessa guerra foi registrada sob os nomes de "racionalização", "progresso" e "marcha triunfal da razão". A finalidade dessa guerra era servir de triunfo da ordem sobre o caos, da regularidade sobre a aleatoriedade, do controle sobre a espontaneidade, da previsibilidade sobre o acaso e a frustração.

Distopias modernas em geral expressam as dúvidas com frequência sentidas, embora poucas vezes articuladas, sobre a validade de tais objetivos; tentam espiar para além da linha de chegada – ou melhor, supor um vislumbre do outro lado do desfiladeiro ainda invisível que elas escalam. Os autores de distopias tentaram contruir em suas mentes o que seus companheiros humanos até agora não conseguiram fazer no (e para) seu mundo, o que ainda não podiam ver, cheirar ou tocar: os escritores deixaram sua imaginação atravessar o resto do caminho, o trecho ainda não trilhado da subida. Esses escritores esforçaram-se para antecipar os efeitos imprevistos que se tornariam visíveis a todos uma vez que a passagem da montanha fosse negociada e a última batalha fosse ganha – e eles não gostaram do que viram em sua imaginação.

As distopias eram advertências: se você trilhar a rota que escolheu, e se nada (incluindo suas próprias reconsiderações) lhe ativer, você ficará horrorizado quando se vir num lugar diferente da terra de seus sonhos. Aquilo que lhe fez sofrer e levou-o a caminhar com dificuldade desaparecerá. Mais provável, porém, é que desapareça apenas da lista de suas preocupações, por ser empurrado a cotoveladas para fora dela por novos horrores, não menos aterrorizadores (se é que não mais) que os antigos, ainda que sejam horripilantes de uma maneira diferente e por diferentes razões.

Nossas distopias contemporâneas (incluindo aquela esboçada em linhas gerais em sua pergunta) parecem perscrutar o outro lado da linha de chegada da longa viagem iniciada pela cultura com a proibição do incesto (de modo mais correto, com o nascimento do conceito de "incesto", de um ato prototípico que poderia ser praticado, mas não deve, pois é proibido). Parece que estamos mais próximos daquele "outro lado" agora do que jamais estivemos antes.

Isso ocorre pelo motivo que você enunciou de forma impecável em sua pergunta. Não se trata apenas, como vimos antes, de o sexo ter sido liberado de seu laço com a procriação, mas do fato de que o desenvolvimento de novas tecnologias de "engenharia genética" irá permitir, num futuro bastante próximo, a emancipação da procriação de sua relação com o sexo. O sexo é um dos últimos bastiões das maldições contra as quais a razão luta. E a cultura, uma vez que tomou consciência de si (uma vez que passou, como teria dito Hegel, de um status de *an sich*, em si, para um status de *für sich*, para si), declarou ser sua missão e sua destinação suprema domá-lo ou erradicá-lo: as paixões, os anseios irracionais, a espontaneidade, o jogo aleatório dos incidentes, as rupturas que separam os resultados das intenções, os limites de controle, a previsibilidade obstinadamente inexequível e a incerteza imune à redução – para resumir, a paresia ou a paralisia de normas, regras, e a consequente confusão, aleatoriedade e imprevisibilidade da vida humana.

Enquanto a procriação continuar dependente do sexo, a guerra da cultura contra a natureza não pode ser levada a seu fim vitorioso. Por meio da procriação, toda a sujeira sub-humana, que sob medida (em mais de um sentido!) foi posta no caminho dos homens, irá se infiltrar e contaminar o conjunto da vida humana. Com teimosia se chegará a estabelecer limites intransponíveis para a revisão racional de um mundo irritantemente malconcebido, malprojetado, esse produto imperfeito de uma natureza cega, indiferente que é às preferências, escolhas, aspirações e aos valores humanos.

Na distopia pós-moderna de Houellebecq de que já falei, a "Irmã Suprema" – o equivalente neo-humano do papel desempenhado por são Paulo nas vida dos seres humanos à moda antiga (isto é, à nossa moda) – ensina que as condições de infelicidade (leia-se, de vida: a cortesia daquelas paixões e fobias pós-modernas que promoveram a longa viagem ao pesadelo neo-humano, a vida já tornada indistinguível da busca da felicidade) persistirão, e devem persistir "durante o tempo que as mulheres continuarem a ter filhos". O que ela quer dizer é que haverá um excesso de crianças enquanto as crianças continuarem a ser resultados, subprodutos ou (para expressá-lo no vocabulário da moda) "danos colaterais" da busca feminina de felicidade. Ensina a Irmã Suprema:

> Nenhum problema humano poderia encontrar o menor indício de solução sem uma drástica redução da densidade populacional na Terra. Uma oportunidade histórica, excepcional para o despovoamento racional, havia ocorrido no início do século XXI (e ela passou), tanto na Europa, por meio da queda da taxa de natalidade, quanto na África, graças à epidemia de Aids. A humanidade preferiu desperdiçar essa oportunidade com a adoção de uma política de migração em massa, e assumiu toda a responsabilidade pelas guerras étnicas e religiosas que se seguiram, e que constituíram o prelúdio do Primeiro Decréscimo.[28]

O sexo quase desapareceu da vidas dos clones mais recentes em *A possibilidade de uma ilha*, exceto nas reflexões isoladas de neo-humanos solitários que tentam em vão resgatar as emoções de seus antecessores distantes que, após tantas reencarnações clonadas, eles já não são capazes de experimentar. Para os neo-humanos (nós, os modernos líquidos, no caso de conseguirmos atingir o estado supremo de perfeição), cada qual fechado em sua própria minifortaleza por trás de arames farpados que nos protegem dos selvagens, o sexo é irrelevante. Afinal, ele era um veículo primitivo da indústria familiar para obter a imortalidade – ganhando-se com ele apenas "imortalidade por procuração", por meio de diagramas de linhagem e uma sequência imaginariamente interminável de sucessores.

Aqui, no mundo dos neo-humanos, a imortalidade é atingida de modo direto, pessoal, por assim dizer, para ser consumida em privado e ao bel-prazer do consumidor; aqui ninguém precisa de uma mãe ou de um pai para aparecer no mundo, como se fosse autossuficiente em matéria de durar para sempre. Aqui, no mundo da autoclonagem, todo mundo é sua própria mãe e seu próprio pai empacotados num só, e o mistério envolvido na luta vã dos sucessivos Daniéis é saber em que consistia toda aquela excitação, todo aquele ruído e todo aquele zum-zum-zum de outrora.

Eles tentam em vão resolver esse mistério – assim como Averroe, o herói de um dos notáveis contos de Jorge Luis Borges, "A busca de Averroe", quando procurava entender Aristóteles. O grande escritor argentino disse, sobre as origens dessa história em particular, que ele tentou "narrar o processo de fracasso", de "derrota" – como a de um teólogo que procura a prova definitiva da existência de Deus, um alquimista em busca da pedra filosofal, um aficionado por tecnologia em busca de um moto-perpétuo ou um matemático que tenta encontrar uma solução para a quadratura do círculo. Mas então ele decidiu que seria "mais poético o caso de um homem que se propõe um fim que não é vedado aos outros, mas somente a ele".

Averroe, o grande filósofo muçulmano que se dedicou a traduzir a *Poética* de Aristóteles "encerrado no âmbito do islã, nunca pôde saber o significado das palavras *tragédia* e *comédia*". Averroe parecia, de fato, destinado ao fracasso, pois queria "imaginar o que é um drama sem ter jamais suspeitado o que é um teatro". Averroe tinha de falhar tentando "imaginar o que é uma peça". Da mesma maneira, a distopia de neo-humanos de Houellebecq tinha de falhar quando eles tentassem imaginar o que é sexo. Pelo menos o sexo como nós, os ancestrais de Daniel1, o conhecemos.

Há outros fatores também. Numa ocasião anterior, sugeri que, como resultado da separação entre sexo e procriação, o sexo foi liberado para ser reciclado sob a forma de um "sextretenimento" – apenas mais um entretenimento prazeroso entre muitos a escolher, de acordo com o grau de disponibilidade, a facilidade de acesso e o saldo de ganhos e perdas. Mas, uma vez reduzido a puro e simples entretenimento, por quanto tempo se pode manter a atração sexual e o poder de sedução? A resposta provável é: não por muito tempo.

Por mais completamente limpo que tenha sido do repulsivo espectro de longo prazo, da tributação e dos compromissos impeditivos e outros "fios", o sexo não tem pontuação alta no campeonato de entretenimentos quando os critérios de escolha dos prazeres na sociedade dos consumidores lhe são aplicados (como na maioria das vezes e cada vez mais).

Como é irremediavelmente um evento inter-humano, no qual ambos os parceiros são dotados de subjetividade inalienável, o sexo não chega aos pés da facilidade e da instantaneidade com que outros prazeres de todo reificados e mercantilizados podem ser obtidos – apenas pelo simples ato de oferecer alguma promissória ou digitar uma senha de cartão de crédito. Mesmo quando há segurança contra consequências indesejáveis de longo prazo, o sexo necessita pelo menos de uma negociação rudimentar: o cortejo de um parceiro, a conquista de boas graças aos olhos dele ou dela, ou de uma pitada de simpatia; o despertar, no parceiro em potencial, de um grau de desejo correspondente ao seu próprio desejo. Protegidas ou não, as relações sexuais significam oferecer reféns ao destino. Por mais intensos (e desejáveis, e cobiçados) que sejam os prazeres sexuais, eles devem ser avaliados em comparação às possibilidades bem mais avassaladoras que as da maioria dos outros prazeres.

Admitindo que as mulheres são diferentes dos homens (enquanto piscam um para o outro de maneira cúmplice: "Você sabe o que quero dizer…"), os franceses têm a reputação de proclamar: "*Vive la difference!*" Nas anotações do Daniéis mais recentes, dificilmente você encontrará um exclamação como esta. Mas também não encontrará evidências de que a diferença tenha sido notada, de que haja uma diferença importante a se notar, uma diferença que faça a diferença. Mapeando-se seus pensamentos e suas ações, seria difícil distinguir Daniéis de Isabelles.

Eis então a minha pergunta para você, cara Citlali: este não é, afinal, o horizonte perseguido por muitas feministas – deliberada, involuntária, conscientemente ou não, por escolha ou por serem vítimas de fraude, pelo projeto ou pelo padrão? Elas seriam felizes ao acordarem um dia na distopia de Houellebecq? Isabelle optou por deixá-la bem antes que Daniel embarcasse em sua fuga da insipidez, rumo ao nada.

· Conversa 6 ·

Fundamentalismo secular
versus fundamentalismo religioso
A corrida dos dogmas ou a batalha pelo poder no século XXI

As reflexões de Freud sobre Deus e seu conceito de medo são referências recorrentes em suas publicações. Com base no trabalho dele, parece que você conclui que, tanto na esfera do Estado quanto na da Igreja, o medo é o motor da história – o medo que, em nossa era, desenvolveu características únicas, e que você analisou com brilhantismo ao longo de sua pesquisa. Devemos concluir disso que o Estado, em particular, não passa de uma "máquina de medo"?

Quanto à religião, permita-me avançar com uma questão um tanto impertinentemente pessoal: você se considera uma pessoa religiosa?[1] (Isso faria de você um homem com medo?) Ou você preferiria, talvez, se ver como místico, ateu, agnóstico, gnóstico ou, na verdade, uma pessoa de fé? Se esse for o caso, permita-me, com todo o respeito, perguntar: você leva Deus para sua escrivaninha quando se senta para escrever? Convida-o para sua mesa de jantar? Em nosso conturbado século XXI, nessa nossa década que dolorosamente acaba, você gostaria que Ele fosse levado para a "mesa de negociações"? E, em caso afirmativo, quem estaria na sua lista de convidados, além dele? Convidaria Maquiavel, trazendo de volta o gênio florentino? Talvez o pusesse ao lado de Anthony Charles Lynton Blair, o ex-primeiro-ministro britânico, que poderia ter evitado a guerra no Iraque e não o fez, o homem que, não obstante, pouco depois de deixar seu cargo, proclamou-se líder ecumênico da disseminação inter-religiosa e criou uma "Interfaith Foundation" (Que ousadia!).

Agora, perdoe-me mais algumas ponderações hipotéticas e retóricas. Se Maquiavel estivesse entre seus convidados, ele poderia, talvez, contribuir para a paz em nossa era? Para ele, o inimigo era a Igreja, não a religião. Para o poeta, certo grau de religião era desejável, como nos lembra Ernst Cassirer.[2] Como você mesmo nos lembrou por toda a sua obra, a mentalidade moderna não era necessariamente ateia. "A guerra contra Deus", você escreveu, "a frenética busca por uma prova de que 'Deus não existe', ou que 'morreu', foi levada a limites radicais. O que a mentalidade moderna acabou por fazer, no entanto, foi tornar Deus algo irrelevante para os negócios humanos na Terra".[3]

Mas não seria hora de tornar Deus relevante de novo? Hoje, porém, religião é quase sinônimo de fundamentalismo. Em *Identidade*, você disse: "A ciência moderna surgiu quando se havia construído uma língua permitindo que tudo o que se aprendesse sobre o mundo fosse narrado em termos não teleológicos, ... sem qualquer referência à vontade divina." Então você surge para explicar: "Essa estratégia levou a triunfos espetaculares da ciência e de seu braço tecnológico." Mas esse efeito, você parece lamentar, "também teve consequências de grande alcance, e não necessariamente benignas e benéficas para as modalidades do 'ser humano no mundo'". Para você, a "autoridade do sagrado" e, de modo mais genérico, "nossas preocupações com a eternidade e com valores eternos foram suas primeiras e mais preeminentes vítimas".[4] Devemos, insisto, ler isso como um desejo de trazer Deus de volta?

Quando você diz que a nossa é a primeira era privada das pontes que nos ligam à eternidade,[5] está apenas fazendo uma afirmação sociológica e historiográfica, ou talvez admitindo alguns anseios pessoais? Se este for o caso, como podem Deus, a Igreja e a religião ser libertados de seus sequestradores, os fundamentalistas religiosos e seculares de todo o espectro? Como pode a "tolerância" religiosa tornar-se uma simples questão de respeito?[6]

Fundamentalismo secular *versus* fundamentalismo religioso   169

Se nenhuma das situações acima se aplicar a um plano pessoal, como você encorajaria um diálogo entre crentes simples, moderados e humildes, e os ateus moderados, ou mesmo um diálogo entre evangélicos radicais e moderados, islâmicos, judeus e muitos mais? Ou diria que talvez o conceito de inter-religiosidade, assim como o de multiculturalismo, é afetado por aquilo que você considera a "politização da identidade" – que você parece sugerir ser capaz de desviar a atenção das demandas sociais e históricas mais prementes? Em suma, podem-se levar a sério iniciativas inter-religiosas, como as desenvolvidas pelo ex-primeiro-ministro Tony Blair? O projeto ecumênico dele não passaria de uma tentativa cínica de baixar uma "patente" sobre a fé, algo como uma "Fé de Blair Ltda."? Ou devemos concluir que, dada a promiscuidade do livre mercado, a percepção comum de que tudo está intimamente ligado (a indústria de guerra, a indústria do petróleo e mesmo a indústria de reconstrução) é apenas uma ilusão, uma trágica coincidência? Em outras palavras, devemos dar a Blair o benefício da dúvida, como um ex-premier arrependido que, como todos os seres humanos, comete alguns erros e está sinceramente empenhado no diálogo inter-religioso?

BAUMAN: Este ensaio impressionante, provocativo e encorajador que você modestamente apresenta como mais um grupo de perguntas é composto de muitas partes. Só espero que você não presuma que irei responder a todas as interrogações ostensivas ou implícitas, ou que atarei todos os fios dessa complexa meada.

Permita-me, no entanto, partir da questão mais fácil, uma vez que ela já foi amplamente discutida – a condição dos Estados contemporâneos. O Estado é mais (como você diz) que uma "máquina de medo" – mas não muito. De qualquer forma, não há muitas coisas não relacionadas ao medo e/ou não condicionadas por ele. Se as pessoas não tivessem medo, seria difícil imaginar a necessidade de um Estado. Como elas não podem parar de temer, no entanto, pelo menos num futuro previsível, parece estar assegurado um longo futuro para o Estado enquanto tal, embora não necessariamente para qualquer um dos seus sucessivos avatares e fórmulas políticas mutáveis.

Mais que falar do Estado como uma "máquina do medo", eu preferiria falar dele como uma "indústria de manejo, de processamento e reciclagem de medo". Como já foi insinuado em nossa discussão anterior sobre o poder do Estado (e, mais em geral, sobre o poder político), os Estados como um todo tendem a capitalizar o fornecimento de medo que já foi pré-fabricado e armazenado por outras forças, em essência apolíticas, sem precisar de uma política institucionalizada para tomar parte ativa em sua produção; ou, mais precisamente, por intermédio das agências de política "ativadas pela sua inatividade", "interferindo pela recusa ou negligência em interferir". Com a exceção evidente dos regimes ditatoriais e totalitários, os Estados modernos capitalizaram sobretudo os medos que emanam da insegurança existencial, endêmica e, em suas origens, apolítica – ajudados e incentivados, como são esses medos, por inúmeras incertezas decorrentes da instabilidade, dos caprichos e das extravagâncias inerentes aos mercados de capitais e de trabalho, ambos apolíticos.

Escrevi bastante, em outros momentos (mais recentemente, em *Medo líquido* e *Tempos líquidos*), sobre a incerteza e o ambiente de medo que saturam a vida contemporânea; e sobre como a manutenção de um volume constante de ansiedade e apreensão se transformou num fator importante e indispensável na autorreprodução de instituições políticas e econômicas. Prefiro não me repetir aqui. Permita-me apenas recordar que o estado de incerteza contínua excreta uma volumosa, na verdade insaciável, busca de força – qualquer tipo de força – em que se possa confiar para saber o que as pessoas comuns, atormentadas no dia a dia por uma consciência e uma suspeita de insegurança dignas de um pesadelo, não sabem e não podem saber. Uma força capaz de realizar o que pessoas comuns, amaldiçoadas com a gritante insuficiência de recursos à sua disposição, podem apenas sonhar em fazer. Em suma, uma força fiel e

Fundamentalismo secular *versus* fundamentalismo religioso   171

confiável com que se possa contar para ver o invisível, resolver o insolúvel e abarcar o inabarcável.

Para medir essas expectativas, as forças sonhadas e buscadas, em um sentido, devem ser "sobre-humanas" – ou seja, livres das habituais e incuráveis fraquezas humanas, mas também imunes a críticas e à resistência humanas. Poderia ser um "deus vivo", ou um governante que não pleiteie divindade, mas que reivindique ter sido divinamente ungido para governar e guiar. Poderia ser um líder carismático anunciando uma missão endossada pelos céus e possuidor de uma linha telefônica direta com o Todo-Poderoso, ou que se apresente, a exemplo de Hitler, como um sonâmbulo a seguir o caminho traçado para ele pela Providência. Ou ainda um corpo coletivo, como uma igreja ou um partido, brandindo uma procuração assinada *in blanco* pelo tipo certo de Deus ou por uma História que esteja sempre certa. Sem dúvida há uma escolha entre algumas cruzes e muitas espadas.

Seja qual for o caso, todas as variedades da sonhada força sobre-humanamente dotada carreiam as esperanças de que salvarão os perplexos de sua perplexidade e os impotentes de sua impotência: é a esperança de que elas anularão as assustadoras fraquezas humanas, sofridas de modo individual ou em bloco, por meio da onipotência de uma congregação, uma nação, uma classe ou uma raça escolhida por Deus e a ele temente.

Claro que os organismos religiosos e políticos competem pelo controle dos mesmos recursos e pelo domínio dos mesmos territórios. Como marcas alternativas no mercado, disputam entre si os clientes, invocando o melhor serviço que podem oferecer para satisfazer as mesmas necessidades. Brandir abertamente a natureza coerciva ou violenta da subjugação não é uma opção razoável, e, assim, muitas vezes a aposta dos conquistadores na tibieza ou na covardia dos vencidos fica encoberta.

Além disso, os terríveis poderes das ameaças explícitas se desgastam de forma relativamente rápida. Populações lançadas em condições de servidão mais cedo ou mais tarde encontrarão formas efetivas de resistir à força invasora, por mais esmagadora que seja a superioridade militar dela. Irão tornar a situação dos invasores tão desconfortável que uma retirada rápida fica mais atraente a seus olhos que a continuação de seu sofrimento, agarrando-se à terra invadida, mas não de fato conquistada.

Os organismos religiosos e políticos prefeririam incutir o que Roberto Toscano e Ramin Jahanbegloo, inspirando-se num ensaio de meio milênio, da autoria de Étienne de la Boétie, sugeriam chamar de "servidão voluntária".[7] A suspeita de La Boétie, que Toscano e Jahanbegloo endossaram quase cinco séculos mais tarde, era que, além de ser atribuída a um medo de punição gerada pela coerção, a rendição maciça de parcelas substanciais de liberdade por parte das populações escravizadas precisa ser explicada pela propensão interior humana para voltar-se mais em direção a uma ordem (mesmo que seja uma ordem severamente limitada em termos de liberdade) do que no sentido de uma liberdade que substitui a contingência e a incerteza em relação ao tipo de paz espiritual e conforto que apenas uma rotina apoiada pelo poder (mesmo que se trate de uma rotina opressiva e coercitiva) consegue oferecer.

Como os corpos que buscam o poder político e religioso operam, por assim dizer, no mesmo território, visam à mesma clientela e prometem serviços calculados para satisfazer, no extremo, necessidades similares ou francamente idênticas, não é de admirar que eles tendam a trocar entre si suas técnicas e estratégias, e adotem os métodos e argumentos uns dos outros, apenas com pequenos ajustes: fundamentalistas religiosos tomam emprestada a caixa de ferramentas que se acredita ser de propriedade da política (talvez seja até sua propriedade definidora); os fundamentalismos políticos (e ostensivamente seculares) muitas vezes lançam mão do discurso religioso da confrontação final entre bem e mal – e demonstram uma inclinação monoteísta a fuçar por aí: excomungar e exterminar todo e qualquer sintoma, por menor, mais inócuo e marginal que ele seja, de heresia, de heterodoxia, de mera indiferença ou mesmo de uma dedicação e de uma obediência não apaixonadas à verdadeira (e única) doutrina.

Fundamentalismo secular *versus* fundamentalismo religioso   173

Hoje muito se fala sobre a "politização da religião". Muito pouca atenção é dada, contudo, à tendência paralela de "sacralização da política", algo talvez ainda mais perigoso e muitas vezes muito mais sangrento em suas consequências. Um conflito de interesses que convida à negociação e ao compromisso (o pão de cada dia da política) é então reciclado sob a forma de um confronto final entre o bem e o mal que torna qualquer acordo negociado inconcebível, do qual apenas um dos antagonistas pode sair vivo (o horizonte liminar das religiões monoteístas). As duas tendências, eu diria, são gêmeas siamesas inseparáveis, cada qual voltada sobretudo para projetar na irmã os demônios interiores que partilham.

Então, o que virá a ser o "futuro de uma ilusão", para utilizar uma frase de Sigmund Freud? Estou inclinado a pensar que, seja qual for o futuro daquela "ilusão", ele será longo. Provavelmente tão longo quanto a presença da humanidade. Freud atribuiu "a ilusão" aos traços permanentes e inextirpáveis do instinto humano: grosso modo, dada a "apatia geneticamente determinada e inata dos seres humanos", sua impermeabilidade à "argumentação racional", além do potencial destrutivo dos ímpetos também endêmicos dos homens, a sociedade humana é inconcebível sem a coerção.

Karl Marx associou a origem (temporária) inescapável da "ilusão" à história, e não à genética, e também às condições humanas historicamente desenvolvidas, e não à evolução biológica: a religião era o "ópio" que pretendia manter as massas em estupor para abafar a dissensão e impedi-las de se rebelar. Ela deveria durar tanto quanto, mas não mais que, o tipo de condição humana capaz de dar à luz ao dissenso e incitar à rebelião. Uma vez que os pressupostos que apoiavam os veredictos dos dois grandes pensadores desde seu surgimento (no caso de Freud) ou até agora (no caso de Marx) permaneceram inacessíveis aos testes empíricos, prefiro adiar indefinidamente o retorno do júri ao tribunal.

Estou inclinado a apoiar de forma incondicional a interpretação da religião dada por meu erudito amigo Leszek Kolakowski.

Segundo ele, a religião é a manifestação/declaração da insuficiência humana. Assim como nos solicitam que esperemos pelos já mencionados teoremas de Gödel (segundo o qual: um sistema não pode ser ao mesmo tempo completo e consistente; se ele for compatível com seus próprios princípios, surgem problemas que não pode resolver; e, se tenta resolvê-los, não pode fazer isso sem contradição com seus próprios pressupostos fundadores), a coesão humana cria problemas que não consegue compreender, ou não pode atacar, ou ambos.

Confrontada com esses problemas, a lógica humana corre o risco de falhar e ir a pique. Incapaz de reverter as irracionalidades que detectou no mundo para se ajustar à estrutura resistente da razão humana, ela corta-as do domínio dos assuntos humanos e as transporta para regiões inacessíveis ao pensamento e à ação dos homens. É por isso, aliás, que Kolakowski acerta com tamanha exatidão o alvo quando afirma que os teólogos formados deram à religião mais prejuízo que lucro, ao empreenderem esforços extremos para oferecer uma "comprovação lógica" da existência de Deus. A serviço da lógica, os seres humanos dispõem de pesquisadores e conselheiros devidamente credenciados.

Os homens precisam de Deus por seus milagres, não para seguir as leis da lógica; por sua inescrutabilidade e imprevisibilidade, não por sua transparência e rotina; por sua capacidade de virar o curso dos acontecimentos de cabeça para baixo (e não apenas o desenrolar do futuro, mas também o passado "já consumado", como insistiu Leon Shestov); por sua capacidade de colocar entre parênteses a ordem das coisas, em vez de, subserviente, submeter-se a ela, como os seres humanos são pressionados a fazer e em sua maioria fazem a maior parte do tempo. Em suma, o homem precisa de um Deus onisciente e onipotente para dar conta (e espero que para domar e domesticar) de todas aquelas forças aterradoras, em aparência entorpecidas, surdas e cegas que a compreensão humana e seu poder de ação não podem alcançar.

Creio, em resumo, que o futuro dessa ilusão (em especial) está entrelaçado com o futuro da incerteza humana: incerteza coletiva (relativa à segurança e aos poderes da espécie humana como um todo reunida em, e dependente de, um hábitat composto de homens, feito por homens e gerido por homens e que eles são incapazes de domesticar). Tendo falhado e continuando a sofrer derrotas em seus esforços recorrentes e contínuos para liquidar os dois tipos de incerteza, a humanidade continuará a se voltar para a "ilusão": sua solidão no Universo, a ausência de um tribunal de apelações e de poderes executivos são por demais assustadores para a maioria dos homens suportar. Suponho que Deus morrerá com a humanidade. Não num momento anterior.

Permita-me, enquanto tomo fôlego, especular mais ainda, à margem das questões acima. O celebrado conceito de "choque de civilizações", proposto por Samuel Huntington, faz sentido, ou não? O que quer que se possa pensar acerca das credenciais ultraconservadoras do ex-assessor do Pentágono, ele parece ter conseguido algo extraordinário: colocar a "questão religiosa" firmemente no centro da agenda geopolítica. Embora seja mais exato dizer que ele colocou, ainda que de forma não intencional, um espelho entre o que você chamou de "irmãos siameses".

Em sua opinião, a recessão estaria nos apresentando uma oportunidade de rever nossas atitudes em relação às duas grandes narrativas, as religiosas e as seculares? Talvez seja importante observar que, nos últimos tempos, algumas igrejas têm desempenhado um papel relevante na rejeição dos fundamentos morais do neoliberalismo. Assim, por exemplo, o cristianismo tem sido, em diferentes graus, crítico à globalização, tanto o papa Bento XVI quanto o arcebispo de Cantuária, dr. Rowan Williams, denunciaram em muitas ocasiões o impacto atual do que você tem chamado de "supremacia do individualismo".[8] Mas há um paradoxo: todas as religiões hegemônicas parecem se sentir ameaçadas pelo efeito homogeneizador da globalização, porém elas também parecem se sentir sob a ameaça do efeito desintegrador das narrativas relativistas pós-modernas. Esses dois extremos sem dúvida desafiaram a posição histórica hegemônica dessas forças.

Como a recessão pode nos apresentar uma oportunidade para um verdadeiro diálogo com os representantes dessas (e outras) igrejas? Para reformular a questão, permita-me mencionar mais uma vez o seu trabalho. No debate com Keith Tester, você revela: "Confesso a você que nunca me senti confortável sobre a suposta fronteira entre o religioso e o secular, e certamente nunca acreditei na santidade desse limite."[9] E acrescenta que "a chamada 'secularização' da era moderna não foi muito mais que a designação de um vocabulário ... para narrar a condição humana sem usar a palavra 'Deus'". A palavra poderia faltar, mas a narrativa tem sido sobre a insuficiência humana. Assim, o ponto crucial em questão é: se tudo isso trata da "insuficiência humana", não se torna urgentíssimo um diálogo entre os infames gêmeos Estado e Igreja (e seus herdeiros)?

Permita-me ainda voltar às questões anteriores por outro ângulo. Numa de suas mais recentes publicações, Umberto Eco, um dos maiores gênios literários do século XX e renomado historiador, adverte para a ascensão do obscurantismo religioso e do fundamentalismo, além da disseminação da intolerância religiosa, enquanto expressa respeito pelas práticas religiosas "tradicionais", ligadas aos "costumes".[10] Faz isso com grande erudição e conhecimento. Mas a interpretação do autor de *O nome da rosa*, que captou com extraordinária imaginação e hábil domínio da semiótica o poder simbólico da saga do dogma religioso, talvez resulte num erro comum, supor que o fundamentalismo é uma neurose reservada à religião, e que as instituições mundanas estão de alguma forma imunes a essa condição.

Essa questão, que se divide em três partes nesta e nas próximas conversas, tem como núcleo o que parece ser um legado distintivo da última década: uma corrida dogmática entre o secularismo e a religião. A concorrência entre dogmas está inserida na história humana por todas as civilizações, como você acaba de apontar, mas a rivalidade entre secularismo e religião tornou-se sinistra nos últimos anos, exibindo mais ferocidade e furor do que antes. E pode não ser exa-

Fundamentalismo secular *versus* fundamentalismo religioso 177

gero dizer que essa disputa tem, literalmente, se transformado numa corrida contra o tempo (talvez uma indicação de que, como sugere o título deste livro, estamos vivendo "vidas a crédito").

Sugiro-lhe, então, que o fundamentalismo (secular, bem como o religioso) talvez seja a manifestação violenta dessa corrida desesperada: um efeito, mais que uma causa, no mundo violento de hoje. Além disso, sugiro que a exploração política e corporativa do conhecimento científico e tecnológico pode desempenhar um papel nesse processo, obrigando-nos a fazer perguntas como quem tem domínio da ciência. Assim, Eco adverte sobre os *pactum sceleris* entre os cientistas e a mídia, e exorta os cientistas a "suspeitar daqueles que os tratam como se fossem a fonte da vida".[11] A "frente secular", que explora e abusa do conhecimento científico e da tecnologia em sua batalha para recuperar a hegemonia ideológica sobre um crescente fundamentalismo religioso, nunca pode ser subestimada.

Essas apreensões se justificam quando se interpretam os acontecimentos preocupantes na comunidade religiosa, como o desmantelamento, em 2007, do Observatório de Castelgandolfo, no Vaticano, como sinal de uma retirada da comunidade religiosa do campo do conhecimento científico; ou quando se vê a proliferação de movimentos evangélicos, entre fronteiras, com manifestações bizarras, da natureza mais primitiva e fanática, nos Estados Unidos; ou quando se contemplam, com horror, as atrocidades realizadas por terroristas suicidas fundamentalistas que temerariamente afirmam agir em nome de Deus.

Mas, de alguma maneira "o equilíbrio" está perdido quando se afirma que a patologia do obscurantismo está presente só na religião. Reserva-se apenas para a religião o "diagnóstico" dessa patologia, e depois prescreve-se para ela um tratamento único: "liquidez moral". Com a proliferação de organizações obscurantistas em termos religiosos (certos estudiosos em Oxford assumiram o encargo de preservar a luta histórica contra a Inquisição religiosa, não sem deixar um legado geminado de cruzados e dogmatismos ateístas), a humanidade, nos "tempos líquidos", parece ter sido deixada à mercê do mercado.

Em outras palavras, quando se admite que o fundamentalismo só ocorre nas comunidades religiosas, a doutrina moral delas é julgada, de modo imprudente, ilegítima, patológica e desnecessária. Assim, a questão final é: o declínio dos valores morais é resultado de uma batalha enfraquecedora e devastadora entre aquelas instituições (Igreja e Estado) que você tem apontado como gêmeas?

BAUMAN: Em *A arte da vida*,[12] salientei que, em nossa sociedade de consumidores, com sua suposição tácita de que o cuidado de si, a busca dos próprios interesses e a felicidade são os principais deveres e obrigações de todos os seres humanos (de fato, o propósito da vida), as exigências éticas (entendidas no sentido do "ser para o outro", de Lévinas) precisam se justificar em termos dos benefícios que a obediência a elas possa trazer para o bem-estar e o autodesenvolvimento do obediente.

Os filósofos morais têm se esforçado, e seguem tentando, para construir uma ponte ligando as duas margens do rio da vida: o interesse individual e o bem do outro. Como é seu hábito, os filósofos têm se esforçado para reunir e articular argumentos convincentes capazes – ou pelo menos com a esperança de serem capazes – de resolver a aparente contradição e a controvérsia para além de qualquer dúvida, de uma vez por todas. Alguns filósofos têm se esforçado para demonstrar que a obediência aos mandamentos morais é do "interesse individual" do obediente; que os custos de se seguir uma moral serão recuperados com lucro; que os outros reembolsarão aqueles que são gentis com eles na mesma moeda; que se preocupar com o bem do outro e ser bom para os outros é, em suma, uma parte valiosa, talvez mesmo indispensável, do interesse individual de uma pessoa. Alguns argumentos são mais engenhosos que outros, alguns se sustentam com autoridade, e por isso têm sido mais convincentes. Mas todos têm girado em torno do pressuposto semiempírico, mas ainda não testado empiricamente, de que, "se você for bom para os outros, os outros serão bons para você".

Entretanto, apesar de todos esses esforços, a evidência empírica acabou por se tornar difícil de aparecer – ou, no mínimo, manteve-se ambígua. O pressuposto não combina muito bem com a experiência pessoal de muita gente, que tem achado muitas vezes que são as pessoas egoístas, insensíveis e cínicas que acumulam todos os prêmios; enquanto cada vez mais as pessoas de coração bondoso, dotadas de compaixão e capazes de sacrificar sua tranquilidade e conforto pelo bem dos outros se veem ludibriadas, desprezadas e convertidas em objeto de piedade, ou ainda ridicularizadas por sua credulidade e confiança injustificada (pois não correspondida).

Nunca foi muito difícil reunir provas suficientes para comprovar a suspeita de que a maioria dos ganhos tende a ir para os egoístas, enquanto os preocupados com o bem-estar dos outros são com frequência condenados a contabilizar suas perdas. Reunir essas evidências talvez fique mais fácil a cada dia. Como observa Lawrence Grossberg, "torna-se cada vez mais difícil encontrar espaços em que é possível se preocupar com algo o bastante, ter bastante fé de que aquilo importa, de modo que se crie um compromisso com aquilo e uma dedicação àquilo".[13] Grossberg cunhou a expressão "niilismo irônico". As pessoas que adotam esse tipo de atitude podem, se pressionadas, descrever o raciocínio por trás de seus motivos da seguinte forma:

Sei que tirar vantagem é errado, e sei que estou tirando vantagem, mas essa é a maneira como as coisas são, assim é a realidade. Sabe-se que a vida, e cada escolha, é uma farsa, mas esse conhecimento tornou-se tão universalmente aceito que já não existe qualquer alternativa. Todo mundo sabe que todo mundo tira vantagem, então todo mundo faz isso, e, se eu não fizesse, no final pagaria por ser honesto.

Outras reservas ainda mais fundamentais foram elaboradas contra a hipótese dos filósofos, no entanto. Por exemplo, se você decidir ser bondoso com os outros porque espera uma recompensa por sua bondade, se a desejada recompensa é o motivo de suas boas ações, se "ser amável e bom para os outros" é um resultado do cálculo de seus prováveis ganhos e perdas, então é inevitável perguntar: sua maneira de agir é a manifestação de uma atitude moral ou, em vez disso, apenas outro caso de comportamento egoísta e mercenário? E há uma dúvida ainda mais profunda e verdadeiramente radical: o bem pode ser uma questão de argumentação, persuasão, "debate", "convencimento", decisão sobre "o que é lógico"? A bondade com os outros é resultado de uma decisão racional e pode ser provocada por um apelo à razão? A bondade pode ser ensinada? Os argumentos a favor de respostas positivas e respostas negativas a essas questões têm avançado. Nenhum deles, entretanto, até agora obteve autoridade indiscutível. O júri ainda está deliberando.

A moralidade popular se dilacera entre mensagens diversas e muitas vezes incompatíveis, fluindo de fontes cuja autoridade não é muito mais estável nem muito menos volátil que a alcançada por um CD na lista dos 20 mais vendidos, ou por um programa de TV no rol das atrações de maior audiência, ou, ainda por um livro presente na mais recente lista de best-sellers – ou por qualquer outra mercadoria que esteja no rankings de qualquer coisa. O que a experiência cotidiana reafirma, teimosa, dia sim, dia não, é a surpreendente não obrigatoriedade de quaisquer princípios morais.

Estamos expostos todo dia a um número cada vez maior de provas de corrupção endêmica nas altas esferas (de acordo com recentes matérias de repórteres investigativos do *Guardian*, as grandes empresas tapearam o Tesouro Britânico em muitos bilhões de libras esterlinas, driblando os impostos pelo simples expediente de mudar suas sedes para endereços *off-shore*); a notícias de bilhões de dólares que desaparecem dos recursos públicos em bolsos privados. Enquanto batedores de carteira e pequenos meliantes enchem as prisões superlotadas, os vendedores de alta roda de bens inúteis e aposentadorias fraudulentas, ou os mantenedores de "pirâmides", dificilmente seguem o caminho do ban-

Fundamentalismo secular *versus* fundamentalismo religioso 181

co dos réus – caso o fizessem, haveria advogados, contadores e consultores fiscais em número suficiente para, com o pagamento adequado, livrá-los prontamente dos problemas. As prisões e os tribunais de falência são construídos para as vítimas da ganância deles, de modo que eles próprios possam seguir com o negócio. Como Polly Toynbee escreveu, no rescaldo da recente "crise de crédito" (*Guardian*, 25 out 2008), "depois de terem sido resgatados da catástrofe certa, os banqueiros estão tão cheios da arrogância que sempre tiveram, e o governo está ansioso como sempre para não interferir." Numa reversão atordoante dos ensinamentos dos filósofos morais, toda essa desonestidade parece, em última instância, se apoiar numa aposta segura na decência e honestidade humanas básicas: "Felizmente para o imprudente capitalismo, os pobres estão dispostos a trabalhar duro em empregos essenciais que não pagam um salário decente, por isso eles precisam pedir empréstimos: a maioria deles é honesta e facilmente constrangida por cobradores. Por isso os bancos investem na concessão de empréstimos a eles, uma vez que a maioria move céus e terras para pagar suas dívidas."

Para um ser moral (que provou da maçã da Árvore do Conhecimento do Bem e do Mal e se lembra do sabor), a chocante contradição entre o generalizado senso moral de certo e errado, e o contínuo espetáculo de corrupção moral, cria uma atmosfera de aguda "dissonância cognitiva" (confrontação de duas proposições impossíveis de conciliar) – assim como a contradição entre reivindicações universalistas de uma exigência ética e desagregação e volatilidade das autoridades morais. Como os psicólogos têm mostrado repetidas vezes, a dissonância cognitiva gera uma angústia difícil de se suportar e conviver com ela sem um doloroso rompimento em relação à coesão do ego e os distúrbios comportamentais incapacitadores. A pessoa afligida é levada a cortar o nó – por mais impossível de ser desatado que ele seja, se a contradição causadora de dissonância não tivesse uma natureza aporética.

Há duas principais formas de se cortar o nó: o fundamentalismo e a *adiaforização*,* e considerando o estado de aguda – de fato inflamada – dissonância cognitiva, ambas são suscetíveis à ampla e repetida implantação. Em seu enquadramento, o primeiro caminho ficará em particular associado ao fundamentalismo religioso; o segundo, àquilo que você provavelmente estaria inclinada a chamar de fundamentalismo científico. A via fundamentalista para se escapar da dupla dissonância cognitiva (da postulada universalidade de uma demanda ética *versus* o policentrismo e a polivocalidade da autoridade ética, e a de um sentido moral prevalecente *versus* a evidência experimental de sua violação ubíqua) visa a afastar um código de ética da concorrência com outros sistemas ideacionais; a declarar inválidas as fontes de autoridade invocadas por sistemas alternativos em matéria de moralidade; e a deslocar proscrições e prescrições éticas para o domínio dos conhecimentos revelados, transmitidos por forças além do alcance humano e, em particular, além da capacidade humana de resistência ou reforma. Em suma, a tornar o código moral imune à interferência humana, algo como o "código restrito" de Basil Bernstein levado ao extremo – não apenas dispensando os contra-argumentos já avançados, mas banindo a priori a própria admissibilidade da argumentação, e

---

* Bauman cunhou o termo *adiaphoresization* numa conferência, em 1990, e, um ano depois, no artigo "The social manipulation of morality: Moralizing actors, adiaphorizing action", publicado na revista *Theory, Culture and Society*. Ele o tomou emprestado e adaptou de uma longa tradição filosófica. A palavra tem origem no estoicismo e no cinismo, movimentos filosóficos que floresceram na Grécia por volta de 330 a.C. e avançaram pelo período romano. Em grego, *adiaphoron* é o plural de *adiaphora*, que significa "coisas indiferentes" ou "coisas neutras", ou seja, as circunstâncias da vida que não possuem valor moral intrínseco, podendo estar ligadas tanto ao vício quanto à virtude. A teologia medieval consagrou o conceito ligando-o a uma "neutralidade moral" de coisas e ações, consideradas externas à regra moral. Em Bauman, o conceito diz respeito a ações praticadas por atores no plano das instituições modernas: elas foram, segundo dele, "*adiaforizadas*", isto é, "neutralizadas moralmente", consideradas "nem boas nem más, mensuráveis apenas por critérios técnicos (orientados segundo fins ou procedimentos), mas não por valores morais". (N.T.)

Fundamentalismo secular *versus* fundamentalismo religioso 183

negando toda necessidade de justificação além da vontade (impenetrável, inespeculável, para além da compreensão humana) do legislador. Na religião, esses efeitos tendem a ser buscados e obtidos pelo deslocamento das fontes e sanções de autoridade para além da esfera da experiência humana. Por exemplo, a voz de uma sarça ardente ouvida apenas por Moisés no Monte Sinai; o Paraíso e o Inferno, para serem vistos apenas pelos mortos; ou o Juízo Final, a ser vivido apenas na segunda vinda de Cristo, ou seja, no fim da história na Terra.

Em teoria, o fundamentalismo apela para a fé, a inquestionável, firme e inabalável fé, a fé dogmática. Na prática social, o fundamentalismo baseia-se na densidade dos laços e na frequência das interações no interior das comunidades – em contraste com a parcimônia das ligações externas e a reduzida comunicação com o mundo exterior às fronteiras comunais: trata-se de trancar as portas e bloquear as janelas. Ele também conta com uma tentativa de se abraçar e incorporar a totalidade das funções da vida e a servir à totalidade das necessidades da vida. Em teoria, o fundamentalismo requer isolamento em relação ao mercado de ideias; na prática, a separação do mercado de interações humanas.

Ainda resta saber, no entanto, como essas exigências podem ser cumpridas na era da World Wide Web, da internet e dos minicomputadores – com todas essas novidades técnicas já intensamente implementadas na formação (permita-me usar este termo paradoxal, por falta de um melhor) de "fundamentalismos virtuais". Será que as novas mídias mais uma vez se comprovarão como mensagens, e rejeitarão os propósitos estranhos às mensagens que são?

· Conversa 7 ·

A escrita do DNA

Uma nova gramatologia para uma nova economia.
Dos *homines mortales* aos "pós-humanos"
FVM no advento da genetocracia

Permita agora que eu me mova para a segunda parte dessa questão crucial, voltando aos diferentes tipos de dogmatismos.[1] Um caso a ser levantado é o que eu gostaria de chamar de o advento da genetocracia. As emergentes indústrias de biotecnologia,[2] que incluem a indústria do genoma, brotada num dos lugares mais impensáveis ... Foi um veterano da Guerra do Vietnã quem recebeu o crédito pelos conhecimentos mais avançados em relação ao genoma e se tornou ainda mais popular do que James Watson.[3] Considerado pela *Times* como um dos homens mais influentes do mundo, Craig Venter assumiu, na última década do século XX, o papel de avançar ainda mais na decifração do código genético, ou genoma, e sua posição atual em algumas das empresas mais poderosas do mundo é intrigante, para se dizer o mínimo.

De seu lugar na já mencionada corrida de dogmas, Venter tentou "revolucionar o conceito de humanidade" e criar "um novo sistema de valores para a vida", como disse ao *Guardian* em 2007.[4] A abordagem de Venter leva a que se faça uma pergunta: a eugenia permanece uma ameaça, ou ela se tornou uma ameaça ainda maior do que jamais foi.[5] Tudo isso levando-se em conta, como questão emblemática, a controvérsia sobre o chamado Projeto Genográfico e a sua rejeição por parte de diversas organizações indígenas de todo

A escrita do DNA 185

o mundo, incluindo o Fórum Permanente das Nações Unidas sobre Questões Indígenas.[6] Agora permita-me uma derivação maior e deliberada: depois da antiga abordagem colonial do *omni dominium*, que resultou na noção moderna de geopolítica e soberania, abordada por você na primeira parte deste livro, segundo a qual o *"dominium"* inicialmente se restringiu (caso originado de fonte divina) ao globo terrestre, um novo processo parece ter se iniciado nos tempos atuais. Nas últimas décadas, esse processo tem produzido novas formas de "mapeamento": a nova cartografia, por assim dizer, da nossa época – o mapeamento do DNA, o mapeamento do genoma e até o mapeamento da matéria escura e dos buracos negros, para citar os mais significativos.

Perdoe-me agora uma "metáfora trabalho" ampliada: pode-se sugerir que, na última década, temos testemunhado a conclusão de um novo tipo de gramatologia, no sentido derridiano, uma nova gramatologia – para se manter em sintonia com a metáfora – que parece estar a serviço do objetivo de apoiar novos dogmas. Tento sugerir que os magníficos desenvolvimentos no que diz respeito à escrita do DNA parecem ter oferecido bases para novos *dictums*, novas leis, sem as quais a trans-humanidade (a nova *humanitatem ... renunciare* do cânone secular?) não pode ser concebida. O fundamentalismo secular parece estar em condições de alimentar-se do "texto canônico" *in-scrito*, por assim dizer, no DNA, sem deixar muito espaço para discordância ou refutação. Essa especulação não deve ser mal-interpretada: os formidáveis progressos científicos e o que eles podem representar (e sua validade científica) não estão em questão. O debate aqui diz respeito à falta de gestão em determinadas áreas de investigação científica, seu potencial de extrapolação para os poderes políticos e do mercado, a "biopirataria"[7] e os propósitos dogmáticos.

Tudo isso sugere que os seres humanos, no alvorecer deste século, parecem manter-se "presos" entre instituições seculares que muitas vezes roubam (e geram) conhecimento científico com um projeto político e econômico, e instituições eclesiásticas que parecem se manter aferradas a antigos privilégios inquisitoriais. Podemos, em suma, escapar da batalha pela dominação dogmática? Existe uma saída?

A crise financeira global seria uma oportunidade para repensar nossa relação com a ciência e com a religião,[8] e, afinal, para pensar a relação entre elas?[9] Ou, mais importante ainda, será uma oportunidade para os líderes das antigas comunidades repensarem seus papéis e suas responsabilidades com a humanidade? Como o bem comum pode ser alcançado numa era em que moral, religião, política e ciência deram lugar à fé no mercado?

BAUMAN: Craig Venter é certamente um dos maiores (o maior?) dentre os incansáveis guerreiros do exército de *genomistas*. Sua ambição de remodelar tudo em outras coisas cresce com a inserção de cada um dos sucessivos cromossomas em qualquer célula e a eliminação de qualquer cromossoma seguinte que a inserção tenha tornado redundante. Oferecendo seu "guia para o futuro", assim como alguns cientistas de primeira linha (*ver* o *Guardian*, de 1º de janeiro de 2009), ele afirma que chegou a hora de "converter bilhões de anos (ou seja, 3,5 bilhões de anos de evolução) em décadas e transformar não apenas conceitualmente o modo como vemos a vida, mas a própria vida".

O filósofo Dan Dennett soa ainda mais inebriado por perspectivas atordoantes: "Quando você não precisar mais comer para sobreviver, nem procriar para ter descendência, ou se locomover para ter uma vida cheia de aventuras; quando os instintos residuais para essas atividades puderem ser simplesmente desligados por ajustes genéticos – talvez aí nada mais haja de constante na natureza humana."

O psicólogo Steven Pinker celebra o advento de uma nova e talvez da suprema libertação "do homem e do consumidor" (que, obviamente, veio para substituir "*l'homme et citoyen*", o homem e cidadão, da Revolução Francesa): "O ano passado [2008] testemunhou a introdução da genômica diretamente ao consumidor." Em tese, agora você será capaz de selecionar a si mesmo na prateleira de uma loja, assim como aprendeu a selecionar as marcas de barras de chocolate, os acessórios de moda e, mais recentemente (se o dinheiro em seu bolso for o suficiente), também os seus filhos. Como (se quisermos acreditar em Venter) "nenhuma constante permanecerá de pé", você será capaz, também, se estiver entediado consigo mesmo, de despejar-se na lata de lixo mais próxima e comprar outro eu, mais na moda, e por isso mais atraente e menos tedioso.

A genômica e a engenharia genética podem ser vistas como o maior sonho do *homo consumens*, como o rompimendo da última fronteira no percurso do consumidor moderno, o derradeiro estágio de uma longa e tortuosa luta que chega ao final vitoriosa, para expandir a liberdade dos consumidores, a luta para sua coroação. Engenheirizar os assuntos humanos não é invenção dos genomistas. O desejo de intervir sobre os eus humanos (na verdade, de criar um "novo homem") tem acompanhado o estilo moderno de vida desde o princípio. Somando mais de um século de esforços dispersos, embora insistentes, para projetar um cenário mais amistoso para o ser humano, mais próximo dos potenciais humanos e adaptado à vida humana digna, Karl Mannheim concluiu, em 1929, que o planejamento "é a reconstrução de uma sociedade historicamente desenvolvida, regulada de forma cada vez mais perfeita pela humanidade a partir de certa posição central".

Na crença do homem moderno, como sugeriu Karl Popper, em 1945, a engenharia social é aquela que, "de acordo com os nossos objetivos, pode influenciar a história do homem assim como mudamos a face da Terra". (Escrita em 1945, essa comparação entre mudar a história humana e mudar a natureza obviamente soou menos portentosa e deu menos frio na espinha do que agora, ainda que Popper fosse enfática e amargamente entusiástico em relação à forma como a engenharia social era conduzida em sua época.)

Com o benefício da retrospectiva, podemos resumir a longa série de experimentos modernos de engenharia social da seguinte maneira: as únicas amostras consistentes e efetivas também foram as mais desumanas, cruéis, atrozes e escandalosas, com os nazistas e os comunistas ocupando as primeiras posições, seguidos de perto pelos mais recentes (atuais!) exercícios de limpeza étnica. Como já mencionei, tratar a humanidade como um jardim que clama por mais beleza e harmonia converte inevitavelmente alguns seres humanos em ervas daninhas. Mais do que qualquer outra coisa, a engenharia social tem se destacado no extermínio de ervas daninhas humanas.

Nada, ainda, nesse abominável registro parece desacreditar a engenharia social o suficiente para eliminá-la de uma vez por todas da arena dos sonhos humanos legítimos. Poucos anos atrás, a fama do "fim da história", de Francis Fukuyama, sugeriu que as tentativas feitas no século passado para criar uma "nova e melhorada" raça humana não foram malsucedidas por serem doentiamente geradas e destinadas a hesitar, mas porque os meios adequados para efetivá-las ainda não estavam disponíveis: educação, propaganda, lavagem cerebral eram técnicas de reciclagem de seres humanos primitivas, semiprontas, dignas de uma indústria familiar – ou seja, não estavam à altura da grandiosidade da tarefa. Fukuyama se apressou em consolar seus leitores dizendo que agora, afinal, os meios adequados se tornam disponíveis – e podemos trazer de volta à agenda a criação de uma nova raça humana, desta vez com garantia de sucesso.

A pretensão de Fukuyama à herança de uma tradição essencialmente sólida, ainda que imperfeita, era injustificada: a variável crucial para seu conceito de "novo homem" foi afinal alterada de modo radical. Aquilo sobre o que Fukuyama escreveu era um projeto diferente de engenharia social, que, em sua intenção, embora não em sua prática, consistia no desenho de um hábitat mais hospitaleiro à vontade tão humana de autoaperfeiçoamento e autoafirmação. A engenharia social deveria ser uma operação levada a cabo na sociedade humana, e não em seus integrantes, individualmente (embora a primeira se resuma, na prática, ao que foi tentado nos segundos).

Em sintonia com os tempos modernos líquidos, Fukuyama seguia os passos de Peter Drucker, ao não esperar que a salvação viesse da sociedade. Para o pensador americano, as expectativas de

A escrita do DNA 189

"salvação" são investidas (para citar Pinker mais uma vez) "num número de novas empresas lançadas" e em seus clientes, os "consumidores médicos". Agora você terá de comprar para si o gene de sua escolha, que o fará (sem a detestável necessidade do "suor de seu corpo" ou das "dores do parto"!) apreciar o tipo de felicidade que escolher. Qualquer coisa que reste do velho sonho humano de uma sociedade em que se possa estar à vontade e de que se possa desfrutar, isso foi reciclado sob a forma de outra vasta terra "virgem" para a exploração capitalista. Desta vez, a terra virgem recém-descoberta/fabricada parece ser algo infinitamente vasto, uma vez que não há "limites naturais" para sua expansão. Não há nível predeterminado ao qual os sonhos e desejos de sucessivas gerações de seres humanos não possam ser elevados quando se trata de retocar seus próprios corpos e sua aparência – e a fronteira entre o "saudável" e "patológico" já foi quase lançada água abaixo.

Consideremos um exemplo improvisado. Você sabe o que significa "hipotricose dos cílios"? A maioria das mulheres vive feliz sem saber a resposta. Não por muito tempo, contudo.

Não é novidade que o corpo humano, na maioria dos casos, está longe da perfeição e precisa ser retocado e sofrer interferências a fim de elevá-lo ou forçá-lo até os padrões desejados. A cosmética é uma das artes mais antigas, e o fornecimento de substâncias, ferramentas e meios para a prática dessa arte é uma das indústrias mais remotas. Por uma interessante coincidência, porém, o embelezamento do corpo também se tornou uma dessas preocupações humanas em que o surgimento do remédio em geral precede a consciência do defeito a ser remediado. Primeiro veio a boa notícia: "Pode ser feito." Depois, veio o mandamento: "Você deve fazer!" E, então, a ameaça de consequências aterrorizantes para aqueles que chegassem a optar por ignorar o mandamento. A consciência de que, ao aplicar o remédio disponível, você se livraria de um abominável defeito começa a lhe ocorrer à medida que você passa a se esforçar para cumprir o mandamento. Isso veio com o medo de que não lutar com bravura suficiente poderia lhe trazer vergonha, pelo desmascaramento de sua imperdoável incompetência, inépcia ou preguiça.

O caso de hipotricose ciliar é apenas mais uma reencenação do drama antigo, mas constantemente repetido. Pestanas curtas demais e ralas não são algo apreciado por uma mulher (para falar a verdade, todos os cílios são curtos e ralos demais, não importa quão longos e densos sejam, porque sempre poderiam ser mais longos e mais espessos, e seria bonito se fossem, ou não?). Mas poucas mulheres fariam dessa deficiência uma tragédia. Menos ainda considerariam isso uma doença, nem uma condição que demandasse uma terapia radical, como o câncer de mama ou a infertilidade. É possível viver com poucos cílios, sofrimento facilmente mitigado ou encoberto por algumas camadas de rímel.

Mas não é bem assim. Pelo menos desde que a poderosa empresa farmacêutica Allergan (a mesma que abençoou as mulheres tementes a rugas com o Botox) anunciou que os cílios fracos e finos haviam sido diagnosticados como sintomas de uma condição que exige intervenção médica. Felizmente, uma cura eficaz fora descoberta e disponibilizada sob a forma de uma loção chamada Latisse. Essa loção faria as pestanas até então ausentes brotarem, e até os cílios mais imperceptíveis crescerem e ficarem mais visíveis. Isso, porém, com a condição de que a Latisse fosse usada regularmente, dia após dia – para sempre. Se você interrompesse o que deveria ser uma terapia contínua, seus cílios retornariam à abominável condição prévia (e agora vergonhosa, considerando que você pode impedir isso, mas não conseguiu!).

Catherine Bennett, do *Guardian*, observa que muitos médicos pensam e sentem que "as mulheres num estado não aperfeiçoado oferecem inúmeras possibilidades de aprimoramento" (e, permita-me acrescentar, de contínuos lucros para médicos e farmacêuticos). Na verdade, nos últimos anos, a cirurgia estética tem sido uma das indústrias de mais rápido crescimento (se a cirurgia plástica, muitas vezes confundida com sua prima "estética", é uma especialidade dedicada à correção cirúrgica de defeitos de forma ou de função, a cirurgia estética é projetada para melhorias estritamente cosméticas: a aparência do corpo, não o corpo em si, e sem dúvida não a sua saúde ou a boa forma). Em 2006, 11 milhões de cirurgias estéticas foram realizadas apenas nos Estados Unidos. Um anúncio típico de clínica de cirurgia plástica, agora uma enorme e altamente lucrativa indústria, acena com as tentações a que poucas mulheres preocupadas com sua aparência poderiam resistir (se é que alguma pode):

Se você sentir que seus seios são muito pequenos e exigem um *aumento*, ou se você quiser redescobrir o corpo que tinha antes de dar à luz os seus filhos, com uma lipoaspiração ou abdominoplastia, podemos ajudá-la a encontrar o procedimento adequado para você. Os efeitos do envelhecimento podem ser revertidos, e os traços que lhe incomodaram durante anos podem ser remodelados, conquistando-se um novo físico que não poderia ser alcançado com exercícios nem uma dieta saudável.

As tentações são muitas, a rede se espalha vastamente, há uma resposta para cada preocupação, de modo que quase toda mulher pode encontrar pelo menos um desejo que ela sinta ter se dirigido pessoalmente à sua autoestima e a seu orgulho, apontando um dedo acusador para ela e censurando-a por adotar uma abordagem morna demais em relação a seus deveres. Apenas para o rosto, as clínicas sugerem lifting facial, implantes de bochecha e de queixo, cirurgia de nariz, correção de orelha, remoção de olheiras. E se a face parece estar OK, algo pode ser feito para a mama, como o aumento, a redução, a elevação e a correção do mamilo. Ou para o corpo: lipoaspiração, abdominoplastia, próteses de glúteos, implantes de panturrilha, lifting de braço e de coxa, vaginoplastia ou "ginecomastia". A resposta maciça a esses comerciais (e à pressão moral que despertam!) é quase garantida. Poucos meses antes da recente "crise de crédito", em abril de 2008, William Saletan, da NBC, emissora americana de TV, chamou a atenção para o fato de que os procedimentos estéticos tinham se tornado tão seguros e lucrativos que:

Pessoas que teriam dedicado sua carreira à medicina se voltaram para o trabalho cosmético. Dependendo de como você conta, numa base anual, a indústria da cirurgia estética – subconjunto do "setor de saúde de luxo" e mãe do "mercado de estética facial" – vale atualmente de US$12 bilhões a US$20 bilhões por ano. Duas semanas atrás, o *New York Times* relatou que, no ano passado, entre os 18 campos de especialidade médica, os três que atraíram os formandos com as maiores notas nas escolas de medicina foram os voltados para a estética.

Desse modo, a história segue se repetindo: um corpo feminino "não aprimorado" foi descoberto como uma genuína e até agora não cultivada ("não aprimorada" e, portanto, sem produzir lucros) "terra virgem", um campo de pousio, e por isso mais fértil que outros, já esgotados, prometendo retornos muito mais valiosos. Essas terras clamam por um jardineiro inteligente, habilidoso e criativo, a quem se garanta, pelo menos nos primeiros anos de exploração, lucro fácil e abundante (embora, de acordo com a lei econômica da tendência à diminuição da taxa de lucros, esse ganho irá encolher, e os investimentos irão inchar). Nenhum centímetro quadrado do corpo de uma mulher deve ser visto como algo inatingível para os aperfeiçoamentos. A vida é insegura, a vida de uma mulher não menos, se é que não mais, que a de um homem, e a insegurança é um capital potencial que nunca seria deixado ocioso por qualquer empresário digno desse nome. Se nenhuma quantidade de Latisse ou Botox, por mais que sejam aplicados com regularidade, consegue afugentar a insegurança, os produtos similares do Allergan prometem constantes e crescentes lucros; e as mulheres podem ter certeza de que uma longa série daquilo que elas acreditavam ser um inconveniente menor na verdade representa uma grande ameaça contra a qual devem lutar com unhas e dentes (com a ajuda do tipo certo de loção ou cirurgia, claro). Como tantos outros aspectos da vida humana, em nosso tipo de sociedade, a criação de um "novo homem" (ou mulher) foi desregulamentada, individualizada e subsidiada para os indivíduos considerados, de maneira contraditória, os únicos legisladores, executores e juízes permitidos no seu plano individual de "política de vida". É no interior da política de vida, individualmente executada, que a reconstrução do eu – por meio da destruição e reposição das "constantes" ostensivas de natureza individual, uma após a outra – já se tornou o passatempo favorito, impulsionado inoportuna e indiscretamente pelos mercados consumidores, e mais elogiados e recomendados por seus onipresentes órgãos de propaganda. O impasse, contudo, é que se refazer, jogando fora a identidade descartável e construindo uma substituta, ou o ato de "nascer de novo", permanece até hoje, em geral, um trabalho de FVM, "faça você mesmo", consumindo tempo e energia (a Latisse precisa ser friccionada dia sim, dia não!), muitas vezes custando muito suor e trabalho, e sempre cheio de riscos. Na maioria do tempo, é um trabalho que, mais cedo ou mais tarde, tende a se transformar em tédio.

A principal mensagem dos mercados consumidores, plena e verdadeiramente sua metamensagem (a mensagem que sustenta e confere significado a todas as outras mensagens), é a indignidade de todo e qualquer desconforto e inconveniente. Uma postergação da recompensa, a complexidade de uma tarefa que transcende as habilidades, as ferramentas e/ou recursos já possuídos por seus executores, e uma combinação dos dois (a necessidade de se envolver numa formação e num trabalho de longo prazo para tornar viável a gratificação do desejo) são condenadas a priori como injustificadas e injustificáveis, e sobretudo inúteis e evitáveis. É do mergulho nessa mensagem e da absorção dela que os mercados consumidores extraem a maioria de seus poderes de sedução.

A multifacetada arte da vida poderia – e assim a mensagem segue – ser reduzida apenas a uma técnica: a das compras sábias e diligentes. Todas as mercadorias e serviços à disposição dão ênfase, em última instância, à manutenção da prática da arte da vida livre de todas as coisas e atos incômodos, embaraçosos, demorados, inconvenientes, desconfortáveis, dominados pelo risco e incerteza do sucesso. O que se procura é o pouco esforço e um atalho para a satisfação do desejo, e isso se espera encontrar nas prateleiras de lojas e nos catálogos comerciais.

Se o esforço vitalício de construção e reconstrução de identidade é hoje uma tarefa e uma promessa de aborrecimento, por que não substituir esse esforço tão complicado e exigente em relação às habilidades pelo simples clique instantâneo, pouco exigente e indolor, da compra de um gene? Como há pouco tempo Guy Browning, um dos mais espirituosos colunistas do *Guardian*, com sua fina ironia, resumiu a recepção popular da façanha dos especialistas no genoma: "Em breve você será capaz de conferir seu próprio DNA no iPod e baixar outras pessoas, em vez de passar por aquele negócio tedioso e confuso da procriação."

Apesar de "naturais", mas suprimidos, induzidos ou artisticamente interpretados, os desejos são, para os mercados consumidores, o que as terras virgens representam para os agricultores: um ímã, uma promessa de expansão rápida e profusa de riquezas novas e comparativamente mais fáceis de se obter. Esta é, aliás, uma prática normal para as indústrias médica e farmacêutica: uma vez reclassificadas como patológicas, as condições humanas antes não comercializadas (e portanto não lucrativas) transformam-se em territórios de exploração potencial (ou seja, mais rentáveis). As ocasiões para tal reclassificação brotam onde quer que os departamentos de Pesquisa & Desenvolvimento deparem com uma nova engenhoca ou com compostos capazes de dar respostas a perguntas até então não formuladas, numa sequência de eventos em conformidade com a regra: "Eis a resposta... Qual é a pergunta?"

A promessa das operadoras de cartões de crédito, "subtrair o esperar do querer", abriu vastas extensões de novas terras virgens que, durante duas ou três décadas – até serem esgotadas –, mantiveram a economia do consumidor fabulosamente rentável, e as engrenagens do crescimento econômico (medido pela quantidade de dinheiro que troca de mãos) bem-lubrificadas. "Assumir os riscos e o esforço de autocriação", graças ao rápido desenvolvimento da indústria de "engenharia genética", pode muito bem abrir novas extensões de terras virgens para fazer o mesmo nas próximas décadas.

Fazer-se à medida de seus sonhos, fazer-se segundo sua própria ordem: é isso, afinal, o que você sempre quis; só faltavam os meios de tornar seus sonhos realidade. Agora os meios estão ao seu alcance. Agora, de novo, você pode subtrair o esperar (e o trabalho, e o tédio) do querer – desta vez atingindo a fronteira final de todos os ímpetos de controle: o controle de seu próprio ser. Como Craig Venter sedutoramente expressou: "Ao inserir um novo cromossoma numa célula e ao eliminar o cromossoma ali existente", você pode jogar fora e esquecer "todas as características do original" e substituí-las por outras em tudo diferentes – e, desta vez, total e verdadeiramente a seu gosto.

O palco desse drama particular é moderno em todos os sentidos. A modernidade, permita-me repetir, se refere a como ajustar o "é" do mundo ao "deveria" feito pelo homem. Agora, como em sua fase inicial, a modernidade investiu esperanças de fazê-lo na espécie humana: nós, a espécie humana, poremos em formação nossa sabedoria coletiva para atingir coletivamente o domínio sobre o destino. Na fase inicial, o príncipe herdeiro e os mandatários do povo, com seu poder de coerção institucionalizada no Estado, representavam a "espécie humana", capazes de realizar do ponto de vista coletivo o que os seres humanos como indivíduos continuam tentando fazer com pouca perspectiva de sucesso. Na fase atual da sociedade individualizada de consumidores, é o mercado consumidor, com poderes de sedução, que representa a "espécie humana", escorregando para o lugar deixado vago pelo Estado ou pela "Grande Sociedade".

Pascal com frequência é citado em seu trabalho. Uma das passagens mais notáveis dos *Pensamentos* de Pascal é maravilhosamente mencionada para ilustrar alguns dos problemas filosóficos e epistemológicos com que nos deparamos quando se discutem o Universo e Deus. Baseando-se numa célebre citação do matemático e teólogo francês, você concorda, num de seus textos, que "o Universo escapa a toda compreensão". Mas depois você passou a indicar algo que certo professor de Oxford talvez possa não ver de modo favorável – na verdade, isso poderia enfurecer sua sensibilidade dogmática. "O big bang não parece mais compreensível que a criação em seis dias."[10]

Bem, isso foi dito por você em 2004. Quatro anos depois, em setembro de 2008, cientistas reunidos em Genebra lançaram um experimento para recriar as condições do Universo instantes depois do big bang. O Grande Colisor de Hádrons (LHC, na sigla em inglês para Large Hadrons Collider), dispositivo de £3,6 bilhões, tornou-se a experiência pela qual se poderia testar uma "teoria de tudo". O experimento[11] também dizia respeito, se o entendi corretamente, à busca de unificar a pedra angular da física moderna, as teorias quântica e da gravidade, à medida que envolve a identificação e o mapeamento da matéria escura e a procura de buracos negros.

Na sequência desses notáveis desenvolvimentos, acho convincente invocar Richard P. Feynman: "Não há ninguém inspirado por nossa imagem atual do Universo?"[12] (Posso ser perdoada por um desvio indulgente: os buracos negros evocam objetos de desejo, contas de um colar de pérolas brancas; conceitos que só podem ser compreendidos nos seguros limites de um poema, ou em ousadas incursões da dança de um pincel sobre uma tela branca.) Pois minha pergunta é: você mudou sua opinião sobre o assunto desde os últimos acontecimentos, ou as experiências mais recentes em Genebra (não por acaso completadas graças a uma "falha elétrica", ou teria sido o vazamento de toneladas de hélio líquido?)*, o persuadiram de que, afinal, tudo é

---

* O LHC conseguiu finalmente realizar a experiência em 30 de março de 2009, acelerando dois prótons a uma velocidade próxima à da luz e fazendo-os colidir. Isso produziu, segundo os cientistas, um "big bang em miniatura", ou a primeira reprodução em laboratório da explosão que teria dado origem ao Universo. O evento, considerado histórico, revelou dados que devem ser analisados pelos cientistas em busca, entre outros resultados, da comprovação da existência do bóson de Higgs, a chamada "partícula de Deus". (N.T.)

A escrita do DNA 197

(ou está prestes a se tornar) compreensível? Convencido ou não pela grandeza desses experimentos, você tem alguma preocupação com a maneira com que eles são discursivamente construídos no exterior da comunidade científica?

Com esses experimentos, sem dúvida magníficos (e com essa evolução tão esplêndida no campo da pesquisa do DNA e da engenharia genética que já mencionamos), estamos coroando uma nova era de grandes narrativas científicas. Pois estas poderiam exacerbar a corrida dogmática que mencionamos antes? Fascinantes e cientificamente reveladoras como são essas experiências (em tese com grande potencial para a tecnologia, e na realidade uma melhoria do atual corpo de conhecimentos da física), suas grandes narrativas podem ser exploradas para extrapolar a autoridade moral da ciência no controle político? Se a concepção de origem do Universo apresentada antes for afinal aceita (com a "teoria de tudo"), os "tempos líquidos" poderiam estar entrando em sua fase final e decisiva? Em outras palavras, a moralidade líquida poderia se tornar "cientificamente justificada"? As instituições científicas e os cientistas, outrora associados a heróis que desafiaram o monopólio da verdade que a Igreja católica tão possessivamente guardava no limiar da modernidade, parecem estar envolvidos na construção de mais um monopólio epistemológico.

Você está preocupado com o uso que essas experiências extraordinárias e sem precedentes, consolidando um corpo de conhecimentos existente, poderia ter para condicionar o progresso em outras áreas do conhecimento? Você teria a preocupação de que, com base na autoridade e na legitimidade, por exemplo, a nanotecnologia[13] (ou qualquer outro produto associado à "teoria de tudo") poderia se tornar cada vez mais dominante na formulação de políticas, do poder corporativo etc.?[14] Deveríamos, em suma, estar preocupados com as formas segundo as quais o conhecimento científico pode ser politicamente extrapolado e explorado para fins de dominação? (Obviamente, há metáforas convenientes e alternativas: "a partícula de Deus", para aqueles com aspirações religiosas e espirituais?)

Em resumo, a grandiloquência da "teoria de tudo" (como a grandiloquência da genética e das construções biotecnológicas) poderia ser extrapolada e explorada para completar o corpo disfuncional de nossas sociedades com a "mão invisível do mercado", um cérebro invisível do (cada vez mais ausente) Estado (com os olhos mui convenientemente invisíveis do Big Brother), tudo a fim de justificar qualquer coisa, das políticas sociais até o marketing (por que eles não podem todos nos deixar em paz?).

Permita-me agora passar a um contexto mais amplo, mas também relevante: o chamado "caso Alan Sokal", a disputa em torno do pós-modernismo e do conhecimento científico entre Sokal (cientista da Universidade de Nova York) e alguns cientistas sociais.[16] E a questão agora é se todo esse debate tem algum papel com sua decisão de abandonar o conceito de pós-modernidade em seu trabalho, como fez antes? E, concluindo: é possível separar as instituições científicas das estruturas de poder externas à comunidade científica? Podemos abordar a ciência ignorando suas ligações com o mundo corporativo? Será que eles desenvolveram uma relação simbiótica? Teria chegado a hora de escrever sobre a "ciência líquida"?

BAUMAN: O termo "teoria de tudo", cunhado (com uma intenção satírica e sarcástica) pelo grande escritor polonês de ficção científica Stanislaw Lem, ele próprio cosmólogo e astrônomo de deslumbrante erudição, foi utilizado em 1986 pelo físico John Ellis para denotar pela primeira vez um postulado que preenchia o hiato entre a mecânica quântica – dando conta rudemente da física de objetos num dado número de dimensões humanas – e a relatividade geral – usada com sucesso para explicar fenômenos no plano de galáxias, estrelas, buracos negros etc. Se eu, admirador leigo, mas de modo algum entendido em cosmologia e quase ignorante de sua matemática, entendi do modo correto, se você introduzir a "quarta força", a gravidade, nas equações utilizadas na mecânica quântica, elas produziriam soluções absurdamente infinitas, o que torna as duas teorias incompatíveis e imiscíveis,

A escrita do DNA 199

embora ambas sejam indispensáveis para descrever a física do Universo. Albert Einstein passou as últimas décadas de sua vida tentando em vão fundir as duas teorias. Desde sua morte, mais de meio século atrás, legiões de grandes estudiosos têm tentado resolver o dilema, também sem resultados. Se entendi corretamente, mais uma vez, o LHC suíço foi construído sobretudo para reconstruir as condições do Universo nos primeiros segundos após o "big bang" e confirmar ou refutar a existência do chamado "bóson de Higgs": uma partícula hipoteticamente "desaparecida", sem a qual as provas até então disponíveis da estrutura da matéria não "se juntam", não se colam. Os cientistas admitem que a não descoberta do bóson de Higgs os jogaria de volta a suas mesas, provando que há muitos anos seus debates teóricos têm seguido o caminho errado. No momento em que conversamos, a questão da proximidade e da plausibilidade de uma "teoria de tudo", no sentido dado por John Ellis, continua em aberto.

Eu livre e francamente admito que o caso da "teoria de tudo" não me deixa muito animado. Nos meus 60 anos de improvisos na sociologia, tive bastante tempo para me acostumar com um dilema semelhante. Apareceu bem antes de o atual ter trilhado seu caminho para o centro da atenção pública; e mais do que tempo suficiente para viver e trabalhar sem resolução (embora, apresso-me a admitir, nunca outro dilema se tornou tão sexy quanto o caso da "teoria de tudo", uma vez que os montantes envolvidos em sua resolução são comparáveis aos engolidos pela construção do LHC). O dilema a que me refiro, como juntar "macro" e "micro" sociologia, tem assombrado minha disciplina desde o início, e uma resolução não parece estar mais perto agora do que na época de seu nascimento.

Tal como na cosmologia, nas ciências sociais, ainda estamos longe de uma "teoria de tudo", embora muitos regimes que pareciam atraentes no papel e ainda não foram de muita utilidade prática tenham sido propostos em vários momentos e por inúmeras escolas, apenas para serem rejeitados ou esquecidos.

Na sociologia, assim como na cosmologia, muitas cabeças se devotam à descoberta ou à invenção de uma teoria unificada, que operaria no plano das inter-relações e também no das sociedades (e outras "totalidades imaginadas"), mas não incluo minha humilde e medíocre cabeça entre elas. Em geral, me satisfaço com o fato de que, na sociologia, temos desenvolvido (e continuamos a desenvolver) duas redes conceituais frouxamente ligadas: uma serve relativamente bem para descrever o que (como e por quê) acontece no nível dos encontros humanos – parcerias, famílias, bairros, atrações e repulsões interpessoais, amizade e inimizade; outra descreve o que (como e por quê) acontece no nível global das condições sociais sob as quais todas as relações humanas se atam ou se rompem.

Creio que é verdadeiramente importante para nossa compreensão lembrar e respeitar a conclusão de Durkheim, uma centena de anos atrás: a sociedade é "maior que a soma de suas partes" (em outras palavras, os atributos e processos surgem no plano mais elevado de um "todo social" que não pode ser encontrado em, e não deve ser imputado a, seus ingredientes, e vice-versa); ou a análise atenta de Simmel a respeito das profundas diferenças até entre a "díade" e a "tríade" (duplas e trios), cada qual clamando por perguntas diferenciadas e exigindo conjuntos conceituais diversos para respondê-las.

Acredito que a redução de um nível a outro, seja para cima, seja para baixo (tratar fenômenos macrossociológicos como se fossem microssociológicos "em sentido amplo"; ou fenômenos microssociológicos como impressões mediadas ou efeitos/derivações dos macrossociológicos), dificilmente irá melhorar nossa compreensão da vida humana em sociedade, ao mesmo tempo em que subverte até a mais modesta capacidade que os sociólogos conseguiram adquirir ao longo dos anos para prever as tendências sociais e controlá-las. Tenho dúvida de até que ponto, se os cosmólogos tiverem sucesso onde meus colegas sociólogos têm falhado, todas essas questões que você corretamente formulou sobre a posição da ciência na sociedade e seu impacto sobre o presente e o futuro da história humana irão se alterar de modo substancial.

Parece que você e eu concordamos que o importante para a condição humana não é tanto o conteúdo substantivo das descobertas e construções científicas, mas seus usos pelos não cientistas (quando ou se os cientistas partilharem as atividades dos "outros", eles suspendem a vigência de seus papéis estritamente direcionados pela ciência) – em nosso tempo e lugar, sobretudo por políticos e empresários. Pode-se discutir *ad nauseam* se a ideia de fissão nuclear poderia ter ao menos ocorrido aos cientistas e tecnólogos se esta ou aquela descoberta não tivesse sido feita por este ou aquele estudioso neste ou naquele momento; ou se teria ocorrido muito mais tarde. Mas sabemos sem dúvida que as tentativas frenéticas de Einstein para impedir a destruição de Hiroshima e Nagasaki mostraram-se inequivocamente inférteis.

A questão das consequências humanas das descobertas científicas é um problema sociológico, não uma questão de física ou de qualquer outra das proclamadas "ciências duras". A resposta imediata que vem à minha mente (sociológica) tornou-se, desde sua articulação por Karl Marx, bastante trivial: os seres humanos escrevem sua história, mas não nas condições de sua escolha.

Essa é, admito, uma resposta muito preliminar. Até agora, a ciência tem merecido o lugar (ou foi colocada no lugar) de "numinoso" sugerido por Rudolf Otto ("numinoso" é um mistério, *mysterium*, do latim, isto é, ao mesmo tempo aterrador, *tremendum*, e fascinante, *fascinans*). Ele foi atribuído inicialmente a um estudo de Otto, de 1917, sobre a ideia de Deus (ou do sagrado, do latim *sacrum*, em alemão *Das Heilige*). Essa é uma qualidade intrinsecamente ambígua, que alimenta de modo adequado sentimentos ambivalentes.

Diante da ciência, experimentamos algo semelhante ao que nossos ancestrais sentiam ante uma natureza ainda não mediada (e obviamente indomada) por artifícios feitos pelo homem:

o "medo cósmico" e a esmagadora e excessiva reverência de Bakhtin, uma mistura cujas proporções variam ao longo de um eixo que separa e liga um polo de terror absoluto e um polo de admiração devota e hipócrita, e, muitas vezes, de fanática adoração. Não importa em que ponto do eixo da experiência científica é plotada, nem a posição afinal assumida. Poucas vezes ou nunca se trata de sons otimistas e tumultuosos, livres pelo menos dos reflexos residuais do medo causado pela irredimível inescrutabilidade da ciência – provocada, por seu lado, pelo fato trivial de que muitos de seus resultados desafiam a compreensão e a imaginação dos seres humanos comuns, mas também por um fator ainda mais seminal: na marcha da ciência sempre para adiante, há sempre outra esquina a ser virada, outro enigma a ser quebrado, outra possibilidade aterrorizante a ser analisada e esclarecida. A ciência, aquela longa e talvez interminável marcha rumo ao recuado horizonte da certeza, é uma indústria poderosa e eficiente de incertezas – e a incerteza é a mãe mais fértil dos medos.

Quanto ao "caso Sokal", ele quase não tocou o que está no fundo do desacordo entre os "fundamentalistas da verdade científica" e os "fundamentalistas da relatividade das verdades". Karl Popper resolveu esse problema para mim (isto é, provou, para minha satisfação, pelo menos a insolubilidade da questão). Apontou o fato de que o incrível potencial criativo da ciência reside em seu poder de refutação, não no poder de suas provas. Estas estão condenadas a permanecer para sempre "relatórios de desenvolvimento", aceitáveis apenas até nova ordem, com a condição de que não se tenha oferecido qualquer evidência em contrário (até o momento, apenas até o momento).

A grandeza da ciência consiste no convite permanente à crítica e à refutação. A história da ciência também é uma longa trilha de descobertas e invenções incompreensíveis, um cemitério de erros, equívocos e falsas pistas. É em sua modéstia e autocrítica, e não em sua arrogância e autoconfiança (ou nas de seus autonomeados profetas), que o enorme potencial cognitivo da ciência se baseia. Verdades científicas, como acredito, têm o status de hipóteses sempre abertas, jamais totalmente livres do risco de anulação. Os cientistas dignos deste nome concordariam que não há nem pode haver algo como uma prova definitiva imune a todos os outros ensaios; que, no desenvolvimento do conhecimento científico, não existem pontos sem retorno (se houvesse, o conhecimento em questão seria tudo, menos científico); e que o impulso de autocrítica é uma propulsão muito improvavelmente sufocada por não importa quantos triunfos experimentais e argumentativos. Uma admissão de tudo isso faz, em minha opinião, a diferença entre a comunidade científica e as posições dogmáticas.

· Conversa 8 ·

Utopia, amor,
ou a geração perdida

Em *Identidade*, você descreve o amor em termos belíssimos. Invocando, como faz muitas vezes, a obra de Erich Fromm, você claramente se recusa a se render à liquidez do amor contemporâneo. Simplificando, você afirma que "amar significa estar determinado a partilhar e mesclar duas biografias"; e segue acrescentando que "o amor é parente da transcendência. É quase um outro nome para o impulso criativo, e, como tal, repleto de riscos; e, como todos os processos criativos, nunca se sabe como ele terminará."[1] Qual será o papel desse poder criativo nos tempos sombrios de recessão do século XXI e de colapso moral e político de nossa era? Outro mundo é possível para nossos filhos? A crise financeira mundial de 2008 arruinou toda uma geração, ou devemos deixá-la à mercê, e de fato sob o poder, de sua própria imaginação? Qual é seu legado para as gerações futuras?

BAUMAN: Além do que você encontrou em *Identidade* (e que foi discutido com mais detalhes em *Amor líquido*, e novamente no fragmento final de *A arte da vida*), eu gostaria de dizer algumas palavras sobre as alterações seminais que parecem estar acontecendo com a geração mais jovem, em sua percepção do fenômeno do amor: o significado, o papel, a finalidade e a pragmática.

Utopia, amor, ou a geração perdida

Você me pergunta, afinal, que papel o "poder criativo do amor" desempenhará nos tempos sombrios que se aproximam. A resposta a essa questão será dada pelos jovens de hoje, que, em alguns anos, assumirão as funções de maestros que ditam o tom e de instrumentistas que os acompanham. A julgar pelas tendências contemporâneas entre os jovens, as perspectivas em relação ao amor como estamos habituados a pensá-lo não parecem em especial brilhantes. O treinamento inicial e fundamental na arte de amar e ser amado é recebido por todos nós na infância. Todas as práticas posteriores são transposições, produtos de uma reciclagem criativa e uma remodelação dos sedimentos daquela experiência infantil. O primeiro "outro" que uma criança recém-nascida encontra é a mãe. É a partir dela que chegam as primeiras lições de amar e ser amado, e elas ficam conosco para o resto de nossas vidas – quer saibamos disso ou não. As primeiras lições derivadas deste relacionamento amoroso íntimo tendem a pré-formar toda a rede de inter-relações humanas. Então, deixe-me começar com uma breve discussão sobre as mudanças significativas que têm tido lugar, nas últimas décadas, na proximidade e intimidade de pais e filhos.

No filme *O diabo, provavelmente* (*Le Diable, probablement*), lançado por Robert Bresson em 1977, os heróis são vários jovens perdidos, que buscam desesperadamente um propósito para suas vidas, seus desígnios no mundo e o significado de "ter um desígnio". Nenhuma ajuda veio dos mais velhos. Para falar a verdade, nem um só adulto aparece na tela durante os 95 minutos que a trama leva para chegar a seu desfecho trágico; nem uma só frase se refere a seu papel na vida dos protagonistas. Apenas uma vez a simples existência dos adultos é (e de modo oblíquo) indicada pelos jovens, totalmente absorvidos que estão em seu esforço malsucedido de se comunicar uns com os outros: é quando eles, cansados de suas façanhas e famintos, se reúnem em torno de um refrigerador que foi enchido de comida para esse tipo de ocasião por seus pais, que seriam invisíveis, não fosse por isso.

Os anos posteriores revelariam e confirmariam de modo abundante o quão profética era a visão de Bresson. O cineasta enxergou através das consequências da "grande transformação" que ele e todos os seus contemporâneos testemunhavam, mas que foi notada apenas por alguns deles: a passagem de uma sociedade de produtores – os trabalhadores e os soldados – para uma sociedade de consumidores – indivíduos por decreto e viciados em curto prazo.

Para os pais de futuros trabalhadores e soldados, havia um papel estrito e de contornos nítidos a desempenhar: o papel parental na "sociedade sólida" moderna de produtores/soldados consistia em incutir o tipo de autodisciplina indispensável para quem não tinha outra chance além de suportar e tolerar a monótona rotina dos barracões das fábricas ou dos quartéis militares nos quais eles esperavam que seus filhos servissem nos anos seguintes; por sua vez, esse papel era um modelo pessoal de comportamento normativamente regulado. Há uma resposta forte e mutuamente reforçadora entre as demandas da fábrica e dos quartéis, por um lado, e, por outro, de uma família regida por princípios de supervisão, obediência, confiança e compromisso.

Michel Foucault observou o caso da sexualidade infantil e "o pânico da masturbação" nos séculos XIX e XX como itens num arsenal bem-abastecido de armas mobilizadas na legitimação e promoção do controle estrito e da vigilância em tempo integral que se esperava que os pais naquela época deviam exercer sobre os filhos.[2] Esse tipo de papel parental, ele ressaltou, exigia presença constante, atenta, e um forte envolvimento. Pressupunha proximidade perpétua e era levado a cabo por meio de exames e observação invasiva. Exigia uma troca de discursos, com questionamentos que extorquiam admissões e confidências que iam além das questões formuladas. Implicava proximidade física e partilha de pensamentos e emoções.

Foucault sugere que, nessa campanha permanente para reforçar o papel dos pais e seu impacto disciplinador, "o 'vício' da criança não é tanto um inimigo, mas um suporte"; "onde quer que houvesse uma chance de que [o vício] aparecesse, dispositivos de vigilância eram instalados; armadilhas eram colocadas para coerção de admissões de culpa". Banheiros e quartos eram os locais de maior perigo, o solo mais fértil para as mórbidas inclinações sexuais infantis – e, dessa maneira, eles se tornaram espaços que clamavam por uma vigilância estreita, íntima e implacável, e, claro, a constante presença dos pais. Em nossos tempos modernos líquidos, o terror da masturbação foi substituído pelo pânico do abuso sexual. A ameaça oculta, a causa do novo pavor, não se esconde nas crianças, mas na sexualidade dos pais. Banheiros e quartos são revistados, como antes, como antros de um vício terrível; mas agora os pais são os acusados de pecado. Sejam abertamente declarados e manifestos ou latentes e tácitos, o objetivo da presente guerra é um afrouxamento do controle parental, uma renúncia da presença ubíqua e invasiva dos pais e a configuração e manutenção de uma distância entre "velhos" e "jovens" no seio da família e no círculo de amigos. Em suma, o exato oposto dos efeitos das campanhas do passado.

Quanto ao pânico no presente, um relatório recente do Institut National de la Démographie mostra que, no período de seis anos entre 2000 e 2006, o índice de homens e mulheres que se lembravam de casos de abuso sexual na infância quase triplicou (de 2,7% para 7,3%; 16% de mulheres e 5% de homens).[3] Os autores do relatório salientam que "o aumento não comprova uma elevação da incidência de agressões, mas uma tendência crescente de se relatarem casos de estupro em pesquisas estatísticas, refletindo a redução do limiar de tolerância à violência".

É tentador acrescentar, contudo, que isso reflete também uma crescente tendência insinuada pela mídia de se explicarem os atuais problemas psicológicos dos adultos com uma suposta experiência infantil de assédio sexual, e não se recorrendo aos tradicionais problemas da sexualidade infantil, ou complexos de Édipo e de Electra. Deve ficar claro que, por mais que muitos pais, com ou sem a cumplicidade de outros adultos, tratem seus filhos como objetos sexuais, e não importa em que medida eles abusam de seu poder superior para tirar vantagens da fraqueza das crianças – nem quantos deles no passado, na própria infância, renderam-se a seus clamores masturbatórios –, todos foram avisados de que reduzir a distância que estão instruídos a manter entre si ou outros adultos e seus filhos pode ser (será) interpretado como liberação – aberta, sub-reptícia ou inconscientemente – de suas endêmicas compulsões ao abuso sexual.

A vítima principal do terror da masturbação era a autonomia dos jovens. Desde a tenra infância, os postulantes a adultos eram "normativamente regulados", vigiados e observados pelo poder, a fim de protegê-los contra seus próprios instintos e impulsos mórbidos e desastrosos (se não fossem controlados). As vítimas primárias do pânico do abuso sexual estão fadadas a ser as ligações intergeracionais de intimidade. Se o terror da masturbação colocava o adulto como melhor amigo, anjo da guarda e protetor dos jovens, o pânico do abuso sexual lança o adulto na posição de suspeito permanente, acusado a priori de crimes que ele ou ela possam ter a intenção de cometer, ou possam ser levados a praticar, sem malícia premeditada. O primeiro medo resultou num aumento do poder parental, mas também induziu os adultos a reconhecerem sua responsabilidade com e pelos jovens, e a cumprirem os deveres dela oriundos. O novo medo libera os adultos de seus deveres, substituindo a responsabilidade pelo perigo do abuso de poder.

O novo pânico adiciona um brilho legitimador ao processo já avançado de comercialização da relação entre pais e filhos, ao torná-la mediada pelo mercado consumidor. Os mercados de consumo propõem reprimir ou eliminar qualquer escrúpulo moral rudimentar que possa permanecer no coração dos pais após o declínio da posição de vigilante na casa da família. Isso por meio da transformação de cada festa familiar e cada feriado religioso ou nacional numa ocasião pródiga em presentes dignos de sonho; e da demonstração, dia após dia, da superioridade das crianças, engajadas que elas tendem a estar numa feroz competição com seus pares por meio da apresentação de símbolos de distinção social vindos do shopping.

Isso, no entanto, pode muito bem ser uma arma na estratégia paterna de "pagar para não ter problemas", recurso que parece criar mais problemas que os resolver. Entre esses problemas, o professor Frank Furedi apontou a falta de vontade dos pais no empreendimento, e sua "desqualificação" na prática, das tarefas decorrentes da autoridade de adulto: "Se os adultos não são confiáveis para cuidar das crianças", ele pergunta, "é surpresa que pelo menos alguns deles cheguem à conclusão de que não se espera que assumam a responsabilidade pelo bem-estar das crianças em sua comunidade?"[4]

Seria interessante e esclarecedor rastrear a conexão oblíqua, ainda que estreita, entre a intimidade debilitada de pais e filhos (uma intimidade que costumava ser a escola fundamental da *multifacetude* e dos muitos esplendores do companheirismo humano, bem como da riqueza espiritual e emocional da proximidade física) e a substituição de uma intimidade outrora abrangente, 24 horas por dia e sete dias por semana, pelos tipos de contato hoje em voga, superficiais e orientados por objetivos instrumentais; e também por interações cada vez menos intensas, pelas percebidas peculiaridades das atitudes contemporâneas em relação ao sexo e dos padrões prevalecentes de comportamento sexual de nosso tempo.

Emily Dubberley, autora de *Brief Encounters: The Women's Guide to Casual Sex*, observa que obter sexo é hoje "como pedir uma pizza. ... Agora você pode entrar on-line e encomendar genitália". Flertar ou seduzir não são mais atos oferecidos voluntariamente, nem considerados necessários ou desejáveis. Não há necessidade de trabalhar duro pela aprovação do parceiro, não são precisos esforços extremos a fim de merecer e ganhar seu consentimento, para cair nas boas graças aos olhos dele ou dela. Nem existe exigência de se esperar um tempo longo, por vezes eterno, para que todos esses esforços deem frutos. Isso significa, porém, que se foram todas as coisas que costumavam fazer de um encontro sexual um evento encorajador, porque incerto, e de buscar tal evento uma aventura romântica, pois arriscada, cheia de desafios, surpresas e armadilhas – mas também de estimulantes possibilidades e perspectivas cintilantes.

Algo foi perdido. Ainda assim, ouvem-se muitos homens e também muitas mulheres dizendo que aquilo que se ganhou vale o sacrifício. O que se ganhou foi a conveniência; a redução do esforço a um mínimo absoluto; a velocidade, encurtando-se a distância entre desejo e satisfação; e um seguro contra as consequências – que, como acontece com as consequências, poucas vezes são totalmente previsíveis e em geral se tornam desagradáveis.

Um site que oferece uma perspectiva de sexo rápido e seguro ("sem amarras"), e se vangloria de ter 2,5 milhões de visitantes registrados, anuncia-se com o slogan "Esta noite, conheça parceiros sexuais de verdade!" Outro, com milhões de frequentadores em todo o mundo, cujo perfil está mais voltado para as necessidades da parcela cosmopolitamente itinerante do público gay, escolheu outro slogan: "*O que* você quiser, *quando* quiser" (grifos meus). Há uma mensagem parcamente escondida em ambos os slogans: consumo disponível ali mesmo; desejo que vem numa embalagem promocional com sua própria satisfação; você e somente você no comando. Essa mensagem é doce e tranquilizadora para ouvidos treinados por milhões de comerciais (cada um de nós é forçado ou levado a assistir mais comerciais em menos de um ano do que nossos avós conseguiram ver na vida inteira). Anúncios que agora (ao contrário do que ocorria no tempo de nossos avós) prometem alegria instantânea, como café ou sopa em pó ("é só adicionar água quente"), que degradam e ridicularizam as distantes alegrias de uma espécie que exige paciência e boa vontade, longo treinamento, pesados esforços e muitas tentativas, com quase o mesmo número de erros.

Uma das articulações iniciais da nova filosofia de vida foi a memorável queixa de Margaret Thatcher contra o Serviço Nacional de Saúde do Reino Unido, e sua explicação de por que ela imaginou que um livre mercado de serviços médicos seria melhor que um sistema "regulado" de planos de saúde: "Quero o médico de minha escolha, no momento de minha escolha" (e que se danem obrigações, horários, preocupações e problemas de todos os outros – e, portanto, não meus, ela deveria ter acrescentado).

Pouco depois, foram inventadas as ferramentas – a varinha de condão, mas sob a forma de um cartão de crédito – para tornar o sonho de Thatcher não exatamente realidade, mas no mínimo algo plausível e crível, ferramentas que colocam a filosofia de vida consumista ao alcance de todos que justifiquem a atenção e a benevolência das empresas de crédito em troca de uma promissória para adicionar a seus lucros.

A velha sabedoria popular nos aconselha a "não contar com o ovo dentro da galinha". Bem, os ovos dessa nova estratégia de vida de alegria instantânea já foram chocados em grande profusão, durante uma geração inteira, e temos o direito de começar a contar com eles. Isso foi efetuado pelo psicoterapeuta Phillip Hodson, e suas conclusões apresentam o resultado da fase virtual da revolução sexual hoje em curso como uma bênção um tanto confusa. Hodson divisou o paradoxo do que ele chama de "cultura descartável de gratificação instantânea" (ainda não universal, mas em rápida expansão): as pessoas podem flertar (eletronicamente) com mais parceiros, numa só noite do que seus pais, para não mencionar os avós, fizeram em toda a vida; mas podem descobrir cedo ou tarde que, como todos os outros vícios, a satisfação que se obtém encolhe a cada nova dose da droga.

Se elas olhassem com cuidado para as evidências fornecidas por suas experiências, também descobririam, retrospectivamente, e para sua surpresa, que as longas histórias de amor e um processo de sedução lento e intricado, agora vistos apenas em romances, não eram desnecessários, redundantes, pesados e irritantes obstáculos no caminho para a "coisa em si" (como foram levadas a acreditar), mas ingredientes importantes, talvez cruciais, dessa "coisa"; de todas as coisas consideradas eróticas e "sexies", de seus encantos e atrações. Grande quantidade foi adquirida com o sacrifício da qualidade.

O sexo mediado pela internet não é simplesmente essa "coisa em si", que se acreditava fascinar e cativar nossos antepassados, de forma a inspirá-los a rabiscar volumes de poesia e a confundir felicidade conjugal com paraíso. E aquilo que Hodson descobriu também, em concordância com uma infinidade de outros pesquisadores, é que, em vez de facilitar os laços humanos e reduzir as tragédias dos sonhos não realizados, o sexo pela internet resulta em parcerias humanas despidas de muito de seu fascínio e na redução do número de sonhos bons.

Ligações estabelecidas com a ajuda da internet tendem a ser mais fracas e mais superficiais do que as laboriosamente construídas na vida real, "off-line". Por isso, elas são menos (se não nada) satisfatórias e menos cobiçadas. Mais pessoas agora podem "fazer sexo" e com maior frequência, porém, em paralelo ao crescimento desses números, tem lugar a elevação do número de pessoas que vivem sozinhas, que sofrem de solidão e têm o doloroso sentimento de abandono. Esses sofredores procuram fugir desesperadamente dessa dor. A eles é oferecida a promessa de conseguir o que querem na próxima tentativa, com o fornecimento de mais sexo on-line, apenas para perceber que, longe de satisfazer sua fome de companhia humana, esse alimento em particular, preparado e servido pela internet, apenas torna a privação ainda mais evidente, ao fazer com que se sintam ainda mais humilhados e solitários.

Há mais uma coisa que vale a pena ponderar quando se pesam prós e contras. As agências de namoro on-line (e mais ainda, entre elas, as agências de sexo instantâneo) tendem a apresentar os potenciais parceiros de uma noite num catálogo em que as "mercadorias disponíveis" são classificadas de acordo com suas características selecionáveis, tais como altura, origens étnicas, tipo de corpo, cabelos etc. (os métodos de classificação variam dependendo do público-alvo e da noção hoje dominante de "relevância"). Desse modo, os usuários podem compor o parcei-

Utopia, amor, ou a geração perdida   213

ro como se ele fosse um mosaico, a partir cacos e pedaços que acreditam ser determinantes para a qualidade e os prazeres de uma relação sexual (e esperando que seus usuários procedam de forma semelhante). De algum modo, em algum lugar, nesse processo de montagem, o ser humano desaparece: a floresta não pode mais ser vista por entre as árvores. A escolha de um parceiro num catálogo de aparências e inscrições, e a forma como as mercadorias são colhidas a partir de catálogos de empresas virtuais, perpetua e "autentica" o mito originado na e insinuado pela decomposição dos seres humanos, seres animados, numa lista de traços inanimados: cada um de nós, seres humanos, não é tanto uma pessoa ou uma personalidade cujo valor próprio, único e insubstituível reside todo em sua singularidade, mas numa colagem de *gadgets* mais ou menos vendáveis, desejáveis ou inúteis.

O que acontece com as relações sexuais é apenas um caso de uma tendência muito mais ampla que afeta a maioria dos tipos de interação humana, quando não todos. As referências dos principais conceitos conhecidos para enquadrar e mapear o *Lebenswelt** (o mundo vivido e experienciado, pessoalmente experimentado) dos jovens estão sendo gradual e firmemente transplantadas do mundo off-line para o on-line. Conceitos como "contatos", "encontros", "reunião", "comunicar-se", "comunidade" ou "amizade" – todos se referindo a relações interpessoais e laços sociais – são os mais preeminentes deles. Transpô-los só pode afetar o significado dos conceitos transportados e as respostas comportamentais que evocam e potencializam. Um dos primeiros efeitos da nova alocação de referentes é a percepção das atuais obrigações e compromissos sociais como instantâneos

---

* O termo *Lebenswelt* foi cunhado pelo filósofo alemão Edmund Husserl e é habitualmente traduzido como "mundo da vida", sendo uma das categorias centrais da fenomenologia e, depois, da chamada teoria da ação comunicativa de Jürgen Habermas. O mundo da vida é a esfera privada na qual os atores compreendem as outras esferas do sistema social por meio do processo comunicativo. (N.T.)

momentâneos de um processo contínuo de renegociação, e não como estados estacionários fadados a durar indefinidamente.

Permita-me apontar que mesmo a ideia de "instantâneo momentâneo" não é uma metáfora adequada, uma vez que "momentâneo" pode ainda implicar mais durabilidade que os laços e compromissos mediados eletronicamente. A palavra "instantâneo" pertence ao vocabulário das ampliações e do papel fotográficos, capazes de aceitar apenas uma imagem, ao passo que, no caso de ligações eletrônicas, deletar, salvar uma nova versão ou salvar por cima do original, procedimentos inconcebíveis no caso de negativos de celuloide e papéis fotográficos, são as opções mais importantes, e a elas se recorre com frequência mais ansiosa. Na verdade, a infinita capacidade de apagar e substituir é o único atributo indelével dos laços eletronicamente mediados.

Para o jovem atual, nascido num mundo saturado de eletrônica, "manter contato" significa sobretudo trocar e-mails e mensagens, atividades quase isentas de esforço em comparação com o tempo e a energia consumidos antigamente, quando a informação não podia viajar em separado do corpo de seus portadores e os sofisticados rituais de "se manter em contato", visitação cerimonial e elaborada escrita de correspondência por carta tributavam fortemente a organização do tempo, a energia e os recursos de todos os envolvidos. O volume de informações produzido para circular na web agora cresce exponencialmente. Já atingiu proporções inimagináveis para a geração educada num mundo sem os dispositivos eletrônicos de conexão instantânea (e de instantânea desconexão).

Os especialistas estimam que toda linguagem humana (todas as palavras faladas pelos seres humanos), desde o alvorecer dos tempos, ocuparia cerca de 5 exabytes (1 exabyte = 1 bilhão de gigabytes), se fosse armazenada na forma digital; mas já em 2006 o tráfego de e-mails representou 6 exabytes. Uma pesquisa realizada pela consultoria de tecnologia IDC e patrocinada pela EDC, empresa de tecnologia da informação, sugere que os dados adicionados por ano ao "universo digital" atingirão 988

Utopia, amor, ou a geração perdida 215

exabytes em 2010. Quando isso ocorrer, os analistas da IDC estimam que 70% de toda informação digital do mundo serão produzidos por "consumidores", isto é, "usuários comuns", em sua maioria jovens, abaixo dos 30 anos (por exemplo, sabe-se que 80% dos alunos dinamarqueses da 9ª série enviam, em média, cinco ou mais mensagens por dia).* E lembremos que 45% dos pesquisados dizem procurar "comunidades por nicho" online. Comunicar-se com cabeças semelhantes on-line é uma das principais motivações das "redes sociais". Como disse um ávido usuário à caça de comunidades, "minhas comunidades têm de ter interesses semelhantes; caso contrário, seria uma conversa de pato com papagaio".

Desse modo, parece que, assim como o mundo off-line no qual eles passam o resto de seu tempo, o mundo virtual em que os jovens caçadores de comunidades mergulham muitas horas, permanecendo on-line, está se tornando cada vez mais um mosaico de diásporas cruzadas, mesmo que, de maneira diferente das do mundo off-line, as diásporas digitais não estejam territorialmente vinculadas. Como tudo no mundo virtual, as fronteiras entre as "cabeças semelhantes" são estabelecidas do ponto de vista digital. E como toda e qualquer entidade digitalmente traçada, sua sobrevivência está sujeita à intensidade do jogo conexão-desconexão.

No mundo virtual habitado pelos jovens, as fronteiras são desenhadas e redesenhadas para separar as pessoas com "interesses similares" do resto – daqueles que tendem a concentrar sua atenção em outros objetos. As voltas e reviravoltas das comunidades virtuais tendem a seguir como regra os meandros da diversificação de "interesses", da mudança e da curta duração, e com grupos em explosão e implosão intermitentes.

---

* De acordo com as diretrizes do sistema de ensino dinamarquês, espera-se que os estudantes da 9ª série tenham, em média, 15 anos. As crianças da Dinamarca ingressam na escola numa série identificada como "série 0" aos 6 anos. (N.T.)

"Interesses" podem exigir diferentes graus de atenção e lealdade, mas não precisam ser excludentes. Pode-se "pertencer" ao mesmo tempo a uma série de "comunidades" virtuais cujos membros não necessariamente reconheceriam no outro uma "cabeça semelhante" e talvez dispensassem o diálogo inter-"comunidade", chamando-o de "conversa de pato com papagaio".

Em outras palavras, "pertencer" a uma comunidade virtual reduz-se a interações intermitentes e muitas vezes superficiais, girando em torno de questões (hoje) de interesse comum. Outros diálogos, centrados em diferentes temas de interesse, necessitam de outras "comunidades por nicho" para serem "significativamente" (embora também de forma intermitente e superficial) realizados.

É paradoxal que a ampliação do leque de oportunidades para se encontrarem depressa "cabeças semelhantes", prontas para usar todo e qualquer interesse restrinja e empobreça, em vez de aumentar e enriquecer, as "competências sociais" daqueles que buscam as "comunidades virtuais de cabeça". No mundo off-line, a conversa de pato com papagaio talvez seja inevitável, com os patos e papagaios em questão condenados, enquanto aquilo dura, a se empoleirar e ciscar no mesmo terreiro. No mundo on-line, as complicadas traduções, negociações e compromissos podem, no entanto, ser evitados, pela graça salvadora da tecla "delete". A necessidade de se estabelecer um diálogo, refletir sobre os motivos um do outro, de analisar e revisar criticamente suas próprias razões, e de buscar um *modus vivendi*, poderá ser suspensa e adiada – talvez indefinidamente.

Na cidade virtual, os problemas que assombram a perpétua coabitação de estranhos em cidades reais, "materiais", podem ser contornados e evitados por um tempo, eliminados ou colocados em segundo plano. No universo virtual, evitar as "cabeças diferentes" é mais fácil e pode ser alcançada a um custo muito menor que numa cidade de carne e osso, onde seria necessário elaborar técnicas de separação do espaço e manutenção da distância – como as permissões de moradia e ingresso difíceis de obter em

Utopia, amor, ou a geração perdida 217

"condomínios fechados": circuito interno de TV, guardas armados, elaboração de uma rede de "espaços interditados", ou outros meios, tudo para atenuar as múltiplas ameaças de transgredir, "arrombar e invadir". Mas a facilidade da evasiva não coloca os problemas sofridos dia a dia na vida urbana (seja ela real ou virtual) mais perto de uma solução que pode, afinal, ser procurada e encontrada apenas quando eles são confrontados de maneira direta. Caso contrário, a anulação tentada pode muito bem fazer da passagem entre on-line e off-line algo ainda mais traumático. É impossível não lembrar de Chance (o personagem interpretado por Peter Sellers no filme *Muito além do jardim*, de Hal Ashby, lançado em 1979): aparecendo nas ruas de uma movimentada cidade após um prolongado tête-à-tête com o mundo visto apenas pela TV, ele tenta em vão remover um incômodo bando de freiras de seu campo de visão com a ajuda do controle remoto.

Então, que conclusão se pode tirar de tudo isso, sobre o potencial das luzes do amor para penetrar a escuridão dos tempos? Tendo estudado as numerosas voltas e reviravoltas da história cultural do amor na era moderna, cheguei à conclusão de que, apesar de todas as tentativas de negá-lo, o amor dificilmente já tomou a forma de um *"objet trouvé"*, um *readymade*. O amor é produto de um esforço longo e laborioso, arriscado e sempre sob risco de um retrocesso, que não exige nada menos que uma preparação para um incômodo compromisso e um duro autossacrifício. Quem não está preparado para entregar a si mesmo como refém desse enervante destino incerto deve parar de se iludir de que o amor está ao seu alcance. Ao se procurar uma metáfora que melhor reflita o típico percurso de vida do amor, não seria má escolha a imagem de uma árvore frutífera que só começa a dar doces frutos após alguns anos de crescimento nada espetacular, assistido por uma série de cuidados de jardinagem dedicados, intensos e não raro desgastantes.

Mas você me perguntou se eu tenho uma mensagem para aqueles jovens ainda em busca do amor e não sabem se aquilo que encontraram é real. Decorre do último parágrafo que, sendo uma pessoa honesta, não tenho o direito de fingir que eu sei isso. Se o amor não é um *"objet trouvé"*, e sim "produto de longo e laborioso esforço", ninguém pode me dizer (e eu não posso dizer a ninguém!) se ele é aquilo que se procurava ou algo completamente diferente. O único "último sonho e testamento" que posso deixar: as chances de reunir a intenção e seus resultados são suscetíveis de aumentar um pouco uma vez que os jovens prestem mais atenção ao estado do mundo e a si mesmos nesse mundo. O amor é uma comunhão de dois seres humanos únicos. Mas aquilo que os que amam imaginam/esperam/desejam ser o amor está longe da particularidade. Isso tende a ser, entre outras coisas, uma questão de geração: o amor partilha experiências, alegrias, frustrações, fascínios, fobias, concentra a atenção e afasta a indiferença.

Nenhum ser humano é exatamente igual ao outro – e essa observação aplica-se aos jovens tanto quanto aos velhos. Não obstante, podemos notar que, numa categoria de pessoas, certas características aparecem mais frequentemente que em outra. É essa "condensação" relativa de características que nos permite falar de nações, classes, gêneros – ou gerações. Quando o fazemos, fechamos os olhos por um tempo para a multiplicidade de traços que torna cada membro de uma "categoria" um "indivíduo", um ser diferente de todos os outros, e damos ênfase às características mais prováveis nessa categoria que em qualquer outra.

É com essa ressalva em mente que falamos de todos os nossos contemporâneos, exceto os mais velhos entre nós, como pertencentes a três gerações sucessivas e distintivas. A primeira é a geração dos *"baby boomers"*, as pessoas nascidas entre 1946 e 1964, durante o *boom* de nascimentos do pós-guerra, quando os soldados retornavam das frentes de batalha e dos campos de prisioneiros e decidiam que era a hora de planejar o futuro, se casar e trazer crianças ao mundo. Ainda frescos na cabeça dos soldados que voltavam estavam os anos anteriores à guerra, marcados por desemprego, escassez, austeridade, por uma sobrevivência à base do essencial e uma constante ameaça de demissão. Mas eles abraçaram de bom grado a oferta de empregos, de repente abundantes, como um presente de boa sorte que podia ser retirado a qualquer momento. Eles trabalharam muito, pouparam tostões para os dias ruins e deram a seus filhos a oportunidade de uma vida livre de problemas que eles próprios nunca tiveram.

Seus filhos, a "geração X", agora entre 28 e 45 anos, nasceram num mundo diferente, que as longas horas de trabalho e a parcimônia de seus pais ajudaram a construir. Eles adotaram a filosofia e a estratégia de vida dos pais, mas com relutância, e se mostraram cada vez mais impacientes – à medida que o mundo em torno deles crescia mais rico e as perspectivas de vida se mostravam mais seguras – para ver e usufruir os frutos da temperança e da abnegação. É por isso que por vezes esta tem sido apelidada, de maneira mordaz, de "geração eu".

E então veio a "geração Y", hoje entre 11 e 28 anos. Como muitos observadores e pesquisadores concordam, eles são bem diferentes de seus pais e avós. Nasceram num mundo que seus pais não conheceram na juventude, um mundo que eles teriam considerado difícil, quando não impossível, de imaginar e que saudaram com um misto de perplexidade e desconfiança. Um mundo de emprego em abundância, de escolhas em aparência infinitas, muitíssimas oportunidades a serem apreciadas, cada uma mais atraente que a outra, e prazeres a serem provados, cada qual mais sedutor que o outro.

Sem ar para respirar você não sobreviveria mais de um minuto ou dois. Mas se fosse convidado a fazer uma lista das coisas que considera suas principais "necessidades da vida", o ar dificilmente estaria entre elas – e no improvável caso de que aparecesse, ganharia uma colocação muito baixa na lista. Você apenas presume, sem pensar, que o ar existe, e que você não precisa fazer quase nada para consumir tanto dele quanto seus pulmões exigem.

Até alguns meses atrás, o trabalho (na Europa e nos Estados Unidos, pelo menos) era, nesse sentido, como o ar: sempre disponível quando você precisava; e se ele chegou a faltar por um momento (como o ar fresco num cômodo lotado), um pequenino esforço (como abrir uma janela) seria suficiente para trazer as coisas de volta ao normal. No entanto, por mais surpreendente que isso possa parecer para os membros da geração "*boomer*" ou mesmo da "X", não é de admirar que o "trabalho" esteja perto do limite inferior da lista de itens indispensáveis para a imagem de boa vida que, segundo as últimas pesquisas, os membros da "geração Y" tendem a compor.

Se fossem pressionados a justificar essa negligência, eles responderiam com falas como as seguintes: "Trabalho? É, infelizmente, inevitável [mais uma vez, como o ar] para permanecer vivo. Ele não faz a vida valer a pena. Ao contrário, pode torná-la aborrecida e pouco atraente. Pode se mostrar um sacrifício e um tédio; nada interessante acontece, nada ativa sua imaginação, nada estimula seus sentidos. Se for um tipo de trabalho que lhe dá pouco prazer, pelo menos não deve ficar no caminho das coisas que realmente importam!"

O que é isso, as coisas que realmente importam? Um monte de tempo livre fora do escritório, da loja ou da fábrica, tempo fora sempre que algo mais interessante brotar em outro lugar, para viajar, estar nos lugares, entre os amigos de sua escolha – tudo aquilo que ocorre fora do local de trabalho. A vida está em outro lugar! Seja qual for o projeto de vida que os integrantes da geração Y possam acolher e acalentar, é pouco provável que ele envolva o emprego – e muito menos um emprego daqui até a eternidade. A última coisa que eles apreciariam no trabalho seria sua estabilidade.

Pesquisas mostram que, na procura de jovens talentos, as agências de recrutamento de maior reputação têm plena consciência das prioridades e fobias da geração Y e se esforçam para centrar suas ofertas sedutoras na liberdade que o emprego oferecido garante: horários de trabalho flexíveis, trabalho em casa, períodos sabáticos, longas licenças com manutenção do emprego – e oportunidades divertidas/relaxantes no local de trabalho. As agências aceitaram que, se os recém-chegados acharem o trabalho desinteressante, eles simplesmente o deixarão. Uma vez que a perspectiva de desemprego, o mais cruel, desumano, embora eficaz guardião da estabilidade dos trabalhadores, deixou de ser assustadora, não há muito para impedi-los de ir embora.

Se esse é o tipo de filosofia e estratégia de vida que costumava distinguir a geração Y de suas antecessoras, nossos jovens aguardam por um rude despertar. Os países mais prósperos da Europa esperam que o desemprego em massa volte da condição de esquecimento imposto por um exílio que se julgava permanente. Se as premonições mais sombrias se materializarem, estão prestes a desaparecer as infinitas escolhas, liberdades de movimento e mudanças que o jovem contemporâneo tem visto (ou melhor, nasceu para ver) como parte da natureza; e com elas o crédito em aparência ilimitado que esperavam poder sustentá-lo em caso de (temporária e breve) adversidade e que resolveria qualquer (temporária e breve) falta de solução imediata e satisfatória para seus problemas.

Para os membros da geração Y, isso pode soar como um choque. Ao contrário da geração dos *baby boomers*, eles não têm memórias antigas, habilidades recém-esquecidas e truques há muito não utilizados aos quais recorrer. Um mundo de realidades duras e inegociáveis, de escassez e austeridade imposta, de tempos difíceis, nos quais "sair" não é solução, para grande número deles, significa um local estranho, um país que nunca visitaram; ou, se o fizeram, no qual jamais levaram a sério a possibilidade de se estabelecer; um país tão misterioso que exigiria, para que eles se acomodassem, um aprendizado longo, árduo, de modo algum agradável.

Ainda resta ver com que aspecto a geração Y irá emergir depois desse teste.

· Notas ·

Introdução *(p.7-22)*

1. Sobre a definição de Estado etnocrático na América Latina, ver: Rodolpho Stavenhagen, *Derechos indigenas y derechos humanos en America Latina*, Cidade do México, IIDH/E1, Colegio de Mexico, 1988; "Comunidades etnicas en estados modernos", *America Indigena*, vol.49, n.1, 1989, p.11-34; R. Stavenhagen e D. Iturralde (orgs.), *Entre la ley y la costumbre: el derecho con-suetudinario indigena en America Latina*, Cidade do México, Instituto Indigenista Interamericano/Instituto Interamericano de Derechos Humanos, 1990; Stavenhagen, *La situacion de los derechos de los pueblos indigenas en America Latina*, Comision Interamericana de Derechos Humanos/Organização dos Estados Americanos, 1992.

2. Para a íntegra do texto da declaração do G20, ver: http://news.bbc.co.uk/go/pr/fr/-/l/hi/business/7731741.stm (BBC, 15/11/2008). Ver também: http://news.bbc.co.Uk/go/pr/fr/-/l/hi/business/7728649.stm (BBC, 14/11/2008). É importante observar que, após a cúpula do G20, em abril de 2009, o primeiro-ministro Gordon Brown declarou que "o Consenso de Washington acabou" (http://news.sky.com/skynews/Home/Politics/Prime-Minister-Gordon-Brown-G20-Will-Pump-One-Trillion-Dollars-Into-World-Economy/Article/200904115254629). Em relação à controvérsia em torno do chamado Consenso de Washington, ver Dani Rodrik, "Goodbye Washington Consensus, hello Washington confusion? A review of the World's Bank economic growth in the 1990's: learning from a decade of reforms", *Journal of Economic Literature*, vol.44, dez 2006, p.973-87.

3. BBC, 12 fev 2009.

4. BBC, 26 fev 2009.

5. Ver D. Hirsch, *Ending Child Poverty in a Changing World*, Nova York, Joseph Rowntree Foundation, 2009; ver também: BBC, 18 fev 2009.

6. No verão de 2009, a Organização das Nações Unidas para a Agricultura e a Alimentação (FAO) afirmou que a fome no mundo havia atingido o número recorde de 1 bilhão de pessoas. A FAO advertiu que "a crise silenciosa da fome, afetando um sexto de toda a humanidade, é um risco grave para a

224 Vida a crédito

paz e a segurança no mundo". Em relatório publicado em junho de 2009, o diretor-geral da FAO, Jacques Diouf, disse que "o último crescimento da fome não é consequência da empobrecida colheita global, mas causado pela crise econômica mundial". Em sua opinião, o número alarmante foi resultado de "uma perigosa mistura do arrefecimento econômico global, combinado com os altos preços dos alimentos". Ver: www.fao.org/news/story/en/item/20568/icode/; e http://news.bbc.co.uk/go/pr/fr/-/l/hi/world/europe/8109698.stm. Ver também: *La Jornada*, 28 jan 2009.

7. Exemplo disso pode ser encontrado nos escritos de J.D. Sachs, consultor do programa das Nações Unidas para a pobreza (Programa das Nações Unidas para o Desenvolvimento), que sugeriu: "É mais exato dizer que a exploração é resultado da pobreza, e não sua causa". Ver: J.D. Sachs, "Can extreme poverty be eliminated?", *Scientific American*, set 2005, p.60.

8. Não passou muito tempo depois que o presidente Barack Obama assumiu o cargo para que se revelasse que a recessão chegou a ser considerada uma questão de "segurança nacional". Nos primeiros dias de fevereiro de 2009, apenas cinco meses após a queda de Wall Street, Dennis C. Blair, novo diretor da Central de Inteligência dos Estados Unidos, declarou, em seu primeiro relatório ao Senado, que "a preocupação primária" de segurança para o país eram as "implicações geopolíticas" da crise financeira global. Ele também afirmou que "a crise pode minar a promoção do livre mercado". O núcleo de seu discurso ao Congresso americano foi a ameaça representada pela pobreza nos países em desenvolvimento. Pela primeira vez em décadas, contudo, de acordo com o correspondente do jornal *La Jornada*, nos Estados Unidos, verificou-se que "a principal ameaça para a segurança do país não vinha de um inimigo externo – como nos tempos do comunismo ou com o aumento do terrorismo internacional –, mas de dentro" (*La Jornada*, 13 fev 2009).

9. Zygmunt Bauman, *Europe: An Unfinished Adventure*, Cambridge, Polity, 2004 [ed.bras. *Europa: Uma aventura inacabada*, Rio de Janeiro, Zahar, 2006]; *Liquid Times: Living in na Age of Uncertainly*, Cambridge, Polity, 2007 [ed.bras. *Tempos líquidos*, Rio de Janeiro, Zahar, 2007]; *Conversations with Keith Tester*, Cambridge, Polity, 2001; *Postmodern Ethics*, Oxford, Blackwell, 1993 [ed.bras. *Ética pós-moderna*, São Paulo, Paulus, 1997]; "Modernity and the State", *Times Literary Supplement*, n.4.895, 1997, p.4-5; *The Absence of Society, Social Evils Series*, York, Joseph Rowntree Foundation, 2008.

10. Bauman, "Totalitarianism as a historical phenomenon", *Times Literary Supplement*, n.4.567, 1990, p.1.095; "Twenty years after: crisis of Soviet type systems", *Problems of Communism*, vol.20, n.6, 1971, p.45-53; "Social dissent in East European political systems", *Archives Europeennes de Sociologie*, vol.12, n.1, 1971, p.25-51.

11. Bauman, *Modernity and Holocaust*, Cambridge, Polity, 1989 [ed.bras. *Modernidade e Holocausto*, Rio de Janeiro, Zahar, 1998]; "Is another Holocaust possible?", *Revista de Occidente*, n.176, 1996, p.112-29.

12. Sobre o eurocentrismo, ver: Citlali Rovirosa-Madrazo, *Indigenous Rights, Ethnocentrism and the Crisis of the Nation-State: Paradigmatic Considerations for Human Rights. Zapatista Rebellion in Mexico and Ethnic Conflict in Nicarágua*, tese de doutorado, Universidade de Essex, 1995; "Analfabetismens censur", in N. Barfoeod (org.), *Magtens Tavse Tjener. Om censur og ytringsfrihed. Et debatskrift med essays der spaender fra Vaclav Havel til Salman Rushdi*, Copenhaguem, Spektrum, 1991; E. Dussel, "A new age in the history of philosophy: The world dialogue between philosophical traditions", *Philosophy and Social Criticism*, vol.35, 2009, p.499-516; A. Quijano, "Coloniality of power, eurocentrism and social classification", in M. Morana, et al. (orgs.), *Coloniality at Large: Latin America and the Postcolonial Debate*, Durham, Duke University Press, 2008, p.181-224. Rovirosa-Madrazo, "Ethnocentrism as logocentrism", documento de trabalho, Departamento de Sociologia, Universidade de Essex, out 1992; E. Lander, "Eurocentrism, modern knowledges, and the 'natural' order of global capital", *Nepantla: Views from the South*, vol.1, n.3.2, 2002, p.245-68; W. Mignolo, "The geopolitics of knowledge and the colonial difference", in M. Morana et al., *Coloniality at Large*, p.225-8; W. Mignolo, *Historias locales! disenos globales: Colonialidad, conocimientos subalternos y pensamiento fronterizo*, Madri, Akal, 2003; E. Dussel, "Europa, modernidad y eurocentrismo", in E. Lander (org.), *La colonialidad del saber: Eurocentrismo y ciencias sociales. Perspectivas Latinoamericanas*, Buenos Aires, Clacso, 2000; E. Lander, "Eurocentrism and colonialism in Latin American social thought", *Nepantla: Views from the South*, vol.1, n.3, 2000, p.519-32.

13. Bauman, *Legislators and Interpreters: On Modernity, Postmodernity and Intellectuals*, Cambridge, Polity, 1987; "Social issues of law and order", *British Journal of Criminology*, vol.40, n.2, 2000, p.205-21.

14. Bauman, *Culture as Praxis*, Londres, Routledge/Kegan Paul, 1973; "Liquid arts", *Theory, Culture & Society*, vol.24, n.1, 2007, p.117-26.

15. A. Elliot (org.). *The Contemporary Bauman*, Londres, Routledge, 2007.

16. Bauman, *Post-Modern Ethics*; *Does Ethics Have a Chance in a World of Consumers?*, Cambridge, Harvard University Press, 2008.

17. Bauman, *Postmodernity and its Discontents*, Cambridge, Polity, 1997 [ed. bras. *O mal-estar da pós-modernidade*], Rio de Janeiro, Zahar, 1999.

18. Bauman, *In Search of Politics*, Stanford, Stanford University Press, 1999 [ed.bras. *Em busca da política*, Rio de Janeiro, Zahar, 2000].

19. Bauman, *Liquid Modernity*, Cambridge, Polity, 2000 [ed.bras. *Modernidade líquida*, Rio de Janeiro, Zahar, 2001].

20. Bauman, *Globalization: The Human Consequences*, Cambridge, Polity, 1998 [ed.bras. *Globalização: As consequências humanas*, Rio de Janeiro, Zahar, 1999].

21. Bauman, *The Absence of Society*, p.3.

22. Ver. p.157.

23. L. Ray, "Postmodernity to liquid modernity", in Elliot, *The Contemporary Bauman*, p.68.

24. Bauman, *Tempos líquidos*, Rio de Janeiro, Zahar, 2007, p.65.

25. Bauman, *O mal-estar da pós modernidade*, p.44.

26. Bauman, *Consuming Life*, Cambridge, Polity, 2007 [ed.bras. *Vida para consumo: A transformação das pessoas em mercadoria*, Rio de Janeiro, Zahar, 2008].

27. Bauman, *Identity: Conversations with Benedetto Vecchi*, Cambridge, Policy, 2004 [ed.bras. *Identidade: Entrevista a Benedetto Vecchi*, Rio de Janeiro, Zahar, 2005], p.15-28.

28. Bauman, *O mal-estar da pós modernidade*, p.35-45.

29. Bauman, *Identidade*, p.83; *Liquid Love*, Cambridge, Polity, 2003 [ed.bras. *Amor líquido: Sobre a fragilidade dos laços humanos*, Rio de Janeiro, Zahar, 2004].

30. A. Branaman, "Gender and sexualities in liquid modernity", in Elliot, *The Contemporary Bauman*, p.117-35.

31. I. Semo, "La sociologia de Z. Bauman", *La Jornada*, 26 jan 2008.

32. Bauman, *Conversations*, p.142.

33. Ibid.

34. Bauman, *Liquid Fear*, Cambridge, Polity, 2006 [ed.bras. *Medo líquido*, Rio de Janeiro, Zahar, 2008].

35. Bauman, *Miedo líquido: La sociedad contemporanea y sus temores*, Barcelona, Paidos, 2007.

36. I. Semo, "La sociologia de Z. Bauman".

37. Jean-François Lyotard, *The Postmodern Condition: A Report on Knowledge*, Manchester, Manchester University Press, 1989 [ed.bras. *A condição pósmoderna*, Rio de Janeiro, José Olympio, 2002].

38. Especialmente Jacques Derrida, *De la gramatologia*, Cidade do México, Siglo Veintiuno, 1971 [ed.bras. *Gramatologia*, São Paulo, Perspectiva, 2008]; *Posiciones*, Valencia, Pretextos, 1977; *The Other Reading: Reflections on Today's Europe*, Indianápolis, Indiana University Press, 1992.

39. Bauman, *Ética pós-moderna*.

40. C. Douznas et al., *Postmodern Jurisprudence: Toe Law of the Text in the Text of Law*, Londres, Routledge, 1991; P. Goodrich, *Reading the Law: A Critical Introduction to Legal Method and Techniques*, Oxford, Blackwell, 1986.

41. Ver Niklas Luhmann, "The third question: The creative ideas of paradoxes in law and legal history", *Journal of Law and Society*, vol.15, n.2, 1988, p.153-60, embora Luhmann seja considerado um defensor das chamadas "grandes teorias".

42. Ver Bauman, *Socialism: The Active Utopia*, Londres, Allen & Unwin, 1976.

43. Bauman, "Utopia with no topos", *History of the Human Sciences*, vol.16, n.1, 2003, p.11-25; *Does Ethics Have a Chance in a World of Consumers?*

44. Jacobsen, M.H. "Solid modernity, liquid Utopia – liquid modernity, solid Utopia: ubiquitous utopianism as a trademark of the work of Bauman", in A. Elliot, *The Contemporary Bauman*, p.217-40.

45. Bauman, *Socialism*, p.12-7.

46. Para uma análise ampla do trabalho de Lévinas, ver: S. Critchley et al. (orgs.), *The Cambridge Companion to Levinas*, Cambridge, Cambridge University Press, 2002.

47. Bauman, *Does Ethics Have a Chance in a World of Consumers?*; "The world inhospitable to Levinas", *Philosophy Today*, vol.43, n.2, 1999, p.151-67.

48. Bauman, *Does Ethics Have a Chance in a World of Consumers?*, p.35.

49. Bauman, *Comunidade: A busca por segurança no mundo atual*, p.140.

50. I. Semo, "La sociologia de Z. Bauman".

51. Bauman, *Ética pós-moderna*, p.32.

52. Ibid.

53. Bauman, "The demons of an open society", *Sociologicky Casopis/Czech Sociological Review*, vol.41, n.4, 2005; "Observations on modernity", *Journal of the Royal Anthropological Institute*, vol.6, n.3, 2000, p.554; *Modernidade líquida*.

54. Ver: B.A. Bolivar, *El estructuralismo: de Levi-Strauss a Derrida*, Madri, Cincel, 1985.

55. Ver p.202.

Notas   227

56. Citado in R. Kilminster et al., *Culture, Modernity and Revolution: Essays in Honour of Zygmunt Bauman*, Londres, Routledge, 1995, p.41.

57. Ver: D.L. Hull et al., *The Cambridge Companion to the Philosophy of Biology*, Cambridge, Cambridge University Press, 2008; ver também: S. Rose et al, *Biology, Ideology and Human Nature*, Londres, Penguin, 1984; R.C. Lewontin, *Biology as Ideology: The Doctrine of DNA*, Nova York, Harper Collins, 1991.

58. Ver: Rovirosa-Madrazo, *La caida del estado y el advenimiento de la "genetocracia"* (no prelo) e "De aborto, guerra, genetica y poder", Universal Forum of Cultures, Monterrey, 2007. Sobre questões gerais do patenteamento de genoma e "biopirataria", ver: Lander, "Eurocentrism, modern knowledges". Para uma discussão ainda mais ampla, ver: Matthew Rimmer, "The genographic project: Traditional knowledge and population genetics", *Australian Indigenous Law Review*, vol.11, n.2, 2007, p.33-54; ver também o trabalho do professor de Harvard, geneticista e filósofo da ciência, Richard Lewontin, *It Ain't Necessarily So: The Dream of the Human Genome and Other Illusions*, Nova York, New York Review Books, 2000; Lewontin, *Biology as Ideology*.

59. Ver especialmente: Unesco, Declaração sobre ciência e o uso do conhecimento científico, Conferência Mundial sobre Ciência, Budapeste, 1999; e a Declaração Universal sobre o Genoma Humano e os Direitos Humanos, aprovada por unanimidade e aclamação na 29ª Conferência Geral da Unesco, 11 nov 1997.

60. M.S. Dominguez, "Una nueva biologia para una nueva sociedad", *Politica y Sociedad*, vol.39, n.3, 2002.

61. Bauman, *Society under Siege*, Cambridge, Polity, 2002; "Power and insecurity: A genealogy of 'official fear'", *Esprit*, n.11, 2003, p.39-48.

Conversa 1. A crise do crédito *(p.25-48)*

1. No final de 2009, os governos se reuniriam novamente em Copenhaguem, o que é considerado por algumas organizações não governamentais a reunião mais importante jamais organizada com o objetivo de salvar o planeta, de vez que se firmaria uma nova estratégia para substituir o Protocolo de Kyoto (cuja data de encerramento ocorrerá em 2012). Como se sabe, ao longo da conferência, uma série de discordâncias entre as partes (sobretudo Estados Unidos e China) em relação aos níveis de redução de emissão de gases de efeito estufa fez com que a COP-15 resultasse numa generalizada dificuldade de se estabelecerem acordos. O documento final é um protocolo de intenções que não teve a adesão de todos os participantes e que não tem valor vinculatório. Com isso, caiu por terra um compromisso formal de redução de emissões até 2020, como era a proposta inicial. Um próximo encontro ocorrerá em 2014.

2. Sobre isso, ver: "Growing fuel: the wrong way, the right way". *National Geographic*, out 2007. Para uma perspectiva muito diferente sobre biocombustíveis, ver: *New Internationalist*, n.419, jan 2009. Disponível (on-line) em: www.newint.org/features/2009/01/01/keynote-climate-justice/.

3. Depois que seu mandato terminou, o ex-presidente mexicano Luis Echeverría Alvarez criou e passou a dirigir o internacionalmente famoso Centro de Estudos Econômicos e Sociais do Terceiro Mundo. Esse trecho é parte de uma

entrevista realizada para um projeto de pesquisa em curso sobre política externa e o impacto mundial do chamado movimento do Terceiro Mundo.
4. Ver Kay Cilans et al. (orgs.), *Towards an Hourglass Society?*, Stockholm, Glasshouse Forum, 2008, p.24-6.

Conversa 2. O Estado de bem-estar na era da globalização econômica *(p.49-62)*

1. Mais recentemente, em 2008, Bauman discutiu a questão em seu discurso à Joseph Rowntree Foundation, no fórum Analisando os Males Sociais do Século XXI, York.
2. Bauman, *Wasted Lifes: Modernity and its Outcasts*, Cambridge, Polity, 2003 [ed.bras. *Vidas desperdiçadas*, Rio de Janeiro, Zahar, 2005].
3. Bauman, *O mal-estar da pós-modernidade*, p.35-45.
4. Ibid., p.44.
5. Ver Oliver James, "Selfish capitalism is bad for our mental health", *Guardian*, 3 jan 2008.

Conversa 3. Uma coisa chamada "Estado" *(p.63-127)*

1. Ver: Rovirosa-Madrazo, "Indigenous rights".
2. Bauman, *Socialism*.
3. Michel Houellebecq, *The possibility of an Island*, Londres, Phoenix, 2006 [ed.bras. *A possibilidade de uma ilha*, Rio de Janeiro, Record, 2006].
4. Samuel Beckett, *Texts for Nothing*, Londres, John Calder, 1999, p.20, 23, 32.
5. Miguel Abensour, "Persistent Utopia", *Constellations*, vol.15, n.3, set 2008, p.406-21.
6. William Morris, *A Dream of John Ball; and a king's lesson*, disponível (online), a partir do Projeto Gutenberg, em: www.gutenberg.org.
7. Ernst Bloch, *The Principle of Hope*, Cambridge, MIT Press, 1995 [ed.bras. *O princípio da esperança*, 3 vols., Rio de Janeiro, Contraponto, 2006], p. 306.
8. Ver: Russel Jacoby, *Picture Imperfect: Utopian Thought for an Anti-utopian Age*, Nova York, Columbia University Press, 2005 [ed.bras. *Imagem imperfeita: Pensamento utópico para uma época antiutópica*, Rio de Janeiro, Civilização Brasileira, 2007], p.xiv-xv.
9. Bauman, "The rise and fall of labour", *Sotsiologicheskie Issledo-vaniya*, vol.5, 2004, p.77-86.
10. Rovirosa-Madrazo, "This thing post-modern zapatismo: Ethnocentrism and ethnic conflict in Mexico". Mesa-redonda sobre Perspectivas Indígenas no Estado-nação mexicano, Latin American Centre, Essex University, 16 jun 1994; ver também: Rovirosa-Madrazo, "Indigenous rights".
11. Rovirosa-Madrazo, "Chiapas: From bellum justum to XXI century constitutional narratives", artigo apresentado na conferência internacional Peace Building in Chiapas, Universidade de York, 9 jul 2002.
12. L. Villoro, "Otra vision del mundo (II)", *La Jornada*, 18 jan 2009.
13. Disponível em: www.counterpunch.org/giroux02062009.html

Notas 229

14. Sheldon Wolin, *Democracy, Inc.: Managed Democracy and the Specter of Inverted Totalitarianism*, Princeton, Princeton University Press, 2008, p.260-1.
15. Jerry Z. Muller, "Us and them: the enduring power of ethnic nationalism", *Foreign Affairs*, vol.87, n.2, mar-abr 2008.
16. G. O'Donnell, et al., *La democracia en America Latina: Hacia una democracia de ciudadanos y ciudadanas*, Nova York, Programa das Nações Unidas para o Desenvolvimento, 2004.
17. Sobre logocentrismo como etnocentrismo e o Estado, ver: Rovirosa-Madrazo, "Indigenous rights", p.81-97; "Analfabetismens censur"; sobre o caso especificamente em questão, ver: W.G.F. Hegel, *Philosophy of Subjective Spirit*, vol.3, *Phenomenology and Psychology*, Reidel, Dordrecht, 1978, p.187, §§ 5-20; *Princípios de filosofia do direito*, São Paulo, Martins Fontes, 2003, p.130, §§215, 111.
18. Numa recente entrevista publicada pelo jornal espanhol *La Vanguardia* e parcialmente reproduzida no inglês *Daily Telegraph*.
19. Rovirosa-Madrazo, *Pueblos indigenas: soberania o autodeterminacion. La batalla de paradigmas en la era del NeoZapatismo y el advenimiento indigena en America Latina* 2009 (no prelo).
20. Bauman, *Vida para consumo: A transformação das pessoas em mercadoria*. Rio de Janeiro, Zahar, 2008, p.62-7.
21. A noção de "soberania" derivada do "Divino" foi hábil e engenhosamente desenvolvida por potências coloniais europeias – com a coroa católica espanhola ganhando um grande significado histórico, pois estabeleceu seu império em territórios americanos apoiado num conceito de soberania baseado na ideia de *justum bellum* ("guerra justa") sobre as terras indígenas no exterior, como autoridade e *dictum* vindos do próprio Deus (cf. Rovirosa-Madrazo, "Indigenous rights").
22. Bauman, *Vida para consumo: A transformação das pessoas em mercadoria*, p.65.
23. Carl Schmitt, *Political Theology*, Chicago, University of Chicago Press, 1985 [ed.bras. *Teologia política*, São Paulo, Del Rey, 2006], p.10, 36.
24. Idem, *Theorie des Partisanen, Zwischenbemerkung zum Begriff des Politischen*, Berlin, Duncker & Humboldt, 1963, p.80. Ver debate em: Giorgio Agamben, *Homo sacer: Sovereign Power and Bare Life*, Stanford, Stanford University Press, 1998 [ed.bras. *O homo sacer: O poder soberano e a vida nua*, Belo Horizonte, UFMG, 2002], p.137.
25. Schmitt, *Teologia política*, p.19-21, grifos nossos; ver o debate em: Giorgio Agamben, op.cit. p.15s.
26. Giorgio Agamben, op.cit., p.18, grifos nossos.
27. Ernst-Wolfgang Böckenförde, *Recht, Staat, Freiheit*, Frankfurt, Suhrkamp, 1991, p.112.
28. Ver: Jan-Werner Müller, *A Dangerous Mind: Carl Schmitt in Post-war European Thought*, New Haven, Yale University Press, 2003, p.4-5.
29. Carl Schmitt, *Teologia política*, p.37.
30. Ibid., p.48.
31. Idem, The Concept of Political, Chicago, University of Chicago Press, 2007 [ed.bras. *O conceito do político*, Petrópolis, Vozes, 1992], p.26.
32. Ibid., p.27.
33. Ulrich Ver Beck, *Risk Society*, Londres, Sage, 1992, p.137.

230 Vida a crédito

34. Sobre os fundamentos do eurocentrismo e a história geral da Liga das Nações, ver: J.E. Falkowski, *Indian Law/Race Law: A Five Hundred-Year History*, Nova York, Praeger, 1992. Ver também: Rovirosa-Madrazo, "Indigenous rights"; G. Schwarzenberger, *Power Politics: A Study of World Society*, Londres, Stevens & Sons, 1964. Sobre as disposições pertinentes específicas, consultar a Determinação sobre os Territórios Não Autônomos e a Declaração sobre a Concessão da Independência dos Povos Colonizados, de 1960.

35. Adotada pela Resolução 61/295 da Assembleia Geral, 13 set 2007.

36. Ver C. Douzinas, *Human Rights and Empire: The Political Philosophy of Cosmopolitanism*, Londres, Routledge-Cavendish, 2007.

37. Rovirosa-Madrazo, "Objetivos de desarrollo del milenio y derechos indigenas. Apuntes para una estrategia pedagogica de transgresion epistemologica en la educacion para los derechos humanos", paper apresentado ao Fórum Cultural Mundial, Monterrey, 2007; "Analfabetismens censur".

38. Isso inclui a mudança de um discurso centrado nos *direitos civis e políticos* para um discurso com ênfase nos *direitos sociais e econômicos*, e mais; para uma revisão das diferentes correntes, ver: R.K. Smith et al., *The Essentials of Human Rights*, Nova York, Hodder Arnold, 2005; para uma abordagem crítica, ver: C. Douzinas, *Human Rights and Empire*; *The End of Human Rights: Critical Legal Thought at the Fin-de-Siecle*, Oxford, Hart, 2000; e Slavoj Zizek, *The Obscenity of Human Rights: Violence as Symptom*, 2005, disponível em: www.lacan.com/zizviol.htm; para uma discussão mais aprofundada, ver: Rovirosa-Madrazo, "Objetivos de desarrollo"; e para um debate mais recente sobre a "indeterminação" do "universal", ver: J. Butler, "Restaging the universal: Hegemony and the limits of formalism" e Slavoj Zizek, "Holding the place", ambos in J.E. Butler et al., *Contingency, Hegemony, Universality*, Londres, Verso, 2000.

39. Ver: Declaração de Barcelona sobre Novos Direitos Humanos.

40. Ver: H. Bellinghausen, "La invencion del miedo", *La Jornada*, 15 set 2008, e Peter Sloterdijk, *Temblores de aire, en las fuentes del terror*, Valencia, Pre-Textos, 2003; ver ainda: A. Vasquez Rocca, "Peter Sloterdijk. Temblores de aire, atmoterrorismo y crepusculo de la inmunidad", *Nomadas, Revista Critica de Ciencias Sociales y Juridicas*, Universidad Complutense de Madri, n.17, 2008, p.159-70.

41. Assim, em declarações recentes, os advogados da Comissão Internacional de Juristas, sediada em Genebra e liderada pela ex-alta comissária das Nações Unidas para os Direitos Humanos, Mary Robinson, alertou para os danos de longo prazo sobre as liberdades civis desde os ataques terroristas do 11 de Setembro.

42. Max Weber, *The Theory of Social and Economic Organization*, Nova York, Free Press, 1964 [ed.bras. *Economia e sociedade*, 2 vols., Brasília, UnB, 1994].

43. Ver *La Jornada*, 13 nov 2009.

Conversa 4. Modernidade, pós-modernidade e genocídio *(p.131-142)*

1. A. Elliot, *The Contemporary Bauman*.

2. Bauman, *Modernidade e Holocausto*, p.87.

3. Bauman, *Conversations with Keith Tester*, p.91.

4. Particularmente a Convenção para a Prevenção e Punição do Crime de Genocídio.

5. W. Schabas, "Freedom from genocide", in Smith et al., op.cit., p.141.

6. L. Kuper, *Genocide: Its Political Use in the Twentieth Century*, New Haven, Yale University Press, 1982.

7. O caso das nações indígenas na América Latina é estimulante. O número de organizações indígenas que afirmam estar em risco de genocídio e extermínio em todo o continente americano não deve ser subestimado. Informa-se que a gama de ações genocidas vai da esterilização em massa das populações indígenas à ocupação de suas terras e ao deslocamento forçado. Assim, de acordo com a BBC, em 2003, uma comissão parlamentar peruana reabriu um inquérito sobre a esterilização forçada de mais de 300 mil mulheres indígenas peruanas, supostamente autorizada pelo ex-presidente Alberto Fujimori. A Comissão de Direitos Humanos do Peru alega que esterilizações em massa foram toleradas entre 1995 e 2000. Ver: BBC, 18 jun 2003, disponível em: http://news.bbc.co.Uk/go/pr/fr/-/l/hi/world/americas/3000454.stm.

8. Ver: Ian Kershaw, *Fateful Choices*, Londres, Penguin, 2007, p.436.

Conversa 5. População, produção e reprodução de refugos humanos *(p.143-166)*

1. Bauman, *Amor líquido*; *Identidade*.

2. Sobre essa questão, ver: M.S. Dominguez, "Una nueva biologia"; "En busca de la biologia. Reflexiones sobre la evolucion", 2009, disponível em: www.iieh.com/Evolucion/articulos_evolucion47.php. Ver também: R.C. Lewontin, *Biology as Ideology*; *It Ain't Necessarily So*; *The Triple Helix: Gene, Organism and Environment*, Cambridge, Harvard University Press, 2004. E também: J. Mufioz Rubio, "La etica socio-biologica: Ideologia de la enajenacion humana", *Ludus Vitalis*, vol.19, n.26, 2006, p.251-4; "On Darwinian discourses: anthropologization of nature in the naturalization of man", *Human Nature Review*, 2005, disponível em: www.hurnan-nature.com/science-as-culture/julio.html.

3. Bauman, *Modernidade e Holocausto*, p.66-72.

4. Sobre essa questão, ver os excelentes papers: M.S. Dominguez, "Una nueva biologia"; "En busca de la biologia". Ver também: C. Richard Lewontin, *Biology as Ideology*; *It Ain't Necessarily So*; *The Triple Helix*.

5. Julian Huxley, *Man in the Modern World*, Londres, Chatto & Windus, 1947, p.22. Sobre o mesmo tema e para a atitude de Huxley sobre a eugenia, ver: ibid., p.22-55. Ver também: Elazar Barkan, *The Retreat of Scientific Racism: Changing Concepts of Race in Britain and the United States between the World Wars*, Nova York, Cambridge University Press, 1999; além de John P. Jackson Jr. et al. (orgs.), *Race, Racism and Science: Social Impact and Interaction*, New Brunswick, Rutgers University Press, 2005. Este último faz inúmeras referências à inclinação de Huxley para a eugenia (p.157), incluindo o fato de que ele estava entre aqueles que consideravam seriamente a possibilidade de esterilização (p.187). Ver também as seguintes fontes (todas citadas in Jackson at al., *Race, Racism and Science*): Julian Huxley, "The vital importance of eugenics", carta ao editor, "Nature and nurture", *New Leader*, 29 fev 1924; "Eugenics and heredity", carta ao editor, *New Statesman*, 1924.

6. Sobre as perspectivas contrastantes em relação ao debate sobre crescimento ilimitado e recursos naturais finitos, ver o trabalho de Angus Maddison, professor emérito de Crescimento Econômico e Desenvolvimento, Universidade de Groningen, observando que o crescimento da população segue a mesma tendência do crescimento econômico. Ver também: as obras do vencedor do Prêmio de Ciências Econômicas em Memória de Alfred Nobel, de 1998, Amartya Sen, *Poverty and Famines: An Essay on Entitlement and Deprivation*, Oxford, Oxford University Press, 1981. Em contraste com isso, o Clube de Roma culpa as demandas de uma população crescente nos países em desenvolvimento pelo aumento dos preços dos alimentos. Eberhard von Koeber, copresidente do Clube de Roma, insistiu, numa recente reunião da Globe International – organização mundial de legisladores por um meio ambiente equilibrado –, em Londres: "Um crescimento ilimitado num planeta com recursos finitos não pode se manter para sempre" (BBC, 21 jan 2009). Contra esse argumento, registrou-se que há uma crescente demanda por biocombustíveis, com os Estados Unidos subsidiando a produção de etanol e desviando as colheitas de milho da produção de alimentos para a de combustível (o que reduz a oferta e, portanto, aumenta os preços, com o aumento da demanda).

7. Em 2000, 189 Estados-membros da ONU se reuniram em Nova York, naquela que foi considerada a cúpula das Nações Unidas mais transcendental a ser convocada para enfrentar os desafios da pobreza no mundo. A *Declaração do Milênio*, adotada na Cúpula do Milênio das Nações Unidas (set 2000) continha os chamados Objetivos de Desenvolvimento do Milênio (ODM), metas a serem atingidas até 2015 para reduzir a pobreza no mundo. As ODM, que são divididas em 21 alvos quantificáveis, medidos por vários indicadores, são os seguintes: (1) erradicar a extrema pobreza e a fome; (2) atingir o ensino básico universal; (3) promover a igualdade entre os sexos e a autonomia das mulheres; (4) reduzir a mortalidade infantil; (5) melhorar a saúde das gestantes; (6) combater HIV/Aids, malária e outras doenças; (7) garantir a sustentabilidade ambiental; (8) desenvolver uma parceria global para o desenvolvimento. Disponível em: www.unmillenniumproject.org.

8. É importante lembrar que o FMI foi criado em seguida à "Grande Depressão" dos anos 1930, depois da qual se projetou um quadro de cooperação econômica internacional, em 1945, para fazer face à crise.

9. Ver: M. Murray et al., "The effects of International Monetary Fund loans on health outcomes", 2008, disponível em: www.plosmedicine.org/article/info:doi/10.1371/journal.pmed.0050162; e D. Stuckler et al., "International Monetary Fund programs and tuberculosis outcomes in post-communist countries", 2008, disponível em: www.plosmedicine.org/article/info:doi/10.1371/journal.pmed.0050143.

10. Ver: *Report of the TUC*, 16º Encontro Anual do Trades Union Congress, Nottingham, 10 a 15 set 1883. Manchester, Co-operative Printing Society, 1883, p.89.

11. Citado in J.B. Jeffreys, *Labour's Formative Years*, Londres, Lawrence & Wishart, 1948.

12. Ver: Jacques Donzelot et al., "De la fabrique sociale aux violences urbaines", *Esprit*, dez 2002, p.13-34.

13. Ver: David Maybury-Lewis, "Genocide against indigenous peoples", in Alexander Laban Hinton, (org.), *Annihilating Difference: The Anthropology of Genocide*, Berkeley, University of California Press, 2002, p.43-53.

Notas

14. Apud Herman Merivale, *Lectures on Colonization and Colonies*, Londres, Green, Longman & Roberts, 1861, p.541.

15. Theodore Roosevelt, *The Winning of the West: From the Alleghanies to the Mississippi, 1769-1776*, G.P., Nova York, Putnam's Sons, 1889, p.90.

16. De acordo com Serres Güiraldes et al., *La estrategia de general Roca*, Buenos Aires, Pleamar, 1979, p.377-8, apud Merivale, op.cit.

17. Disponível em: www.dieoff.org/page27.htm. No *Le Monde*, 28 nov 2008, num breve artigo comemorando o centésimo aniversário de Claude Lévi-Strauss, grande antropólogo e fundador da antropologia estrutural, encontramos a seguinte informação: "O mundo que conheci, o mundo que amei, tinha 2,5 bilhões de habitantes", tinha dito Lévi-Strauss ao jornal francês três anos antes. Em sua opinião, agora, no entanto, a destruição de espécies vegetais e animais, e a impressionante perspectiva demográfica (de 9 bilhões de seres humanos) estão envenenando o futuro e lançando "a espécie humana ... numa espécie de condição de 'envenenamento interno'". Parece que essa preocupação ocupou a fase final de sua longa vida dedicada ao esquadrinhamento dos mistérios acerca da condição humana no mundo, e da distorcida lógica histórica que essa forma desenvolveu. Lévi-Strauss parece ter visto – de modo marginal, e, resignada e desafortunadamente, sem saber o que poderia ser feito para evitar a catástrofe iminente – como, depois de terem vencido, uma após outra, a maioria das limitações impostas pela natureza à sua proliferação, os homens seguiram tropegamente em direção ao destino de ser a vítima principal de seu próprio triunfo, levando à destruição a natureza que tinham obstinadamente combatido e que com alegria conquistaram. Hoje, muitos objetivos mobilizam as ações humanas, sejam empreendidos individualmente ou de maneira coletiva –, mas, exceto pela obrigatoriedade da política chinesa de "uma criança por família", a limitação nos níveis totais da população não figura entre eles. Tendências demográficas não são previamente estabelecidas por qualquer agência, tendo um número final de pessoas em mente. A ciência da demografia é um jogo de adivinhação, e seus prognósticos são até agora malsucedidos em termos de confirmação pelos fatos. Pouco ou quase nada auguram que, nas condições atuais, sua credibilidade possa melhorar. As tendências recentes são, como em toda a história humana, os efeitos e os sedimentos combinados de uma multiplicidade de decisões desconectadas e descoordenadas, e/ou "ocorrências" sobre as quais ninguém decidiu (chamadas de formas variadas como "golpes do destino", "o dedo da Providência", a "mão invisível do mercado", ou deixadas sem nome na ausência de uma figura plausível de retórica). Ações isoladas, separadas e diferentes podem ser planejadas, mas não seus efeitos no atacado, que obstinadamente confundem as previsões. Para tornar as coisas ainda mais confusas, sejam quais forem as incipientes e esporádicas tentativas feitas para refletir a "limitada sustentabilidade da Terra"; ou os resultados colaterais ecologicamente destrutivos a longo prazo dos efeitos da urbanização caótica e galopante, e do consumo descuidado, desperdiçador e poluidor do planeta; e não importam quão sérias sejam por vezes as intenções de se fazer algo para atenuá-los – os resultados práticos de tais reflexões e intenções são mais que contrabalançados e anulados pelo pensamento e o dinheiro investidos (seja com intenções moralmente louváveis ou imorais) em lutar e vencer os danos imediatos produzidos por esses processos de longo prazo: encontrar novas fontes de combustível para queimar, tapar os buracos transitórios na demanda do consumidor, inventar novas tecnologias genuína ou supostamente eficazes para ampliar a longevidade da vida, e lidar com as preocupações *ad hoc* com condensações locais de danos que sejam gritantes, espetaculares e ofensivos para a consciência pública.

18. Sobre esse tema, ver: J. Jenson, J. et al., *Feminization of the Labour Force*, Cambridge, Polity, 1988.

19. Em 2007, se tornou pública a notícia de que funcionários da Food and Drug Administration (FDA), do governo americano, tinham aprovado a comercialização de uma pílula que suprimiria indefinidamente o período menstrual (*Reuters*, 23 mai 2007). Durante o mesmo período, motivados por pesquisa médica e instados pelo tratamento a longo prazo da futura fertilidade de uma menor com câncer, os cientistas da Universidade de Hadassah, em Israel, aventuraram-se a isolar os óvulos de uma menina de cinco anos (*Daily Telegraph*, 2 jul 2007), inaugurando sérios debates morais em relação ao futuro reprodutivo de uma geração inteira de meninas. A criação de um útero artificial já não é uma fantasia: para os cientistas da Universidade de Tóquio, isso se tornou realidade. Do ponto de vista deles, o útero artificial "oferecerá ao embrião condições melhores e mais confortáveis do que o útero biológico" (*New Scientist*, 27 jul 2007).

20. Em Mattopoisset, a criação de Marge Piercy em *Woman at the Edge of Time* (Fawcett, 1977), Connie, uma mexicana-americana que viajou no tempo depois de passar por um estupro e ser vítima de discriminação racial, e que perdeu a custódia de sua filha, logo percebe que a maternidade foi abolida no futuro. Em Mattopoisset, os gêneros foram eliminados para sempre. Os bebês são artificialmente concebidos por meio de seleção genética aleatória e gestados num útero artificial. Mas nem tudo está bom para Connie na terra prometida da maternidade sem gênero.

21. Em *The Dialectics of Sex* (Londres, Women's Press), 1979, S. Firestone propôs uma interpretação "biológica" do marxismo e invocou uma "revolução nas *forças re-produtivas*". O trabalho de Firestone contribuiu para a tradição do feminismo radical conhecido por seus desafiadores e beligerantes ataques à maternidade.

22. M.S. Dominguez, "Una nueva biologia", p.68.

23. G. Corea, *The Mother Machine: Reproductive Technologies from Artificial Insemination to Artificial Wombs*, Nova York, Harper & Row, 1985.

24. Por favor, essas observações não se destinam a emitir juízos sobre a fertilização *in vitro*.

25. Assim, Rosemary Tong refere-se às feministas que têm argumentado que "as tecnologias reprodutivas representam uma enorme ameaça para quaisquer pequenos poderes que as mulheres ainda possuíam, e que a reprodução biológica não deve ser abandonada em favor da maternidade artificial": Rosemary Tong, *Feminist Thought: A Comprehensive Introduction*, Londres, Routledge, 1994, p.81.

26. Além dos já mencionados experimentos biotecnológicos, outro desenvolvimento relevante está no domínio da inteligência artificial, com a rápida expansão da "indústria de robôs", que tem concebido e comercializado novos autômatos para cuidar de crianças. Mais de uma dezena de empresas baseadas na Coreia do Sul e no Japão fabricam, em escala cada vez mais industrial, robôs "companheiros" e "babás" com potencial de substituir gradualmente o "papel tradicional das mães". O professor Noel Sharkey, da Universidade de Sheffield, observando que "esses robôs agora são tão seguros que os pais podem deixar seus filhos com eles por horas ou mesmo dias", avisa que as crianças poderiam ficar sem contato humano por longos períodos. Para ele, é preocupante que "se desconheçam os impactos psicológicos dos diversos graus de isolamento social sobre o desenvolvimento" (*Independent*, 19 dez 2008). É irônico que essa indústria também esteja envolvida na produção de robôs letais, que, como explica Sharkey, foram utilizados no Iraque e no Afeganistão.

27. É evidente que isso só poderá se cristalizar, se é que poderá, nas décadas ou séculos vindouros.

28. Michel Houellebecq, op.cit., p.388.

Conversa 6. Fundamentalismo secular *versus* fundamentalismo religioso *(p.167-183)*

1. Pelo bem da franqueza e da transparência, achei que devia esclarecer que me vejo como cristã – talvez classificada por alguns como uma espécie de "dissidente" e certamente não uma "boa cristã", ou talvez mesmo culpada de "heresia".

2. Nicolau Maquiavel, *O príncipe*, São Paulo, Cultrix, 2006; Ernest Cassirer, *The Myth of the State*, New Haven, Yale University Press, 2003, p.138.

3. Bauman, *Identidade*, p. 71.

4. Ibid., p.73.

5. Ibid., p.75.

6. Umberto Eco, *A paso de Cangrego: Articulos, reflexiones y decepciones*, Madri, Debate Ensayos, 2006, p.284-7.

7. Roberto Toscano et al., *Beyond Violence: Principles for an Open Century*, Nova Déli, Har-Anand, 2009, p.78. Sobre a questão da escravidão e a prostituição infantil, ver: Christian Van den Anker, (org.), *The Political Economy of New Slavery*, Londres, Palgrave Macmillan, 2002.

8. Bauman, *The Absence of Society*, p.7.

9. Bauman, *Conversations with Keith Tester*, p.134.

10. Eco, op.cit., p.287.

11. Referência a Richard Dawkins, op.cit. Ver também: J.R. Brown, op.cit.

12. Bauman, *A arte da vida*, Rio de Janeiro, Zahar, 2009.

13. Lawrence Grossberg, "Affect and postmodernity in the struggle over 'American modernity'", in Pelagia Goulimari, (org.), *Postmodernism: What Moment?*, Manchester, Manchester University Press, 2007, p.176-201.

Conversa 7. A escrita do DNA *(p.184-203)*

1. Por uma questão de esclarecimento, não sei se estaria inclinada a falar em "fundamentalismo científico" – preferia falar de interpretações dogmáticas do conhecimento científico. Ver: P. Feyerabend, *Farewell to Reason*, Londres, Verso, 1987; *Against Method*, Londres, Verso, 1988; ver também: Thomas S. Kuhn, *A estrutura das revoluções científicas*, São Paulo, Perspectiva, 2003.

2. Sobre a questão da geoengenharia da mudança climática, consultar os anais do Grupo de Trabalho da Royal Society sobre geoengenharia, disponível em: http://royalsociety.org/page.asp?tip=1&id=8086. No que diz respeito a uma campanha de governança sobre o assunto, consultar: www.etcgroup.org/en/issues/geoengineering; sobre a questão dos alimentos e organismos geneticamente modificados, ver: J. Munoz Rubio, (org.), *Alimentos transgenicos, ciencia, y mercado ambiente*. *Un debate abierto*, Cidade do México, Siglo XXI, 2004; "Transgênicos. Biologia desde el reduccionismo", *Revista Digital Universitaria*, vol.10, n.4, abril de 2009.

3. James Watson, Prêmio Nobel de Medicina de 1962 por suas descoberta sobre o DNA.

4. *Guardian*, 6 out 2007.

5. Ver: Rovirosa-Madrazo, *La caida del Estado*; "De aborto, guerra, genetica y poder".

6. Em defesa do Projeto Genográfico (PG) e seu enquadramento ético, consultar: https://genographic.nationalgeographic.com/genographic/index.html; quanto à objeção por parte dos povos indígenas ao PG e, antes dele, ao chamado Projeto da Diversidade do Genoma Humano, ver: M. Dodson et al., "Indigenous peoples and the Human Genome Diversity Project", *Journal of Medical Ethics*, vol.24, 1999, p.204-8; relativamente a essas questões, ver: www.ipcb.org/issues/human_genetics; e para o argumento comum de que os cientistas querem "colonizar e explorar os corpos indígenas", ver as declarações do International Indian Treaty Council disponível em: www.treatycouncil.org/section_2117331.htm; nelas, o International Indian Treaty Council afirma que o Projeto Genográfico representa "pesquisas exploradoras e antiéticas que atentam contra os direitos indígenas". O conselho contesta: "Eles lhe dirão o que você é e de onde vem, ignorando os atuais conhecimentos indígenas sobre nós mesmos." É importante observar que o termo de consentimento emitido pelos Estados participantes do GP declara: "É possível que algumas das conclusões que resultam do presente estudo possam contradizer algum conhecimento tradicional oral, escrito ou de outra forma mantidos por você ou por membros de seu grupo." Sobre essa questão específica, ver também: Rimmer, "The genografic project"; o livro de Jenny Reardon *Race to the Finish: Identity in an Age of Genomics* (Princeton, Princeton University Press, 2005) centra-se na história do Projeto da Diversidade do Genoma Humano, sua complexidade e a polêmica em torno dele. Para uma discussão acadêmica sobre genômica e geografia, ver a série de relatórios do Genomic Policy and Research Forum do Economic and Social Research Council, incluindo "Classifying genomics: how social categories shape scientific and medical practice; with special focus on race and athnicity", disponível em pdf em: www.genomicsforum.ac.uk. Ver também: "The race myth: More sincere fictions in the age of genomics", apresentado numa palestra pública pelo dr. Joseph L. Graves, out 2006, igualmente disponível em pdf no mesmo endereço. Nesse relatório feito pelo fórum do ESRC, o trabalho de Joseph L. Graves e sua distinção entre "populações biológica e geográfica" e "raças" são amplamente discutidos. Para um debate mais longo sobre este assunto, ver também: Joseph L. Graves, *The Emperor's New Clothes: Biological Theories of Race at the Milennium*, New Brunswick, Rutgers University Press, 2002.

7. Quanto à questão da chamada biopirataria, ver: www.etcgroup.org/en/issues/biopiracy.html; nesse site, pertencente a uma organização sem fins lucrativos com sede no Canadá, a "biopirataria" é definida como "a apropriação do conhecimento e dos recursos genéticos da agricultura e de comunidades indígenas por indivíduos ou instituições que procuram o exclusivo controle monopolista (patentes ou propriedade intelectual) sobre esses recursos e conhecimentos. O grupo ETC acredita que a propriedade intelectual é predatória dos direitos e conhecimento de comunidades agrícolas e povos indígenas".

8. As mudanças mais recentes de orientação da pesquisa científica e tecnológica em áreas amplamente controversas (como a pesquisa nuclear), durante o século XX, mais recentemente, o DNA, as células-tronco e as pesquisa em alimentos e organismos geneticamente modificados, também representaram uma mudança no relacionamento da comunidade científica com a comunidade política e o mercado.

9. Sobre o tema, ver: D. Alexander, *Rebuilding the Matrix: Science and Faith in the Twenty-First Century*, Oxford, Lion, 2001.

10. Bauman, *Identidade*, p.72.

11. Ver: www.newscientist.com/article/mgl8524911.600-13-things-that-do-not-make-sense.html.

12. Richard Feynman, *The Character of Physical Law*, palestras na Universidade de Cornell gravada pela BBC, Londres, Cox & Wyman, 1962.

13. Num artigo de Silvia Ribeiro publicado em *La Jornada*, 8 nov 2008, a nanotecnologia é descrita como algo que desempenhou "papel fundamental na regeneração capitalista" durante a última década. Ela envolve a manipulação da matéria em níveis atômico e molecular. É a plataforma para a inovação industrial e essencial para áreas como genômica, biotecnologia, indústria farmacêutica, agricultura e as indústrias de combustível. "Algumas organizações", explica a autora, "falam de mais de 700 produtos no mercado que dependem de aplicações de nanotecnologia, sendo que um quarto da indústria farmacêutica apresenta ampla dependência dela. Todas as patentes são monopólios de corporações transnacionais como IBM, DuPont, Hitachi, Procter & Gamble, bem como os Exércitos dos Estados Unidos e da União Europeia e universidades que, financiadas com dinheiro público, são conhecidas por ter concedido licenças para empresas internacionais" (ibid.). No entanto, Koïchiro Matsuura, ex-diretor-geral da Unesco (que deixou o cargo no final 2009), mostra uma visão otimista do potencial dessas tecnologias e grandes expectativas não só para o desenvolvimento, mas para a preservação ecológica. O debate ainda não terminou.

14. Ver: Brown, *Who Rules in Science?*

15. Metáfora equivalente foi utilizada sobre os desenvolvimentos em biologia referentes a células-mães, falando-se em "Santo Graal" quando os cientistas fizeram progressos recentes nas pesquisa com células-tronco, revelando o paralelismo das metáforas científicas e religiosas.

16. Em 1996, a revista acadêmica de estudos culturais *Social Text* publicou um artigo com o título "Transgressing the boundaries: Towards a transformative hermeneutics of quantum gravity". Mas esse texto provou-se um embuste! Em sua defesa, Sokal alegou que tentava demonstrar que os estudiosos no campo das ciências sociais que trabalham no contexto do pós-modernismo cometiam graves erros epistemológicos em sua percepção do conhecimento científi-

238 Vida a crédito

co. Declarações como "leis da física são meras convenções sociais", argumentou ele em seu livro mais recente, *Beyond the Hoax*, são um exemplo da dimensão desses erros epistemológicos. Como Robert Matthews afirma, em sua análise do último livro de Sokal, no *Times Higher Education Suplement* de 13 mar 2008, Sokal pretende sublinhar seu medo de que os estudiosos de esquerda tenham se tornado vulneráveis a filosofias relativistas. Na sua opinião, tal abordagem corre o risco de comprometer a crítica deles em relação à estrutura da sociedade: "Se não há verdade", mas apenas "pretensões de verdade, como a esquerda pode ter esperanças de vencer o debate sobre os seus adversários?"

Conversa 8. Utopia, amor, ou a geração perdida *(p.204-221)*

1. Bauman, *Identidade*, p.62-5.
2. Ver: Michel Foucault, *The History of Sexuality*, vol.1, Londres, Penguin, 1978, p.42s.
3. Ver: "Les victimes de violences sexuelles en parlent de plus en plus", *Le Monde*, 30 mai 2008.
4. Frank Furedi, "Thou shalt not hug", *New Statesman*, 26 jun 2008.
5. Ver: Richard Wray, "How one year's digital output would fill 161bn iPods", *Guardian*, 6 mar 2007.

· Índice remissivo ·

A

Abensour, M., 68
Abu Ghraib, 92
Adorno, Theodor L.W., 54
Afeganistão, 132, 137
Agamben, G., 101, 117
ajuda bancária, 9-10
Alberti, Leon B., 192
Alemanha nazista, 132-3
Alexander, D., 237n.9
Allergan, 192
    indústria farmacêutica, 190
alteridade, 15-6, 17
Althusser, L., 87
amor, 55-6, 160-1, 216-7, 218
    era moderna, 204, 216-7
    século XXI, 204-5
Amor líquido, 143, 204
Andrews, Edmund L., 81
Arcebispo de Cantuária, dr. Rowan
    Williams, 175
Arch, J., 150
Arendt, Hannah, 110, 117
Aristóteles, 164-5
Ashby, H., 217
assassinato em massa, 132-3, 141-2
ataques terroristas, 91
    de 11 de setembro, 122, 230-41
Austin, John, 95
autogoverno, 13, 77, 78, 79

autodeterminação, 13, 79
    nações indígenas, 114
autopoiética, 17

B

Bakhtin, Mikhail M., 202
Banco Lloyds TSB, 34
Banco Mundial, 9, 10, 59, 154
bancos, 9, 12, 29, 30, 31, 34, 35, 39-
    40, 182-3
    "benevolência" dos, 28-9, 30-1
    fracasso/sucesso, 12-3, 31-2, 34-5
Barkan, E., 231n.5
Bataille, Georges, 95
Bauman, Janina, 12
Beauvoir, Simone de, 95
Beck, Ulrich, 112
Beckett, Samuel, 67
Bennett, C., 190
Bentham, Jeremy, 49, 52
Bento XVI, papa, 175
Bernstein, B., 182
Beveridge, Lorde W.H., 57
    Estado de bem-estar na Grã-
        Bretanha do pós-guerra, 57
big bang, 196, 199
Big Brother, 20, 87, 198
biocombustíveis, 40
    debate , 132, 231-2n.6
    indústria, 231-2n.6
    seguranças hídrica e alimentar, 41

239

240 Vida a crédito

biopirataria, 227
  definição de, 236-7n.7
biotecnologia, 16, 158, 184, 198,
  237n.13
  indústria sub-regulada, 20
  mercadorias de DNA, 19-20
  Wall Street, 20
Bismarck, Otto von, 51
Blair, Anthony Lynton, 75, 169
  Guerra do Iraque, 167
  Interfaith Foundation, 168
Bloch, Ernst, 68, 71
Böckenförde, E.W., 106-7
Bonnelli, L., 91
bônus, cultura do, 34-5
Borges, Jorge Luis, 164
bóson de Higgs, 197
Bourdieu, Pierre, 149
Branaman, A., 226n.30
Bresson, Robert, 205
Brown, J. Gordon, 39, 45, 74, 223n.2
Bush, George W., 146, 154
Butler, J., 230n.38

C

Camus, Albert, 26
capitalismo, 28-9, 42, 43, 44, 45-6,
  51-2
  acumulação capitalista, 26-7, 33,
    36-7
  autorreprodução, 27-8, 156-7
  como sistema parasitário, 27
  e o Estado, 37-8, 228
  exploração capitalista, 32-2, 39-
    40, 137-8
  fim do, 27-8, 31-2, 33
  liberdade, 77-8, 111-2, 118-9
  livre mercado, 8-9, 12-3, 78-9,
    111-2, 169-70, 224n.8
  sistema bancário capitalista, 26-7
  subsídios do Estado, 34-5, 36-7
  trabalhadores/consumidores, 27-8
capitalismo líquido, 14-5, 19, 157-8
Carta das Nações Unidas, 118
Carta do Atlântico, 118
cartão de crédito, 28-9, 30-1, 165-6,
  194-5, 211
  economia de consumo a crédito,
    194

empréstimo fácil, 29
  letras miúdas nos contratos, 29
  manutenção de dívidas, 30-1
  mutuário ideal, 30-1
  operadoras na Grã-Bretanha, 31,
    194
  reembolsos, 29, 30-1
caso Alan Sokal, 198-9, 202, 237-
  8n.16
Cassirer, Ernst, 168
Castelgandolfo, Observatório do
  Vaticano em, 177
Castells, Manuel, 45, 76
Chrysler Group, 40
Churchill, Winston, 77, 79, 118
cidadãos, 11, 16, 53-4, 78, 79, 80-1,
  91, 111-2, 120, 121-2
  cultura dos, 15
  direitos, 15
  partes interessadas/acionistas,
    56-7
cidades líquidas, 16-7
cidades virtuais, 216-7
ciência, 19, 20, 105, 146-7, 158-9, 176-
  7, 196-7, 201-3
  a serviço do lucro, 19
  e religião, 185-6
  e mercado, 155-6
  líquida, 20, 198
  modernidade, 168, 200-1
Clinton, Bill, 31-2
  hipotecas subprime, 32
Clube de Roma, 231-2n.6
coerção, 124, 125, 172, 173, 195-6
  violência legítima, 122-3, 124
coerção legítima, 123, 124
colapso de crédito, 30
  devedores insolventes, 30
colonialismo, 136-7
Comuna de Paris, 151
comunidade, 14, 18-9, 20, 56-7, 74,
  75-6, 79, 80-1, 83-4, 113-4, 115,
  131, 140, 141-2, 144, 145-6, 176-7,
  196, 197-8, 208-9, 212-3, 215-6, 237
  Estado social, 58
comunidade científica, 19, 196-7, 198
  autoproclamadas ciências "duras",
    201
  profetas autonomeados, 202-3

Índice remissivo 241

comunidades virtuais, 215-6
comunismo, 18-9, 25-6, 111-2, 132-3, 224n.8
  como cemitério das liberdades, 25-6
  como escravidão, 13-4
  Conferência das Nações Unidas para as Mudanças Climáticas (Polônia), 40
  Conferência Internacional sobre População e Desenvolvimento (Cairo), 145, 156
  conhecimento científico, 176-7, 184, 185-6
    e bem comum, 186
  Consenso de Washington, 223n.2
  construções científicas, 198, 200-1
  consumismo, 71-2
  controle da natalidade, 154-5
    aborto, 145-6, 154
    política chinesa do "filho único", 233n.17
  corrupção, 82-3, 180-1, 182-3
  crédito, 31-2, 33-4, 36-7, 44-5, 74-5, 220-1
    vício em, 34-5
  crescimento econômico, 11-2, 194-5, 231-2n.6
    crescimento populacional, 144-5
    distribuição de riquezas, 145-6
    escassez de alimentos, 40-1, 223-4n.6
    mudanças climáticas, 146
  crime organizado, 123-4
  crise de crédito, 13, 14, 25, 27-8, 31-2, 33, 46-7, 59-60, 180-1, 191-2
  crise financeira global, 78, 146, 186, 204, 212
    preço dos alimentos, 223-4n.6
  Critchley, S., 226n.47
  Cúpula de Líderes do sobre Mercados Financeiros e a Economia Mundial (G20), 9, 232n.2
  Cúpula do Milênio das Nações Unidas, 10, 232n.7
  Czarnowski, S., 138

D
Darwin, Charles, 146, 152
  Hitler, 12, 13, 144, 150, 171
  darwinismo social, 144
    controle demográfico, 144-5
    Holocausto, 144
Dawkins, Richard, 235n.11
Declaração das Nações Unidas sobre os Direitos dos Povos Indígenas, 114
Declaração do Milênio das Nações Unidas, 10, 145, 232n.7
  Metas de Desenvolvimento do Milênio, 10, 145, 232n.7
Declaração dos Direitos do Homem e do Cidadão, 117
Declaração Universal dos Direitos Humanos, 114, 117, 122
Declaração Universal sobre o Genoma Humano e os Direitos Humanos, 227n.59
democracia, 56-7, 72, 76-7, 82-3, 92-3
  autogoverno, 13-4, 77, 78-9
  como uma ilusão, 72-3
  crise do, 59, 91
  direta, 72-3, 80-1
  e o Estado, 11-2, 82-3
  governança, 79-80
  igualdade e liberdade, 78-9
  liberdade, 56-7, 78-9, 93
  moderna, 13-4, 78-9
  ocidental, 13-4, 72
  representativa, 80-1
democracia direta, 80-1
  Zizek, Slavoj, 230n.38
democracia liberal, 57
  liberdade individual, 57
Dennett, Dan, 186
Derrida, Jacques, 16, 95
descobertas científicas, 192-3, 200-1, 202, 203
  uma questão sociológica, 201
  desconstrução do direito, 17
desemprego, 9-10, 36-7, 43, 50, 51-2, 81, 144-5, 218-9, 220-1
desemprego em massa, 42-3, 220-1

desregulamentação, 61-2, 71-2, 114, 143
da indústria e das finanças, 19, 53, 77
liberdade, 60-1
privatização, 11-2, 14-5, 74-5, 119
devedores, 30-1, 32-3, 159-60
raça de, 13, 14-5, 31-2
diálogo inter-religioso, 169-70
Anthony L. Blair, 75, 167, 169
multiculturalismo, 168-9
direito natural, 106-7, 121-2
direitos humanos, 73-4, 113-4, 115-6, 117-8, 120, 121, 122-3, 132-3
cidadania, 122
doutrina, 113-4
novos direitos humanos, 113-4
violações, 92-3
direitos humanos internacionais, 113-4, 120, 152-3
direitos políticos, 58, 73, 230n.38
direitos civis e dos cidadãos, 15, 117
direitos de propriedade, 73
direitos sociais, 58, 73, 230n.38
direitos sociais, 58, 73
direitos políticos, 58, 73
distopias, 68, 71-2, 141-2, 158, 165-6
contemporâneas, 162
modernas, 161
pós-modernas, 159-60, 163
dívidas dos consumidores, 32-3
dizimação, 131
extermínio, 137-8
DNA, 19, 185, 194, 197, 237n.8
decodificação, 19
mapeamento, 185
Dominguez, M.S., 20, 227n.4, 231ns.2 e 4
Douzinas, Costas, 230ns.36 e 38
Drucker, P.F., 112, 188
Dubberley, E., 209
Dunn, J., 56
Durkheim, Émile, 200
Dussel, Enrique, 225n.12

E
Echeverria, Luis, 41, 227-8n.13
Eco, Umberto, 176-7

economia baseada em capital industrial, 36-7
economia de livre mercado, 9, 12-3, 111-2, 169-70, 210-1
diversificação, 78-9
dogma da, 8-9, 78-9
Ehrlich, A., 155, 156
Ehrlich, P., 14, 155, 156
Einstein, Albert, 199, 201
Elias, Norbert, 124
Elliot, A., 225n.15, 226n.44
Ellis, J., 198, 199
emprego, 149-50, 151-2, 218, 219-20, 221
emprestadores de dinheiro, 30-1, 33-4
pagamentos, 29, 30-1
emprestar-contrair dívidas, 33
jogo de, 30-1
Endlösung, 141, 142
engenharia genética, 19, 132-3, 162, 186-7, 196-7
órgãos reprodutivos, 158-9
engenharia genômica, 187
engenharia social, 143, 187
extermínio de "ervas daninhas humanas", 188
escravidão infantil, 132-3
Estado, 63
administrador de medos, 20
ausência do, 75-6
cidadania, 120-1
como executor do mercado, 15, 95-6
como "gêmeo histórico da Igreja", 20, 26, 28-9, 176, 178
contribuintes mobilizados, 44-5, 74-5
democracia, 82-3
ditadura do, 37-8
em busca de nações, 107-8
e medo, 20, 170-1
e mercado, 37-8
Estado liberal constitucional, 107-8
Estado-nação, 11, 45, 46-7, 64-5, 82, 83, 84-5, 93, 109, 113-4
intervenção, 50-1, 61, 93-4

Índice remissivo 243

moderno, 53, 75-6, 83-4, 99-100, 124, 126-7
monopólio da coerção legítima, 123
não governamental, 94-5
poder de coerção, 123-4, 125, 172, 173, 195-6
poderes de vigilância, 87-8
policial, 87
proteção dos direitos humanos, 115-6
protecionismo, 87
racional, 106-7, 108
Rechtstaat, 100
ressuscitar o setor financeiro, 44-5
social, 49, 50-1
subsidiário do capital, 36-7
teoria do, 87-8
Estado capitalista, 36-7
legitimação, crise de, 36-7
recapitalizar a economia capitalista, 74-5
subsídios do Estado capitalista, 34-5, 36-7
Estado de bem-estar, 11, 15, 33, 36, 39-40, 46-7, 49, 50, 51, 52-3, 54, 55, 56-7, 73-4, 87, 88-9, 111-2
Estado social, 49, 54-5, 88-9
numa sociedade de produtores, 52-3
Estado moderno, 52-3, 84, 100, 107-8, 124, 125, 170-1
Estado capitalista, 36-7, 39-40
direitos humanos, 114
Estado social, 49, 50
apólice de seguro coletivo, 51-2, 57
comunidade, 56-7
Estado de bem-estar, 49, 55, 88-9
global, 79-80
liberdade e segurança, 55
Otto von Bismarck, 51
Estado-nação, 64-5, 82-3, 94, 108-9, 113-4
ciberespaço, 84-5
construções etnocêntricas, 63
derrocada do, 11-2

divisão global do trabalho, 220-1
do pós-guerra, 83-4
e mercado, 75-6
Estado social, 46-7, 50, 51, 52-3, 54, 55-6, 58, 59-60, 73-4, 75-6, 79-80, 88, 89, 90-1, 94-5
fluxos de capital, 45-6
novos limites políticos, 45-6
soberania, 46-7, 84-5, 113-4
soberania sobre o território e da população, 75-6
união territorial de nação e Estado, 83-4
estatização, 61-2, 74-5
privatização, 74-5
esterilização, 132
de desempregados, 144-5
de mulheres indígenas, 132, 231n.7
Étienne de la Boétie, 172
etnocentrismo, 18
Estado etnocrático, 224-5n.12
eurocentrismo, 224-5n.12
eugenia, 160, 184-5
engenharia genética, 132-3
Julian Huxley, 144, 146, 231n. 5
eurocentrismo, 13-4, 224-5n.12
logocentrismo, 224-5n.12, 229n.17
pensamento político ocidental, 13
Êxodo, 100, 101

F
Falkowski, J.E., 230n.34
fascismo, 8, 12-3, 18
feminismo, 15
como distopia, 163, 164, 165-6
Feyerabend, Paul K., 235n.1
Feynman, Richard P., 196, 237n.12
ficção científica, 158-9, 160, 198
filósofos morais, 178
Firestone, S., 158, 234n.21
Food and Drug Administration (FDA), 234n.19
força de trabalho, 9-10, 27-8, 36-7, 39-40, 44-6, 50-1, 72, 77-8, 119, 136-7, 146-7, 148, 149-50, 170-1
gênero, 157
remercantilização, 37-8, 39, 51-2

fordismo, 15, 51-2
Forza Itália, 90
Foucault, Michel, 143, 206, 238n.2
Freud, Sigmund, 55, 167, 173
Fromm, Erich, 204
fronteiras epistemológicas, 8
   produção de novos conhecimentos, 8, 17-8
Fujimori, Alberto, 231n.7
   esterilização de mulheres indígenas, 231n.7
Fukuyama, Francis, 188
fundamentalismo secular, 167-8, 172, 176-7, 185
   cruzada secular, 176-7
fundamentalismo, 78-9, 182-3
   laico, 167-8, 171-2, 176-7, 185-6
   religioso, 167-9, 171-2, 176-7, 178, 181-2, 183
   virtual, 183
Fundo das Nações Unidas para População, 144
Fundo Monetário Internacional (FMI), 10, 59, 154, 232n.8
fundos públicos, 51-2
   em bolsos privados, 180-1
Furedi, Frank, 209, 238n.4

G

gases de efeito estufa, corte, 40
   socorro à indústria automobilística, 40-1
Gates, Bill, 61
General Motors, 36, 40
gênero, 15-6, 143, 156-7, 218-9
   papel na produção econômica, 156-7
   reprodução da força de trabalho, 156-7
genetocracia, 184
genocídio, 108-9, 132, 136, 137-8, 231-7
   assassinatos em massa, 132-3, 141-2
   definição de, 132
   Grande Projeto, 133, 134, 135, 136
   massacre hutu-tútsi, 141
   massacre interétnico, 138
   Ruanda, Sudão, Bósnia, 138

genoma, 19-20, 184, 185
   Craig Venter, 184, 186, 195
   indústria, 184
   mapeamento, 185
   patenteamento, 19
Genomic Policy Research Forum do Economic and Social Research Council, 236n.6
genômica, 184, 186, 236n.6
   Jenny Reardon, 236n.6
   Richard C. Lewontin, 227ns.57e58, 231n.2
geopolítica, 113-4, 185-6
geração dos "baby boomers", 218
   atitude em relação ao trabalho, 219-20
   gerações X e Y, 219-20
gerações futuras, 204-5
   percepções das, 204
   "geração dos baby boomers", 218-9, 220-1
Girard, R., 140
Giroux, Henry, 77
globalização econômica, 13-4, 17-8, 21-2, 53
globalização, 14, 18, 21-2, 53, 82-3, 84-5, 90, 113-4, 138-9, 153-4, 175-6
   comércio, 94
   negativa, 118
   poder e política, 76
Gödel, Kurt, 26, 27, 174
Goethe, 98
gramatologia, 185
Gramsci, Antonio, 16
Grande Colisor de Hádrons ver LHC
grandes narrativas, 16-7, 145-6, 175-6, 197
   metanarrativas, 135
Grandes Projetos, 134, 136
   matar por uma "nova ordem", 133-4
Graves, J.L., 236n.6
Grossberg, L., 179
Guantánamo, 92
Guerra contra o Terror, 120
Guerra do Iraque, 8, 114, 132, 137, 167
Guerras dos Bôeres, 148

Índice remissivo

H

Habermas, Jürgen, 36, 37, 80
Hegel, G.W.F., 86, 88, 162, 229n.17
Hirsch, D., 223n.5
Hitler, Adolf, 12, 144, 150, 171
Hodson, P., 211, 212
Holocausto, 8, 14, 114, 131, 132, 136, 140, 144
Houellebecq, Michel, 64, 68, 159, 163, 166
Hull, D.L., 227n.57
Huntington, Samuel, 175
Huxley, Aldous, 159
Huxley, Julian, 144, 231n.5

I

IBM, 36, 237n.13
identidade, 15, 16, 17-8, 143, 192-3, 194, 204
  debates, 15, 20
  gênero, 15
  multiculturalismo, 169-70
identidades líquidas, 15
Igreja católica, 196-7
  monopólio epistemológico da, 197
imperialismo, 27-8, 136-7, 138, 153-4
  conquista territorial, 27-8
  filosofia de poder, 136-7
indústria automobilística, 39-40, 41-2
  ajuda, 40-1
indústria da guerra, 40, 169
indústria de cosméticos, 189-90
  indústria de cirurgia estética, 190-1
indústria genética, 19
indústria médica e farmacêutica, 194, 237n.13
indústria médica, 194
inferioridade genética dos pobres, 144-5
  recessão, 145-6
  superpopulação, 144-5
  Unesco, 144
Inquisição, 177, 185
  secular e religiosa, 178
instituições científicas, 19
  e as ciências humanas, 19
  e criação de políticas, 197-8

instituições da Igreja, 186-7
  e o Estado, 20
  Igreja como "gêmea histórica do Estado", 20, 26-7, 29, 176, 178
instituições da modernidade, 7-8, 15, 122-3
instituições financeiras, 35-6, 44-5
Inteligência Nacional (EUA), 11, 123, 224n.8
internet, 183, 212

J

Jacobsen, M., 17
Jacoby, R., 17, 70
Jahanbegloo, R., 172
James, O., 61
Jenkins, S., 35
Joseph Rowntree Foundation, 10
justiça social, 59
  Estado social, 56-7

K

Kant, Immanuel, 95, 106
Kershaw, I., sir, 140
Keynes, John Maynard
  Estados de bem-estar, 11, 43
Klein, N., 36
Kolakowski, Leszek, 99, 173
Kuhn, Thomas S., 235n.1
Kuper, L., 132

L

Lander, E., 224-5n.12, 227n.58
Lebensraum, 136, 150, 151
Lem, Stanislaw, 198
Lênin, V.I., 26
Lévinas, Emmanuel, 17, 176
Lévi-Strauss, Claude, 161
Lewontin, R.C., 227n.58, 231n.2
LHC (Large Hadron Collider), 196, 199
liberdade, 25, 26-7, 58, 60, 61-2, 74-5, 89, 91, 92, 117-8, 126-7, 171-2, 186-7, 220-1
  e capitalismo, 77, 111-2, 119, 137-8
  e democracia, 78-9, 93-4
  e segurança, 55-6, 61-2

246   Vida a crédito

liberdades civis, 91, 122-3, 230n.41
Liga das Nações, 109, 113, 115, 116, 117
  soberania territorial, 116-7
  status quo geopolítico, 115
limpeza étnica, 131, 152-3, 187-8
livre-comércio, 136-7
  capital estrangeiro, 138
Livro de Jó, 96, 97, 98, 100, 101, 103, 108, 110
Locke, John, 95
Luxemburgo, Rosa, 21, 27, 32, 41, 159
Lyotard, Jean-François, 16

M

Maddison, Angus, 232n.6
Malthus, Thomas, 145, 146, 147
Mannheim, Karl, 187
Maquiavel, Nicolau, 95, 167, 168
Marshall, T.H., 73, 74
Marx, Karl, 45, 86, 173, 187, 201
marxismo, 158, 234n.21
matéria escura, 185, 196-7
Matsuura, Koïchiro, 237n.13
Mattopoisset, 234n.20
  distopia, 159
mecânica quântica, 199-200
medo, 16, 20, 57-8, 61, 89-90, 105-6, 113, 150-1, 158-9, 172, 189-90, 201-2, 237-8n.16
  e Estado, 20, 170-1
  indústria do medo, 122-3
  e religião, 99-100, 102-3, 167, 170-1
mercado, 7, 8, 9, 11, 12-3, 14-5, 27-5, 29, 30, 36-7, 39-40, 55-6, 59-60, 75-6, 78-80, 104-8, 111-2, 156-7, 169-70, 178, 183, 191-2, 193, 194, 195-6, 208-9
  ditadura do, 37-8
  financeiro e de trabalho, 44-5, 118-9, 149, 150-1, 170-1
  forças, 111
  mão invisível do, 43, 87, 198
mercado capitalista, 26, 156-7
mercado consumidor, 11-2, 37, 39-40, 56, 89-90, 155-6, 192-3, 194, 195-6, 208-9

mercado de ações, 7, 44-5
metanarrativas, 135
MI5, 87
Michelangelo, 133
mídia, 33, 49, 60-1, 85-6, 89-90, 176-7, 183, 207-8
Mignolo, W., 224-5n.12
migração, 77, 84-5
  assimilação, 85
  econômica, 139
  excedente populacional, 163
  voluntária/involuntária, 85, 139
Miliband, R., 87, 88
Minsky, Hyman, 44
modernidade, 8-9, 13-4, 15, 17-8, 36-7, 49, 51-2, 63, 93-4, 104, 115-6, 122-3, 133-4, 136-7, 144-5, 195-6, 197
  Estado-nação, 11, 75-6, 63
  utopia/distopia, 159-61, 163-4
modernidade líquida, 14, 15, 198-9
modernismo, 63
  pós-modernismo, 63, 86-7, 97-8, 198-9
modo de produção capitalista, 158-9
  trabalho e gênero, 157-8
Montesquieu, 95
Morris, William, 69, 69, 71
mudanças climáticas, 7, 40, 47-8, 145-6
  Protocolo de Kyoto, 227n.1
  seguranças hídrica e alimentar, 41, 144-5
Muller, J.Z., 79
mundo virtual, 215-6
Muro de Berlim, 8

N

nações, 93-4, 95-6, 99-100, 113-4, 146-7, 155-6, 218-9, 231n.7
  em busca de Estados, 107-8
Nações Unidas, 10, 40, 82, 108, 114, 118, 185, 224n.7, 230n.41
  credibilidade, 114
  crise financeira, 114
  políticas populacionais, 144-6

Índice remissivo

nanotecnologia, 197
   definição de, 237n.13
   indústria, 237n.13
neoliberalismo, 8, 15, 17-8, 175-6
New Deal de Franklin Delano Roosevelt, 42-3
Niemöller, Martin, 92
Nova Política Econômica (NEP), 111

O

O'Donnell, G.O., 82
Obama, Barack Hussein (presidente
   dos EUA), 10, 21, 224n.8
Objetivos de Desenvolvimento do
   Milênio, 10, 145, 232n.7
organismo geneticamente modifica-
   do, 237n.8
Organização das Nações Unidas para
   Agricultura e Alimentação (FAO),
   10, 223-4n.6
Organização Internacional do Trabalho (OIT), 9
Otto, Rudolf, 201
outro, o17-8
   como construção antropológica
      do etnocentrismo, 18

P

pan-óptico, 52
Partido Nacional Britânico, 45
Partido Socialista Francês, 75
Partido Trabalhista, 72, 73-5
Pascal, Blaise, 195, 196
paternidade, 125, 160-1, 205, 206,
   207-9, 234-5n.28
paz, 40-1, 69-70, 168, 179-80
   paz mundial e segurança, 223-4n.6
Pentágono, 120, 175
   guerra contra o terrorismo, 120-1
perseguição nazista, 12-3, 92
pesquisa médica, 20, 197, 234n.19,
   237n.13
Pinker, Steven, 186, 189
Platão, 107
pobreza, 7-8, 9-10, 45-6, 52, 56-7,
   82-3, 84

criminalizada, 11-2, 52, 53
e desigualdade, 94-5
extrema, 11
pobreza absoluta/pobreza infantil, 9-10
reprodução da, 11
pobreza infantil, 10
policiamento, 87, 125
   Estado policiando os pobres, 12,
      52
política global, 85
   e política local, 75-6, 84-5
política partidária, 72-3
Popper, Karl, 19, 187, 202
   engenharia social, 187
população, 143
   biotecnologia, 158
   controle disciplinar de, 143
   política chinesa do "filho único",
      233n.17
   densidade, 155-6, 163
   densidade populacional nas
      nações industrializadas, 155-6
   despovoamento, 163
   dizimação, 137
   população "excedente"/refugos
      humanos, 7, 14, 15, 151-2, 158
   migração econômica, 139
   na África, 154, 155-6, 163
   na Europa, 138-9, 152, 155-6,
      163
   políticas de população da ONU,
      144-5
   preços dos alimentos, 9, 223-
      4n.6, 231-2n.6
   Projeto Genográfico e genética
      populacional, 184, 236n.6
   recursos naturais, 231-2n.6
   reprodução, 154-5
   seleção natural, 143-4, 146-7
   superpopulação, 7, 14, 15, 146,
      147-8, 151-2, 154, 155-6
populismo, 77, 80-1, 89-90
pós-estruturalismo, 63
pós-fordismo, 15
pós-humanidade, 16, 19-20
   neo-humano, 19-20
   trans-humanidade/mercado
      neo-humano, 19-20

pós-modernismo, 63, 86-7, 97, 198
Poulantzas, Nicos, 87, 88
privatização, 11-2, 15, 53, 56, 71-2,
 74-5, 119, 122-3
programa social-democrata sueco, 58
Projeto da Diversidade do Genoma
 Humano, 235n.6
 oposição dos povos indígenas
 ao, 236n.6
Projeto Genográfico, 184, 236n.6
prostituição infantil, 132
protecionismo, 87
Protocolo de Kyoto, 227n.1

Q
Quijano, A., 224-5n.12

R
Reagan, Ronald, 11, 49
recessão, 7, 8, 9, 10-1, 12, 18-9, 40,
 48-9, 81, 123-4, 145-6, 175-6, 204-5
recessão econômica, 8-9, 10, 11, 49
Rechtstaat, 100
refugos humanos, 11, 14-5, 88, 152,
 153
 globalização, 13-4
 migrantes econômicos, 14, 152
 população redundante, 13-4, 15,
 57
regulamentação, 46-7, 49, 50-1, 61-2,
 108-9
 desregulamentação de gênero,
 143
 liberdade, 61-2
 regulamentação normativa, 55-6,
 103-4
 sexualidade, 143
religião, 20, 105-6, 107-8, 144-5, 167,
 168, 173, 174, 175, 176, 177-8, 182-
 3, 185-6
 diálogo inter-religioso, 168-9,
 169-70, 175-6
 fundamentalismo, 168-9, 171-2,
 176, 177, 178, 179-80, 183

remercantilização, 35-6
 do capital e do trabalho, 36-7,
 39-40, 51-2
Revolução Francesa, 186
Rimmer, M., 227n.58, 236n.6
Robinson, M., 230n.41
Roca, general J.A., 152, 153
Roosevelt, Franklin Delano, 12, 40,
 42, 44, 46, 57, 89, 118
 New Deal, 42-3
 Roosevelt, Theodore D., 152, 153
Rousseau, Jean-Jacques, 26, 95
Rowntree, Joseph Seebohm, 10, 57

S
Sachs, J.D., 224n.7
Sants, Hector, 35
Sarkozy, Nicolas, 38
Schmitt, Carl, 96, 109, 116
 ligação com o nazismo, 96, 113
 soberania, 96, 99-100, 110
Schröder, Gerhard, 74
Schwarzenberger, G., 229-30n.34
seguridade social, 49-50, 54-5
 na Grã-Bretanha, 50
Semo, Ilan, 15, 16, 18
Sen, Amartya, 231-2n.6
Serviço Nacional de Saúde (Grã-
 Bretanha), 210-1
Serviço Nacional de Inteligência
 (EUA), 11, 123-4, 224n.8
setor financeiro, 44-5, 87-8
sexualidade, 143
 como mercadoria, 209, 210, 212-3
 controle disciplinar moderno, 143
 engenharia genética, 19, 158-9,
 162-4
 e procriação, 163, 165, 194
 exploração da, 143
 mercado do sexo, 165-6, 210-1
 "pânico do abuso sexual", 125,
 206-7, 208
 sexo mediado pela internet, 212
 "terror da masturbação" dos
 séculos XIX e XX, 206, 207-8
Shestov, L., 174

Simmel, Georg, 19, 200
Sliwinski, S., 36
Sloterdijk, Peter, 230n.40
soberania, 46-7, 94-5, 121-2, 125-6, 131
autonomia indígena, 115-6
Carl Schmitt, 96, 99, 100, 110
controle político local, 75-6
definição de, 96
Estado-nação, 109, 113-4, 119
globalização, 115-6
lei divina, 95, 98-9, 107-8, 229n.21
no mercado, 15, 95-6
soberanos modernos, 95-6
soberania territorial, 115-6
do Estado, 125-6
socialismo, 26
como utopia, 63
luta contra a desigualdade, 26
sociedades de consumidores, 13, 27-8, 37, 51, 52-3, 157, 177-8, 195-6
transição para, 13, 14-5, 16
sociedades de produtores, 13, 14-5, 37, 50, 51, 52-3, 78-9, 154-5, 157-8, 205
transição de, 13, 14-5
socorro de emergência do Senado dos EUA, 40
Sokal, Alain ver caso Alain Sokal
Stálin, 13
stalinismo, 12, 110-1, 113
subprime, 31-2
superpopulação, 7-8, 13-4, 15, 146-7, 148, 151-2, 154, 155-6
excesso de pessoas ricas, 14-5, 157
sustentabilidade, 35, 44-5, 46, 145-6, 154-5
recursos naturais, 232n.7

T
Taylor, C., 16
tecnologia reprodutiva, 158
teleologia, 17
teoremas de Gödel, 26
teoria de tudo, 196, 197, 198, 199

teoria feminista, 15
Terceira Via, 74, 75
terrorismo internacional, 122-3, 224n.8
terrorismo, 91-2, 112-3, 120-1, 122-3, 126-7
liberdades civis, 91
segurança, 123-4, 126-7, 224n.8
Tester, Keith, 131, 176
Thatcher, Margaret, 11-2, 47, 49, 75, 112, 210, 211
neoliberalismo, 49
Tong, R., 234n.25
Toscano, R., 172
totalitarismo, 8, 12-3, 17-8, 37-8, 133, 134-5
Toynbee, P., 47-8, 181
trabalho infantil, 46
Trades Union Congress (1883), 149
transgressão epistemológica, 13-4, 64
eurocentrismo, 14
tributação, 32-3, 34-5, 44-5, 74-5, 125, 126-7, 164-5, 214-5
local, 93-4
Twain, Mark, 33

U
Unesco, 144, 237n.13
União Europeia, 74, 82
universal, 31-2, 73-4, 93-4, 106-7
contingência, 143, 162
direitos políticos, 73-4
direitos sociais, 73-4
norma, 101-2
universalidade, 16-7, 98-9
dos direitos humanos, 114, 117, 122
relativismo, 218-8
utopia, 15, 16, 17-8, 54-5, 63, 68, 69-70, 71, 73-4, 93-4, 134-5
amor, 204
distopias, 68, 71-2, 141-2, 158, 159, 160, 161-2, 163, 164, 165-6
esperança, 17-8
Grande Projeto, 134
utopistas iconoclastas, 70, 71-2

V

validade científica, 185-6
valores morais, 178
Venter, Craig, 184, 186, 195
vigilância, 20, 87
   Big Brother, 20
   estado de emergência, 16
   parental, 206
Villoro, Luis, 73
Vinhas da ira, As, 42
violência, 117-8, 122-3, 126-7, 137-8, 140-1, 207-8
   coerção legítima, 124, 125-6
   coerção ilegítima, 124, 125-6
viver em dívida, 13-4, 32, 33, 159-60
   educação para, 31-2
Voltaire, 104

W

Wall Street, 8, 20, 36
   ações de empresas de biotecnologia, 20, 158
   colapso/crise, 8, 9, 38, 39-40, 224n.8
Watson, James, 184
Weber, Max, 28, 83, 104, 123, 124, 127
Wolin, Sheldon, 78
Wooley, P., 44
World Wide Web, 183, 214-5
   diásporas digitais, 215-6

Z

zapatistas, 72, 78
Zoellick, Robert, 10

Este livro foi composto por Mari Taboada
em Avenir e Minion 11/14 e impresso em
papel offset 90g/m² e cartão triplex 250g/m²
por Paym Gráfica e Editora em junho de 2017.